저자 **이선옥**

이선옥 선생님은 중앙대 교육대학원 일어교육과를 졸업하고 9년간 파고다 어학원에서 일본어 전임 강사를 역임했습니다. 현재는 경기과학고등학교, 메가스터디, 랭귀지타운에서 일본어 강사로 활동하고 있습니다. 『아시아투데이』에 일본어 칼럼을 연재하고 n파고다의 온라인 강좌 『가서 바로 써먹는 일본어』를 진행했습니다. 저서로는 『스쿠스쿠 문법완성』, 『스쿠스쿠 일본어 한자』, 『웃지마! 나 일본어책이야』가, 번역 및 감수 도서로는 『매일매일 세 문장 일본어』, 『비즈니스 일본어 이메일 쓰기』가 있습니다.
- 〈여행자의 일본어 MUST CARRY〉 팟캐스트 진행

일본어 감수 **日野 智子(히노 토모코)**

여행자의 일본어 MUST CARRY

지은이 이선옥
초판 1쇄 발행 2017년 11월 1일
초판 2쇄 발행 2019년 3월 29일

발행인 박효상 **총괄 이사** 이종선 **편집장** 김현 **기획·편집** 신은실, 김효정, 김설아 **디자인** 이연진
디자인 싱타디자인 고희선 **편집·진행** 오수민
성우 山野内 扶(야마노우치 타스쿠), 島田 昌子(시마다 마사꼬)
사진 제공 셔터스톡, 이종은(Joanne)
마케팅 이태호, 이전희 **관리** 김태옥

종이 월드페이퍼 **인쇄·제본** 현문자현

출판등록 제10-1835호 **발행처** 사람in **주소** 04034 서울시 마포구 양화로 11길 14-10 (서교동) 3F
전화 02) 338-3555(代) **팩스** 02) 338-3545 **E-mail** saramin@netsgo.com
Homepage www.saramin.com

책값은 뒤표지에 있습니다.
파본은 바꾸어 드립니다.

ⓒ 이선옥 2017

ISBN
978-89-6049-647-7 13730

사람이 중심이 되는 세상, 세상과 소통하는 책 **사람in**

여행의 순간에
늘 곁에
두고 싶은 책

여행자의 일본어
MUST CARRY

이선옥 지음

사람in

프롤로그
PROLOGUE

여행의 그릇을 결정하는 일본어

'내가 그의 이름을 불러 주었을 때 그는 나에게로 와서 꽃이 되었다'
— 김춘수 시 '꽃'

여행이란, 그저 '구경'이 아닌, 그 현장으로 들어가 '소통하고 공감'함으로써 진정한 즐거움을 느낄 수 있는 것이라고 생각해요. 짧은 인사 한마디로 평생 친구가 될 수 있고, 작은 흥미와 질문 하나만으로도 서로에게 꽃의 의미로 남을 수 있으니까요.

지리적으로 우리나라와 매우 가까운 일본은 사람들의 외모도 비슷하고, 문화, 언어도 닮은 데가 많아서 그만큼 많은 한국인이 찾는 여행지 중 하나예요. 그래서 일본 음식이나 문화예술인에 관련된 전반적인 콘텐츠의 관심도 높은 편이죠. 하지만 막상 여행을 떠나려고 보면 언어에 대한 공포감으로 긴장하는 분들을 많이 보게 됩니다. '생존 일본어는 어떻게 준비하면 되는지'에 관한 질문도 종종 받고요. 하지만 단순히 생존만으로 즐거운 여행이 될 수 있을까요? 저는 그저 '생존'을 위한 일본어보다는 '소통'할 수 있는 일본어를 소개하고 싶다는 생각을 하게 되었답니다. 이러한 마음에서 『여행자의 일본어 MUST CARRY』의 집필에 펜을 들게 되었고요. 일본어에 대한 지식 유무와는 상관없이, 일본으로 향하고 있는 모든 독자 분들이 인생에 깊이 남을 의미 있는 시간을 가지는 데 도움이 될 수 있기를 진심으로 바랍니다.

여행의 질을 높여주는 여행 일본어책, 이거 하나면 됐다!

『여행자의 일본어 MUST CARRY』는 일본어 초심자뿐만 아니라, 중·고급자 등 모든 여행자를 대상으로 내용이 구성되어 있습니다.

- 원어민의 정서를 담은 생생한 어휘와 표현을 수록하여, 현지인과의 대화에 좀 더 가까이 다가갈 수 있도록 구성했습니다.
- 각 챕터는 대화 상황을 세분화하여 구체적인 소통이 가능하도록 구성했습니다.
- 일본어를 모르는 여행자도 구사할 수 있게 한국어 발음을 기재했습니다.
- 단원마다 QR코드를 넣어 음성 파일을 바로 들을 수 있습니다.
- 필요한 어휘를 문장에 넣어 응용해 볼 수 있도록 주제별 어휘 리스트를 제공합니다.
- 여행자는 물론 유학생, 이민자들을 위해 일본의 전반적인 문화 생활 팁을 충분히 담았습니다.

뜻 깊은 책 출판을 기획해 주신 '사람in 출판사' 관계자분들, 멋진 파트너로서 제 원고를 책으로 완성해 주신 오수민 팀장님, 자료 수집에 큰 도움을 주신 토모코 선생님, 일본의 멋진 사진들을 보내 주신 Joanne(이종은) 선생님, 浅井宏太(아사이 히로타카)님, 서동휘 님, 김민아 님께 감사드립니다. 그리고 늘 응원해 주시는 부모님께도 감사 인사드립니다.

모든 독자분들이 일본에서 즐겁고 알찬 시간을 보낼 수 있도록, 이 책이 도움이 되길 진심으로 바랍니다.

여행의 기억
일본어가 필요했던 그 순간

모기약이야? 모기 퇴치 스프레이야?

처음으로 간 오사카 여행, 마침 강력한 모기가 극성을 부리는 여름이었어요. 모기 물린 데 바르는 약을 사고 싶었지만, '모스키토~모스키토~'라고 외치는 제게 일본인 점원은 모기 그림이 그려져 있는 스프레이를 주더군요. 모기 물린 데 열심히 뿌렸지만, 나중에 알고 보니 모기 퇴치용 스프레이더라고요.

먹고 싶어도 알아야 말이지!

일본에 가면 먹고 싶은 것이 참 많았습니다. 초밥도 종류별로 즐기고 싶었고, 다양한 꼬치구이에 시원한 맥주도 맘껏 마시고 싶었죠. 하지만, 막상 식당에 들어서니 메뉴판은 마치 암호 같았고 생선 이름은 알 수도 없었어요. 그림을 보고 겨우 먹기는 했지만, 음식 관련 일본어가 아쉬운 여행이었답니다.

일본에서 지진을 겪었을 때

출장으로 일본에 머물렀을 때, 처음으로 지진을 경험했습니다. 가벼운 진동이었지만, 안내방송을 하나도 이해할 수 없어서 바짝 긴장되더군요. 일본 출장 기간 내내 '혹시 더 큰 지진이 일어난다면 어디로, 어떻게 대피해야 할지' 걱정하며 밤을 지새울 수밖에 없었습니다.

파출소 간판만 알았더라면…

여행 도중에 지갑을 분실했어요. 택시를 타고 호텔로 돌아와 직원에게 설명하고, 직원의 안내대로 다시 파출소로 향했죠. 알고 보니 처음 지갑을 잃어버린 장소, 바로 그 근처에 파출소가 있었는데 그 표시판(Koban: こうばん)을 몰랐던 거죠. 그때 파출소 표현이 일본어로 뭔지만 알았더라면, 그래서 바로 들어가 물어봤더라면 시간과 돈을 낭비하지 않았을 겁니다.

よい ご旅行を。

이 책의 특징
여행자의 일본어 활용법

KEY CHECK
여행 상황마다 꼭 필요한 문장

나에게 꼭 필요할 것 같은 문장에 표시하면서 연습해 보세요. 자신감이 높아져요. (음원 수록)

DIALOG
실전 대비 대화문

필수 문장을 실제 상황으로 확인한다! 실제 그 상황에 처해 있다 생각하고 리얼하게 연습해 보세요. 그냥 읽는 것과는 자세부터 달라진답니다. (음원 수록)

CHECK IT OUT
여행에 도움을 주는 정보가 한가득

알면 천군만마의 힘이 돼 줄 유용한 정보를 꼭 필요하다 싶은 곳마다 실었어요. 새롭게 알아가는 재미가 쏠쏠해요

여행 안심 패스
VOCA BOX

진정한 마음의 위안꾼! 비행기를 기다리며, 필요한 단어를 모를 때 사전처럼 바로 찾아볼 수 있는 보카! (음원 수록)

▶ 이 책에는 초급자들의 편의를 위해 일본어 독음 표기를 했습니다. 일본어가 익숙해지면 가능한 한 독음에 의지하지 말고 일본어를 보고 읽는 훈련을 해 보세요. QR코드를 스캔하거나 무료 다운로드된 MP3 음원으로원어민 음성을 확인하세요.

CONTENTS

CHAPTER 1
あいさつ

CHAPTER 2
しゅっぱつ

CHAPTER 3
こうつう

CHAPTER 4
しゅくはく

CHAPTER 5
しょくじ

CHAPTER 6
たのしむ

CHAPTER 7
かいもの

CHAPTER 8
じょうほう

기초 다지기 (히라가나, 가타카나, 발음, 숫자, 날짜, 시간 등) | 18

あいさつ 1

일본어 기본 표현: 인사말, 자기소개, 교류

KEY CHECK 1　1. 기본 인사말 / 2. 소개하기 | 30
DIALOG 1　첫인사하기 | 38

KEY CHECK 2　1. 직업 묻기 / 2. 비즈니스 미팅 | 39
DIALOG 2　자기소개 | 비즈니스 미팅 | 46
CHECK IT OUT　일본의 비즈니스 에티켓 | 48

KEY CHECK 3　1. 관심사 나누기 / 2. 초대와 방문 | 49
DIALOG 3　처음 만난 사람과 대화 | 63
CHECK IT OUT　일본인 집에 초대받았을 때 | 65

여행 안심 패스 VOCA BOX 1　가족·직업 관련 어휘 | 67

しゅっぱつ 2

떠나자, 여행: 공항 & 기내에서

KEY CHECK 1　탑승 수속 | 74
DIALOG 1　탑승 수속하기 | 78
CHECK IT OUT　공항 출국 가이드 | 79

KEY CHECK 2　보안검색 | 80
DIALOG 2　검색대를 통과할 때 | 83
CHECK IT OUT　김치나 장류는 어떻게 하나요? | 84

KEY CHECK 3　기내에서 | 85
DIALOG 3　승무원에게 요청하기 | 89
CHECK IT OUT　일본어 숫자 읽기 | 90

KEY CHECK 4　기내 식사 | 92
DIALOG 4　기내 식사하기 | 95
CHECK IT OUT　일본어 기내 방송 | 96

KEY CHECK 5　기내 서비스 | 98
DIALOG 5　승무원에게 요청하기 | 기내 면세품 구입하기 | 103
CHECK IT OUT　면세점 이용하기 | 105

KEY CHECK 6　입국신고서 작성 | 106
DIALOG 6　신고서 작성하기 | 108
CHECK IT OUT　입국신고서와 세관신고서 용어 | 109

| KEY CHECK 7 | 환승편 | 110 |
| DIALOG 7 | 환승편을 놓쳤을 때 | 113 |

| KEY CHECK 8 | 입국 심사 | 114 |
| DIALOG 8 | 입국 심사 | 119 |

| KEY CHECK 9 | 세관 심사 | 120 |
| DIALOG 9 | 세관 통과하기 | 123 |

KEY CHECK 10	수하물 찾기	124
DIALOG 10	수하물 찾기	가방 분실 신고	127
CHECK IT OUT	수하물 분실 대비책	130

여행 안심 패스 VOCA BOX 2 항공·기내 관련 어휘 | 133

こうつう 여행지 교통편
3

KEY CHECK 1	1. 택시 이용 / 2. 표 구입하기
	3. 버스·지하철 정보 문의 / 4. 기차 여행	140
DIALOG 1	교통 묻기	기차표 구입하기	160
CHECK IT OUT	일본의 다양한 교통패스·지하철	162

KEY CHECK 2	길 묻기	164
DIALOG 2	길을 물을 때	168
CHECK IT OUT	일본 렌터카·표지판	169

여행 안심 패스 VOCA BOX 3 교통·건물 관련 어휘 | 173

しゅくはく 여행지 숙소
4

| KEY CHECK 1 | 숙소 예약 | 180 |
| DIALOG 1 | 숙소 예약 관련 | 188 |

KEY CHECK 2	체크인·체크아웃	190
DIALOG 2	체크인 문의	194
CHECK IT OUT	일본의 료칸	195

| KEY CHECK 3 | 1. 룸서비스 이용 / 2. 서비스 요청 | **196** |
| DIALOG 3 | 룸서비스 이용하기 | **202** |

| KEY CHECK 4 | 숙소 관련 요청·문의 | **203** |
| DIALOG 4 | 숙소 문제 발생 | 체크아웃 계산서 문제 발생 | **206** |

여행 안심 패스 VOCA BOX 4   숙소 관련 어휘 | **209**

しょくじ 5
여행지에서 밥 먹기

KEY CHECK 1	식당 예약	**216**
DIALOG 1	식당 예약하기	식당에서	**221**
CHECK IT OUT	일본의 음식 이름	**223**

KEY CHECK 2	음식 주문하기	**224**
DIALOG 2	음식 주문하기	**232**
CHECK IT OUT	일본의 인기 요리	**234**

KEY CHECK 3	취향 따라 음식 주문하기	**236**
DIALOG 3	입맛대로 주문하기	**241**
CHECK IT OUT	일본의 식사 예절	**243**

KEY CHECK 4	초밥집에서	**244**
DIALOG 4	초밥집에서	**246**
CHECK IT OUT	초밥의 종류	**247**

| KEY CHECK 5 | 음식 불만 제기 | **248** |
| DIALOG 5 | 요리에 문제가 있을 때 | **251** |

KEY CHECK 6	1. 계산하기 / 2. 식당 리뷰	**253**
DIALOG 6	계산하기	**256**
CHECK IT OUT	일본의 도시락과 에키벤	**258**

KEY CHECK 7	1. 패스트푸드점 / 2. 커피 주문하기	**259**
DIALOG 7	패스트푸드 주문하기	커피 주문하기	**264**
CHECK IT OUT	일본의 커피 문화	**266**

여행 안심 패스 VOCA BOX 5   음식·식재료 관련 어휘 | **269**

たのしむ 6 — 여행지에서 보고, 듣고, 놀기

KEY CHECK 1   관광 안내소 | **280**
DIALOG 1   길 묻기 | **284**
CHECK IT OUT   일본의 연중행사 | **286**

KEY CHECK 2   현지 투어 문의 | **288**
DIALOG 2   관광 투어 | **292**
CHECK IT OUT   일본 애니메이션 투어 | **294**

KEY CHECK 3   1. 공연 보기 / 2. 공연장에서 | **295**
DIALOG 3   공연 정보 얻기 | **302**
CHECK IT OUT   일본의 전통 공연 | **303**

KEY CHECK 4   박물관과 미술관 방문 | **304**
DIALOG 4   박물관 관람 | **308**
CHECK IT OUT   일본의 박물관과 미술관 | **309**

KEY CHECK 5   1. 도쿄의 번화가 / 2. 클럽 / 3. 파칭코 | **310**
DIALOG 5   술집 추천 받기 | 파칭코에서 | **320**
CHECK IT OUT   가부키쵸와 이자카야 | **322**

KEY CHECK 6   1. 스포츠 관람 / 2. 장비 대여하기 / 3. 날씨 | **323**
DIALOG 6   야구 경기장 투어 | 스키 장비 대여하기 | **330**
CHECK IT OUT   일본 추천 트레킹 코스 | **332**

여행 안심 패스 **VOCA BOX 6**   관광·날씨 관련 어휘 | **335**

かいもの 7 — 색다른 즐거움: 쇼핑하기

KEY CHECK 1   식품 구입하기 | **344**
DIALOG 1   식료품점에서 | **349**
CHECK IT OUT   없는 것 빼고 다 있는 일본의 편의점 | **350**

KEY CHECK 2   의류와 신발 쇼핑 | **351**
DIALOG 2   옷 가게에서 | **356**

KEY CHECK 3	다양한 제품 쇼핑	358
DIALOG 3	안경점에서	364
CHECK IT OUT	일본의 드럭스토어	365

KEY CHECK 4	기념품 쇼핑	366
DIALOG 4	기념품 구입하기	368
CHECK IT OUT	일본의 전통 기념품	369

| KEY CHECK 5 | 물건값 계산하기 | 370 |
| DIALOG 5 | 물건 고르기부터 계산까지 | 375 |

KEY CHECK 6	쇼핑할 때 필수 표현	376
DIALOG 6	환불 요청하기	381
CHECK IT OUT	상점에서 볼 수 있는 표시	382

여행 안심 패스 VOCA BOX 7   쇼핑·의류 관련 어휘 | 385

じょうほう 8

유용한 정보: 은행, 병원, 경찰서, 사건 사고

| KEY CHECK 1 | 은행·환전 | 394 |
| DIALOG 1 | 환전하기 | 397 |

KEY CHECK 2	신용카드 관련 문제	398
DIALOG 2	대체카드 발급하기	400
CHECK IT OUT	일본에서 여행 경비 관리하기	401

| KEY CHECK 3 | 병원 가기 | 402 |
| DIALOG 3 | 병원 접수하기 | 병원 진료받기 | 410 |

| KEY CHECK 4 | 약국에서 | 412 |
| DIALOG 4 | 처방전 약 주문하기 | 417 |

KEY CHECK 5	1. 위급 상황 / 2. 도난·분실 신고	418
DIALOG 5	교통사고 신고	428
CHECK IT OUT	일본에서 지진이 났을 때	429

여행 안심 패스 VOCA BOX 8   병원·의료 관련 어휘 | 433

よい
ご旅行を。

요이 고료코-오.

좋은 여행 하세요.

> 여행의 가치

여행은
그 과정에 가치가 있는 것이다.
旅の過程にこそ
価値がある。

> 희망에 가득 찬 여행

희망으로 가득 차 여행하는 것은, 목적지에 당도하는
것보다 좋은 일이다.
希望に満ちて旅行することは、目的地にたどり着くことより良いことである。

> 행복… 여행…

행복이란 여행의 방법이지, 목적지가 아니다.
幸せとは旅の仕方であって、行き先
のことではない。

> 새로운 시각

발견의 여행이란, 새로운 경치를 찾는 것이 아니다.
새로운 눈으로 보는 것이다.
発見の旅とは、新しい景色を探すことではない。新しい目で見ることなのだ。

> 내면의 여행

아무리 멀리까지 여행해도, 그 거리만큼 내면으로의 여행을 하지 않으면,
그 어디에도 당도할 수 없다.
どんな遠くに旅をしても、その距離だけ内面へも旅をしなければ、どこへも行きつくことはできません。

> 여행의 발자취

내 앞에 길은 없다. 하지만 내 뒤에 길은 남는 법.
僕の前に道はない。僕の後ろに道は出
来る。

기초 다지기
(히라가나, 가타카나, 발음, 숫자, 날짜, 시간 등)

일러두기
- 이 책에는 초급자들의 편의를 위해 일본어 독음 표기를 했습니다. 일본어 독음 특성상 뒤에 붙는 조사나 단어에 따라 같은 글자라도 발음이 달라지고, 미묘한 차이를 느낄 수 있는 발음이 종종 있습니다. 히라가나를 익힌 후에는 가능한 한 독음에 의지하지 말고, 일본어를 보며 직접 읽는 연습을 하고 헷갈리는 발음은 원어민 음성을 듣고 따라 해 보세요.
- 일본어 숫자의 경우 학습자에게 익숙한 기수(いち, に, さん, し・よん...)에는 별도 후리가나(독음) 표기를 하지 않고 서수(ひと, ふた, み, よ...)에만 후리가나 표기를 했습니다.

ひらがな
히라가나

	ㅏ	ㅣ	ㅜ	ㅔ	ㅗ
ㅇ	あ 아	い 이	う 우	え 에	お 오
ㅋ	か 카	き 키	く 쿠	け 케	こ 코
ㅅ	さ 사	し 시	す 수(스)	せ 세	そ 소
ㅌ	た 타	ち 치	つ 추(츠)	て 테	と 토
ㄴ	な 나	に 니	ぬ 누	ね 네	の 노
ㅎ	は 하	ひ 히	ふ 후	へ 헤	ほ 호
ㅁ	ま 마	み 미	む 무	め 메	も 모
ㅑ	や 야		ゆ 유		よ 요
ㄹ	ら 라	り 리	る 루	れ 레	ろ 로
와	わ 와				を 오
ng	ん				

응(ㄴ, ㅇ, ㅁ 받침으로 발음되나 뒤에 오는 글자에 따라 발음이 바뀜)

カタカナ
가타카나

	ㅏ	ㅣ	ㅜ	ㅔ	ㅗ
ㅇ	ア 아	イ 이	ウ 우	エ 에	オ 오
ㅋ	カ 카	キ 키	ク 쿠	ケ 케	コ 코
ㅅ	サ 사	シ 시	ス 수(스)	セ 세	ソ 소
ㅌ	タ 타	チ 치	ツ 추(츠)	テ 테	ト 토
ㄴ	ナ 나	ニ 니	ヌ 누	ネ 네	ノ 노
ㅎ	ハ 하	ヒ 히	フ 후	ヘ 헤	ホ 호
ㅁ	マ 마	ミ 미	ム 무	メ 메	モ 모
야	ヤ 야		ユ 유		ヨ 요
ㄹ	ラ 라	リ 리	ル 루	レ 레	ロ 로
와	ワ 와				ヲ 오
ng	ン 응				

* 가타카나는 외국·외래어, 의성·의태어를 표기할 때 쓰이며, 동식물의 이름이나 강조하는 단어를 표기할 때도 쓰입니다.

유의할 발음

か→が	き→ぎ	く→ぐ	け→げ	こ→ご
카→가	키→기	쿠→구	케→게	코→고
さ→ざ	し→じ	す→ず	せ→ぜ	そ→ぞ
사→자	시→지	스→즈	세→제	소→조
た→だ	ち→ぢ	つ→づ	て→で	と→ど
타→다	치→지	츠→즈	테→데	토→도
は→ば	ひ→び	ふ→ぶ	へ→べ	ほ→ぼ
하→바	히→비	후→부	헤→베	호→보
は→ぱ	ひ→ぴ	ふ→ぷ	へ→ぺ	ほ→ぽ
하→파(빠)	히→피(삐)	후→푸(뿌)	헤→페(뻬)	호→포(뽀)

きや : きゃ	きゆ : きゅ	きよ : きょ
키야 : 캬	키유 : 큐	키요 : 쿄
しや : しゃ	しゆ : しゅ	しよ : しょ
시야 : 샤	시유 : 슈	시요 : 쇼
ちや : ちゃ	ちゆ : ちゅ	ちよ : ちょ
치야 : 챠	치유 : 츄	치요 : 쵸
にや : にゃ	にゆ : にゅ	によ : にょ
니야 : 냐	니유 : 뉴	니요 : 뇨
ひや : ひゃ	ひゆ : ひゅ	ひよ : ひょ
히야 : 햐	히유 : 휴	히요 : 효
みや : みゃ	みゆ : みゅ	みよ : みょ
미야 : 먀	미유 : 뮤	미요 : 묘
りや : りゃ	りゆ : りゅ	りよ : りょ
리야 : 랴	리유 : 류	리요 : 료

おう	こう	そう	とう	のう	ほう	もう	よう	ろう
오-	코-	소-	토-	노-	호-	모-	요-	로-
えい	けい	せい	てい	ねい	へい	めい		れい
에-	케-	세-	테-	네-	헤-	메-		레-

* 본 도서에서 장음은 모두 -로 표기(오-, 코-, 소-)했습니다.

기본 질문 패턴

なんですか。	난데스까?	무엇입니까?
どこですか。	도코데스까?	어디입니까?
どれですか。	도레데스까?	어느 것입니까?
いつですか。	이츠데스까?	언제입니까?
だれですか。	다레데스까?	누구입니까?
どちらですか。	도치라데스까?	어느 쪽입니까?
どうしてですか。	도–시테데스까?	어째서입니까?
いくらですか。	이쿠라데스까?	얼마입니까?
なんじですか。	난지데스까?	몇 시입니까?

* ~ですか로 질문하고, '~입니다'라고 대답할때는 ~です로 답합니다.

기본 말하기/듣기 패턴

~です。	~데스.	~(입)니다.
~では ないです。 ~じゃ ありません。	~데와 나이데스. ~쟈 아리마셍.	~(이/가) 아닙니다.
~て ください。	~테 쿠다사이.	~해 주세요.
~て いただけませんか。	~테 이타다케마셍까?	~해 주실 수 있나요?
~たいです。	~타이데스.	~(하)고 싶습니다.
~が ほしいです。	~가 호시–데스.	~을 갖고 싶습니다.
~ても いいですか。	~테모 이–데스까?	~(해)도 됩니까?
~ては いけません。	~테와 이케마셍.	~(해)서는 안 됩니다.

~は	~와	~은/는
~が	~가	~이/가
~を	~오	~을/를
~の~	~노~	~의~
~に	~니	~(장소/시간)에
~で	~데	~에서
~も	~모	~도

숫자

1	いち	이치	100	ひゃく	百	햐쿠
2	に	니	200	にひゃく	二百	니햐쿠
3	さん	산	300	さんびゃく	三百	삼바쿠
4	し・よん	시/욘	400	よんひゃく	四百	용햐쿠
5	ご	고	500	ごひゃく	五百	고햐쿠
6	ろく	로쿠	600	ろっぴゃく	六百	롭파쿠
7	しち・なな	시치/나나	700	ななひゃく	七百	나나햐쿠
8	はち	하치	800	はっぴゃく	八百	합파쿠
9	く・きゅう	쿠/큐ー	900	きゅうひゃく	九百	큐ー햐쿠
10	じゅう	쥬ー	1,000	せん	千	센
			2,000	にせん	二千	니센
			3,000	さんぜん	三千	산젠
			4,000	よんせん	四千	욘센
			5,000	ごせん	五千	고센
			6,000	ろくせん	六千	록센
			7,000	ななせん	七千	나나센
			8,000	はっせん	八千	핫센
			9,000	きゅうせん	九千	큐ー센
			10,000	いちまん	一万	이치망

물건 세기

한 개	ひとつ	一つ	히토츠
두 개	ふたつ	二つ	후타츠
세 개	みっつ	三つ	밋츠
네 개	よっつ	四つ	욧츠
다섯 개	いつつ	五つ	이츠츠
여섯 개	むっつ	六つ	뭇츠
일곱 개	ななつ	七つ	나나츠
여덟 개	やっつ	八つ	얏츠
아홉 개	ここのつ	九つ	코코노츠
열 개	とお	十	토ー

~권	~さつ	~冊	~사츠
~장	~まい	~枚	~마이
~명	~にん	~人	~닌
~층	~かい	~階	~카이

~ 대	~だい	~台	~다이
~ 병 (자루, 그루, 가닥)	~ほん	~本	~홍
~ 켤레	~そく	~足	~소쿠
~ 회(횟수)	~かい	~回	~카이
~ 마리(동물)	~ひき	~匹	~히키
~ 잔	~はい	~杯	~하이
~ 살	~さい	~歳	~사이

월

1월	いちがつ	1月	이치가츠
2월	にがつ	2月	니가츠
3월	さんがつ	3月	상가츠
4월	しがつ	4月	시가츠
5월	ごがつ	5月	고가츠
6월	ろくがつ	6月	로쿠가츠
7월	しちがつ	7月	시치가츠
8월	はちがつ	8月	하치가츠
9월	くがつ	9月	쿠가츠
10월	じゅうがつ	10月	쥬―가츠
11월	しゅういちがつ	11月	쥬―이치가츠
12월	じゅうにがつ	12月	쥬―니가츠

요일

월요일	げつようび	月曜日	게츠요―비
화요일	かようび	火曜日	카요―비
수요일	すいようび	水曜日	수이요―비
목요일	もくようび	木曜日	모쿠요―비
금요일	きんようび	金曜日	킹요―비
토요일	どようび	土曜日	도요―비
일요일	にちようび	日曜日	니치요―비

시간

1시	いちじ	1時	이치지
2시	にじ	2時	니지
3시	さんじ	3時	산지
4시	よじ	4時	요지
5시	ごじ	5時	고지
6시	ろくじ	6時	로쿠지
7시	しちじ	7時	시치지
8시	はちじ	8時	하치지
9시	くじ	9時	쿠지
10시	じゅうじ	10時	쥬―지
11시	じゅういちじ	11時	쥬―이치지
12시	じゅうにじ	12時	쥬―니지

시간과 날짜

그저께	おととい		오토토이
어제	きのう		키노―
오늘	きょう		쿄―
내일	あした		아시타
모레	あさって		아삿테
지난주	せんしゅう	先週	센슈―
이번 주	こんしゅう	今週	콘슈―
다음 주	らいしゅう	来週	라이슈―
지난달	せんげつ	先月	셍게츠
이번 달	こんげつ	今月	콩게츠
다음 달	らいげつ	来月	라이게츠
시간	じかん	時間	지칸
분	ふん	分	훈
일	にち	日	니치
주	しゅう	週	슈―
년	ねん	年	넨
시	じ	時	지
월	がつ	月	가츠
요일	ようび	曜日	요―비

크기

크다	おおきい	大きい	오-키-
작다	ちいさい	小さい	치-사이
길다	ながい	長い	나가이
짧다	みじかい	短い	미지카이
높다 / 비싸다	たかい	高い	타카이
낮다	ひくい	低い	히쿠이
많다	おおい	多い	오-이
적다	すくない	少ない	스쿠나이

색깔

색깔	いろ	色	이로
밝다	あかるい	明るい	아카루이
빨갛다	あかい	赤い	아카이
어둡다	くらい	暗い	쿠라이
검다	くろい	黒い	쿠로이
노랗다	きいろい	黄色い	카-로이
희다	しろい	白い	시로이
파랗다	あおい	青い	아오이
보라색	むらさき	紫	무라사키
초록색	みどり	緑	미도리
갈색	ちゃいろ	茶色	챠이로

일본어 기본 표현
: 인사말, 자기소개, 교류

해외여행을 떠나기 전 가방에 차곡차곡 넣는 준비물도 중요하지만, 방문할 나라의 언어를 익히는 것도 중요한 일이겠죠. 물론 완벽하게 마스터하라는 것은 절대 아닙니다. 일본어 전공자도 막상 현지에 가면 쉽게 입이 열리지 않는 경우가 많은 걸요. 그래도 최소한 기본 인사말과 '실례합니다(죄송합니다)', '감사합니다' 등의 소위 '마법의 표현'만큼은 익히고 가는 게 좋지 않을까요?

あいさつ

KEY CHECK 1

1. 기본 인사말

기본 인사말 익히기

우리나라와 일본은 고개를 숙여 인사하는 방법은 같습니다. 하지만 시간에 상관없이 '안녕하세요' 하나로 통하는 한국어와 달리 일본어는 영어처럼 오전, 오후, 저녁 인사말이 다릅니다. 타이밍에 맞는 표현 유의하세요. 식당이나 가게에 들어가고 나올 때, 좋은 서비스를 받았을 때 쓸 수 있는 기본 인사와 감사 인사 표현을 익혀 두고 가면 좋겠죠.

① 만날 때 인사

필요한 문장에
표시해 보세요!

처음 뵙겠습니다.
はじめまして。
하지메마시테. ✓

안녕하세요. (안녕.)
こんにちは。
콘니치와.

▶ 아침 인사 **おはようございます**。**おはよう**。 오하요−고자이마스, 오하요.
  오후 인사 **こんにちは**。 콘니치와.
  저녁(밤) 인사 **こんばんは**。 콘방와.

만나서 반가워요.
お会いできて うれしいです。
오아이데키테 우레시−데스.

환영합니다.
ようこそ。
요−코소.

어서 오세요.
いらっしゃい。
이랏샤이.

❷ 작별 인사

잘가요. (안녕.)
さようなら。
사요-나라.

그럼 또 봐(요).
ではまた。
데와마타.

그럼…
じゃあね。
쟈-네.

안녕히 계십시오. (안녕히 가십시오.)
どうも。
도-모.

> **TIP** 일본어의 「どうも」
> 인사 표현 앞에 붙어서 감사나 미안함, 정중함을 강조하는 부사로도 쓰이지만, 단독으로 여러 가지 인사 표현을 대체하기도 합니다. 아침, 저녁에 만날 때 인사나, 감사, 사과 혹은, 전화를 끊을 때나 헤어질 때도 늘 「どうも」만으로 충분히 정중한 인사로 통합니다.

다음에 봐요.
また会いましょう。/ またね。
마타 아이마쇼-. / 마타네.

여행 잘하세요!
良いご旅行を。
요이 고료코-오!

③ 유용한 표현

네.
はい。
하이.

아니오.
いいえ。
이-에.

부탁합니다.
お願いします。
오네가이시마스.

실례합니다.
失礼します。 / ごめんください。 (방문, 가게에 들어설 때)
시츠레-시마스. / 고멩쿠다사이.

(매우) 감사합니다.

(どうも)ありがとうございます。 /
どうも。 / ありがとう。

(도-모) 아리가토-고자이마스. / 도-모. / 아리가토-.

TIP 일본어의「～ございます」

여기에는 존경의 표현이 담겨 있답니다. 물론 생략해도 실례되지는 않지만, 처음 만나는 상대나 웃어른께는「～ございます」를 갖추어 말하는 게 좋습니다. 반대로 친한 상대라면 생략하는 쪽이 거리감이 없다는 것도 알아 두세요.

(매우) 죄송합니다.

(どうも) すみません。/ ごめんなさい。

(도–모) 스미마셍. / 고멘나사이.

좋아요. (오케이.)

いいです。

이–데스.

네, 맞습니다.

はい、そうです。

하이, 소–데스.

아니에요.

いいえ、違(ちが)います。

이–에, 치가이마스.

2. 소개하기

당신 이름이 뭐예요?

간단한 인사를 한 후 다음 단계에는 통성명을 해야겠죠. 이름, 가족 사항, 나이 묻고 답하기 등의 표현을 배워 봅시다. 이름의 한자가 어려울 경우 우리나라에서 하는 것처럼 한자를 풀어서 설명(山 뫼산; 山の山です : 야마노 산데스)해 줄 수 있습니다.

① 소개하기

필요한 문장에 표시해 보세요!

이름이 어떻게 되시는지?
お名前は。
오나마에와…?

제 이름은 이미나예요.
私はイミナです。／私はイミナともうします。
와타시와 이미나데스. / 와타시와 이미나토 모-시마스.

이게 제 명함입니다.
これは私の名刺です。
코레와 와타시노 메-시데스.

잘 부탁드립니다.
どうぞよろしく おねがいします。
도-조 요로시쿠 오네가이시마스.

저야말로 잘 부탁드립니다.
こちらこそ、どうぞよろしく。
코치라코소, 도-조 요로시쿠.

❷ 가족 관련

오빠가 있나요?
お兄(にい)さんがいますか。
오니-상가 이마스까?

결혼했나요?
結婚(けっこん)していますか。
켁콘시테 이마스까?

결혼했어요.
結婚(けっこん)しています。
켁콘시테 이마스.

싱글이에요.
独身(どくしん)です。
독신데스.

딸이 하나 있어요.
娘(むすめ)が1人(ひとり)います。
무스메가 히토리 이마스.

아니오, 아이가 없어요.
いいえ、子(こ)どもはいません。
이-에, 코도모와 이마셍.

여기는 제 가족[친구]입니다.
こちらは私(わたし)の家族(かぞく)[友(とも)だち]です。
코치라와 와타시노 카조쿠[토모다치]데스.

가족[친구]과 함께 왔어요.
家族[友だち]と 一緒に 来ました。

카조쿠[토모다치]토 잇쇼니 키마시타.

▶ 가족 명사

나의 가족	상대방의 가족
가족 家族 카조쿠	ご家族 고카조쿠
아빠 父 치치	お父さん 오토-상
엄마 母 하하	お母さん 오카-상
형(오빠) 兄 아니	お兄さん 오니-상
누나(언니) 姉 아네	お姉さん 오네-상
남동생 弟 오토-토	弟さん 오토-토상
여동생 妹 이모-토	妹さん 이모-토상

3 나이

몇 살이에요?
おいくつですか。

오이쿠츠데스까?

아들[딸] 나이가 몇 살이에요?
息子さん[娘さん]は おいくつですか。

무스코상[무스메상]와 오이쿠츠데스까?

저는 25살입니다.
私は 25歳です。

와타시와 니쥬-고사이데스.

그녀는 5살입니다.
彼女は 5歳です。

카노죠와 고사이데스.

④ 국적

어디서 왔어요?
どちらから 来ましたか。
도치라카라 키마시타까?

일본 분이세요?
日本の 方ですか。
니혼노 카타데스까?

저는 한국인입니다.
私は 韓国人です。
와타시와 캉코쿠진데스.

한국에서 왔어요.
韓国から 来ました。
캉코쿠카라 키마시타.

저는 서울에 살아요.
私はソウルに 住んでいます。
와타시와 소―루니 슨데이마스.

DIALOG 1

첫인사하기

도민 처음 뵙겠습니다.

はじめまして。
하지메마시테.

다나카 만나서 반갑습니다.

お会いできて うれしいです。
오아이데키테 우레시―데스.

도민 제 이름은 도민이에요. 한국에서 왔어요.

私は ドミンと もうします。韓国から 来ました。
와타시와 도민토 모―시마스. 캉코쿠카라 키마시타.

다나카 제 이름은 다나카예요. 일본인입니다.

私は 田中です。日本人です。
와타시와 타나카데스. 니혼진데스.

도민 여기는 제 와이프예요. 제 딸이고요.

こちらは 妻で、こちらは 娘です。
코치라와 츠마데, 코치라와 무스메데스.

다나카 아이가 귀엽네요. 몇 살이에요?

へえ、かわいい子ですね。おいくつですか。
헤―, 카와이―코데스네. 오이쿠츠데스까?

도민 일곱 살이에요.

7歳です。
나나사이데스.

다나카 이름이 뭐니?

お名前は 何ですか。
오나마에와 난데스까?

딸 수아예요.

スアです。
수아데스.

KEY **CHECK** 2

1. 직업 묻기

인적 사항 묻고 답하기

일본어로 인사와 간단한 통성명을 한 후에는 어떤 얘기를 나눌 수 있을까요? 그렇죠. 무슨 일을 하는지 묻고 답할 수 있겠죠. 직장인이라면 다양한 직업군을, 학생이라면 전공(학과) 관련 용어도 함께 익혀보세요.

---

❶ 직업이 뭐예요?

필요한 문장에
표시해 보세요!

무슨 일을 해요? (직업이 뭐예요?)
お仕事は何ですか。
오시고토와 난데스까?

저는 학생입니다.
私は学生です。
와타시와 각세―데스.

▶ 직업

주부 主婦 슈후
학생 学生 각세―
작가 作家 삭카
편집자 編集者 헨슈―샤
건축가 建築家 켄치쿠카
플로리스트 フローリスト 후로―리스토
헤어 디자이너 美容師 비요―시
군인 軍人 군진
경찰 警察官 케―사츠캉
소방관 消防士 쇼―보―시
약사 薬剤師 야쿠자이시
간호사 看護師 캉고시
수의사 獣医 쥬―이
의사 医者 이샤

변호사 弁護士 벵고시
파일럿 パイロット 파이롯토
승무원 乗務員 죠―무잉
음악가 音楽家 옹가쿠카
무용수 バレリーナ 바레리―나
배우 俳優 하이유―
가수 歌手 카슈
화가 画家 가카
사진작가 写真家 샤싱카
디자이너 デザイナー 데자이나―
기자 記者 키샤
운동선수 運動選手 운도―센슈

CHAPTER 1 | あいさつ **39**

❷ 무엇을 공부하나요?

무엇을 공부하나요?
何を 勉強して いますか。
나니오 벵쿄-시테 이마스까?

저는 대학에서 공부하고 있어요.
私は 大学で 勉強して います。
와타시와 다이가쿠데 벵쿄-시테 이마스.

저는 화학을 전공하고 있습니다.
私は 化学を 専攻して います。
와타시와 카가쿠오 셍코-시테 이마스.

▶ 전공
언어 言語 겡고
역사 歴史 레키시
법률 法律 호-리츠
경영학 経営学 케-에-가쿠
경제 経済 케-자이
심리학 心理学 신리가쿠
국제관계학 国際関係学 콕사이캉케-가쿠
수학 数学 수-가쿠
과학 科学 카가쿠
토목공학 土木工学 도보쿠코-가쿠
건축공학 建築工学 켄치쿠코-가쿠
기계공학 機械工学 키카이코-가쿠

저는 방송국에서 일하고 싶어서 공부하고 있어요.
私は 放送局で 働きたくて 勉強して います。
와타시와 호-소-쿄쿠데 하타라키타쿠테 벵쿄-시테 이마스.

2. 비즈니스 미팅

일본 출장 왔어요

일본 방문의 목적은 여행이나 유학 외에도 바로 '출장'이 있죠. 가까워서 더 쉽게 자주 오갈 수 있고요. 일본 무역이나 박람회, 콘퍼런스 방문, 시장 조사 등 출장 업무도 다양합니다. 이렇게 중요한 비즈니스 회화는 일상 대화와 달리 더 정중하고 격식있게 표현해야 합니다. 특히, 일본어의 '경어'는 한국어의 경어보다 더 복잡 다양해서 표현 시 주의할 점이 많답니다. 다음의 기본적인 필수 표현을 잘 익혀 두세요.

① 비즈니스 방문

필요한 문장에 표시해 보세요!

어떻게 오셨습니까?
どのような ご用件でしょうか。
도노 요-나 고요-켄데쇼-까?

성함이 어떻게 되세요?
お名前は。/ お名前を いただけますか。
오나마에와... / 오나마에오 이타다케마스까?

(당신의) 명함을 얻을 수 있을까요?
名刺、いただけますか。
메-시, 이타다케마스까?

잠시만 기다려 주십시오.
少々、お待ちください。
쇼-쇼-, 오마치쿠다사이.

이쪽으로 들어오십시오.
こちらへ どうぞ。/ こちらへ お入り ください。
코치라에 도-조. / 코치라에 오하이리 쿠다사이.

이쪽에 앉으세요.
こちらへ どうぞ。 / こちらへ お座りください。 /
こちらへ おかけください。

코치라에 도-조. / 코치라에 오스와리쿠다사이. / 코치라에 오카케쿠다사이.

사장님을 뵙고 싶습니다.
社長に お目に かかりたいんですが。

샤쵸-니 오메니 카카리타인데스가.

다나카 씨와 미팅이 있습니다.
田中さんと ミーティングが あります。

타나카상토 미-팅구가 아리마스.

다나카 씨와 얘기할 수 있을까요? (통화 가능할까요?)
田中さんと お話しできますか。

타나카상토 오하나시 데키마스까?

저는 LB사에서 왔습니다.
私は LB社から まいりました。

와타시와 에루비샤카라 마이리마시타.

3시에 찾아봬도 될까요?
3時に うかがっても いいですか。

산지니 우카갓테모 이-데스까?

늦어서 죄송합니다.
遅れて しまって 申し訳ございません。

오쿠레테 시맛테 모-시와케고자이마셍.

여기 제 명함이 있습니다.
どうぞ。私の名刺です。
도-조. 와타시노 메-시데스.

비즈니스 센터[콘퍼런스룸]가 어디 있나요?
ビジネスセンター[カンファレンスルーム]はどこですか。
비지네스센타-[캉화렌스 루-무]와 도코데스까?

미팅을 어디서 하나요?
会議はどこで行われますか。
카이기와 도코데 오코나와레마스까?

2 비즈니스 미팅

제 동료와 함께 왔습니다.
同僚と一緒にまいりました。
도-료-토 잇쇼니 마이리마시타.

제 동료를 소개시켜 드리겠습니다.
同僚を紹介いたします。
도-료-오 쇼-카이이타시마스.

한국어[영어]를 할 수 있는 통역사가 필요합니다.
韓国語[英語]のできる通訳者が必要です。
캉코쿠고[에-고]노 데키루 츠-약샤가 히츠요-데스.

콘퍼런스에 참여 중입니다.
カンファレンスに参加しております。
캉화렌스니 상카시테 오리마스.

▶ 연수 研修 켄슈- / 회의(미팅) 会議 카이기(ミーティング 미-팅구) /
무역박람회 貿易博覧会 보-에키하쿠랑카이

CHAPTER 1 | あいさつ 43

지금부터 발표하도록 하겠습니다.
これから、発표(はっぴょう)させていただきます。

코레카라, 핫표-사세테 이타다키마스.

언제든지 물어봐 주십시오.
いつでも、お聞(き)きください。

이츠데모, 오키키 쿠다사이.

잠시 여쭤봐도 될까요?
ちょっと うかがっても よろしいですか。

춋토 우카갓테모 요로시-데스까?

팜플렛을 읽어 주십시오.
パンフレット(ぱんふれっと)をお読(よ)みください。

판후렛토오 오요미쿠다사이.

이쪽에 기입해 주십시오.
こちらに お書(か)きください。

코치라니 오카키 쿠다사이.

네, 알고 있습니다.
はい、存(ぞん)じています。

하이, 존지테 이마스.

시간 내 주셔서 감사합니다.
お忙(いそが)しいところ、ありがとうございました。

오이소가시-토코로, 아리가토-고자이마시타.

(~을) 알고 계십니까?
(~を) ご存知(ぞんじ)ですか。

(~오) 고존지 데스까?

식사라도 할까요?
食事でもいかがでしょうか。
しょくじ

쇼쿠지데모 이카가데쇼-까?

제가 내겠습니다.
私が ごちそういたします。
わたし

와타시가 고치소-이타시마스.

TIP 일본어 특유의 말투

일본인과의 대화에서 '단도직입적인 표현'은 때로는 실례가 될 수도 있습니다. 그래서 일본인들의 대화 말투를 보면 돌려서 묻거나 '〜합니다만, 〜은?, 〜되시는지…?'와 같이 끝을 흐리거나 과감히 생략하는 경우를 흔히 볼 수 있습니다.

예를 들면,
- 집은 어디예요?「家はどこですか」 → 사시는 곳은 어느 쪽이세요?「おすまいは どちらですか」
- 이름은 뭐예요?「お名前は 何ですか」 → 성함은…?「お名前は…」

특히 사람을 처음 만나거나 비즈니스 미팅에서는 이런 '조심스러운 말투'에 더 신경 쓸 필요가 있습니다. 본 도서에서도 위와 같은 표현을 종종 다뤘으니 잘 살펴보시길 바랍니다.

DIALOG 2

자기소개

나   처음 뵙겠습니다. 저는 김민아라고 합니다.

저는 한국의 서울에서 왔습니다.

저희 가족은 다섯 식구로, 아빠, 엄마, 오빠, 언니가 있습니다.

아빠는 회사원이고 엄마는 주부입니다.

저는 대학에서 일본어를 전공하고, 일본에 유학하러 왔습니다.

취미는 수영과 일본 영화를 보는 겁니다.

모쪼록 잘 부탁드리겠습니다. 감사합니다.

始めまして。私はキムミンアともうします。
하지메마시테. 와타시와 키무민아토 모ー시마스.

私は 韓国の ソウルから 来ました。
와타시와 캉코쿠노 소ー루카라 키마시타.

私の 家族は 5人家族で、父、母、兄と 姉が います。
와타시노 카조쿠와 고닌카조쿠데, 치치, 하하, 아니토 아네가 이마스.

父は 会社員で、母は 主婦です。
치치와 카이샤인데, 하하와 슈후데스.

私は 大学で 日本語を 専攻して、日本に 留学に 来ました。
와타시와 다이가쿠데 니홍고오 센코ー시테, 니혼니 류ー가쿠니 키마시타.

趣味は 水泳と、日本の 映画を 見ることです。
슈미와 스이에ー토, 니혼노 에ー가오 미루코토데스.

どうぞ、よろしく お願いします。ありがとうございます。
도ー조, 요로시쿠 오네가이시마스. 아리가토ー고자이마스.

비즈니스 미팅

비서 안녕하세요. 어떻게 오셨죠?

こんにちは。どのようなご用件でしょうか。
콘니치와. 도노요-나 고요-켄데쇼-까?

나 안녕하세요. 다나카 씨 계십니까? 저는 김지우라고 합니다. 한국에서 왔습니다.

こんにちは。田中さん いらっしゃいますか。
私は キムジウと もうします。韓国から まいりました。
콘니치와. 타나카상 이랏샤이마스까? 와타시와 키무지우토 모-시마스. 캉코쿠카라 마이리마시타.

비서 약속하셨습니까?

お約束は なさいましたか。
오야쿠소쿠와 나사이마시타까?

나 네. 2시에 뵙기로 했습니다.

はい、2時に お会いすることに なっています。
하이, 니지니 오아이스루코토니 낫테이마스.

비서 지금, 자리를 비우셨습니다만, 이쪽에서 기다려 주십시오.

ただいま、席を 外して おりますが、こちらで お待ちください。
타다이마, 세키오 하즈시테 오리마스가, 코치라데 오마치쿠다사이.

(잠시 후) 오래 기다리셨습니다. 이쪽으로 들어오세요.

お待たせいたしました。どうぞ、こちらへ。
오마타세이타시마시타. 도-조, 코치라에.

CHECK IT OUT | 일본의 비즈니스 에티켓

중요한 계약을 앞두고 떠나는 일본 출장, 비행기 타고 가서 언어 불통, 문화 차이를 극복하지 못하고 일을 그르친다면 안 가느니만 못한 출장이 되겠죠. 그런 일이 생기지 않도록 아래 사항을 꼭 알아두세요.

- 일본인과의 첫 대면 인사에서는 '처음 뵙겠습니다. はじめまして。(하지메마시테.)'라고 말하면서 가급적이면 얼굴이 보이지 않을 정도로 허리를 굽히는 것이 예의입니다.

- 대화할 때 특이한 점은, 자기를 가리킬 때 한국에서는 손으로 몸을 가리키지만, 일본에서는 손가락으로 코를 가리키며 말하는 점이 다르답니다.

- 서로 명함을 건네받고 나서 곧장 지갑에 넣는 것은 성의 없어 보일 수 있습니다. 명함에 쓰인 이름을 한번 읽어 본다거나, '이 한자는 어떻게 읽어요? この 漢字はどう読みますか。(코노칸지와 도-요미마스까?)' 와 같이 이름에 대해 언급하는 것이 좋습니다. 일본인의 이름에 쓰인 한자는 그들도 읽기 어려운 경우가 많기 때문에 편하게 묻고 답할 수 있습니다. 또, 상대방의 이름을 잘 기억하겠다는 표현이기도 하고요.

- 비즈니스 미팅에서 선물을 주고받을 때는 상대방이 부담을 느끼지 않게 간소한 것을 준비하는 게 좋습니다. 일본인이 선호하는 한국 선물로는 김, 차, 과자, 김치 등이 있습니다. 손수건, 칼, 불과 관련된 물건(라이터, 재떨이 등)은 선물로 적절하지 않습니다. 선물을 받으면 서양처럼 바로 포장을 열지 않고 서로 헤어진 후 열어 보는 경우가 많습니다.

KEY CHECK 3

1. 관심사 나누기

어떤 영화를 좋아하나요?

간단한 자기소개 후 한 단계 더 들어가 서로의 관심사에 관해서도 얘기 나눌 수 있겠죠. 일본의 문화, 예술에 대해 미리 살펴보고 그에 대해 대화를 이어 간다면 당신은 이미 여행 고수! 세계 어디를 가나 자국 문화와 예술에 관심 있는 여행자는 대환영 받는답니다.

① 취향 묻기

필요한 문장에 표시해 보세요!

여가 시간에 무엇을 하나요?
暇(ひま)なときは何(なに)をしますか。
히마나 토키와 나니오 시마스까?

(당신은) 여행을 좋아하나요?
旅行(りょこう)が好(す)きですか。
료코-가 스키데스까?

▶ 영화 映画(えいが) 에-가 / 그림 絵(え) 에 / 사진 写真(しゃしん) 샤싱 / 독서 読書(どくしょ) 독쇼 / 요리 料理(りょうり) 료-리 / 여행 旅行(りょこう) 료코- / 패션 ファッション 홧숀 / 쇼핑 ショッピング 숍핑구 (買(か)い物(もの) 카이모노) / 댄스 ダンス 단스 / 게임 ゲーム 게-무 / 스포츠 スポーツ 스포-츠 (運動(うんどう) 운도-) / 하이킹 ハイキング 하이킹구

저는 스포츠를 좋아해요.
私(わたし)はスポーツが好(す)きです。
와타시와 스포-츠가 스키데스.

▶ ~을 좋아하지 않아요: ~は好(す)きじゃないです。 ~와 스키자 나이데스.

② 음악

🗨 (당신은) 음악 감상을 좋아하나요?
音楽を 聞くことが 好きですか。
옹가쿠오 키쿠코토가 스키데스까?
▶ 악기 연주 楽器を 演奏すること 각기오 엔소-스루코토 /
  노래 부르기 歌を 歌うこと 우타오 우타우코토 /
  콘서트장 가기 コンサートに 行くこと 콘사-토니 이쿠코토

어떤 음악을 좋아하나요?
どんな 音楽が 好きですか。
돈나 옹가쿠가 스키데스까?
▶ 클래식 クラシック 쿠라시쿠 / 재즈 ジャズ 쟈즈 / 팝 ポップ 폽뿌 / 메탈 メタル 메타루 /
  락 ロック 록쿠 / 전통 伝統音楽 덴토-옹가쿠

③ 미술(예술)

🗨 어떤 작품인가요?
どんな 作品ですか。
돈나 사쿠힌데스까?

피카소에 대해 어떻게 생각하세요?
ピカソに ついて どう 思いますか。
피카소니 츠이테 도- 오모이마스까?

어떤 작품에 관심이 있나요?
どんな 作品に 興味が ありますか。
돈나 사쿠힌니 쿄-미가 아리마스까?

👂 현대 미술에 관심 있어요.
現代美術に 関心が あります。
겐다이비쥬츠니 칸싱가 아리마스.
▶ 인상주의 미술 印象主義美術 인쇼-슈기 비쥬츠 /
  르네상스 미술 ルネサンス美術 루네상스 비쥬츠

④ 영화

어떤 영화를 좋아하세요?
どんな 映画が 好きですか。
돈나 에-가가 스키데스까?

'너의 이름은' 봤니?
「君の 名は。」見た？
'키미노 나와' 미타?

나는 드라마를 좋아해요.
私は ドラマが 好きです。
와타시와 도라마가 스키데스.
▶ 애니메이션 アニメ 아니메 / 코미디 コメディー 코메디- /
다큐멘터리 ドキュメンタリー 도큐멘타리- / 한국영화 韓国映画 캉코쿠에-가 /
공포영화 ホラー映画 호라-에-가 / 액션영화 アクション映画 악숀에-가

거기 누가 나오지?
その 映画に だれが 出てる？
소노 에-가니 다레가 데테루?

코미디 영화 보러 가고 싶어.
コメディー映画 見に 行きたいな。
코메디-에-가 미니 이키타이나.

한국어 자막 있니?
韓国語 字幕が ある？
캉코쿠고 지마쿠가 아루?

더빙이니?
吹き替えなの？
후키카에나노?

끝내주는 영화 같아.
けっこういい映画だね。／すごい映画だね。

켁코- 이- 에-가다네. / 스고이 에-가다네.

▶ 긴 영화 長い映画 나가이 에-가 / 슬픈 영화 悲しい映画 카나시- 에-가 /
무서운 영화 怖い映画 코와이 에-가 / 재미있는 영화 おもしろい映画 오모시로이 에-가

5 독서

어떤 종류의 책을 읽니?
どんな本読むの？

돈나 홍 요무노?

'삼국지'라는 책 읽은 적 있어?
「三国志」という本読んだことある？

'상콕시'토이우 홍 욘다코토 아루?

여행 동안 '와일드(Wild)'를 읽고 있어.
旅行中、「ワイルド」読んでるの。

료코-츄-, '와이루도' 욘데루노.

가볍게 읽을 수 있는 책을 소개해 줄래?
気軽に読める本紹介してもらえる？

키가루니 요메루 홍 쇼-카이시테 모라에루?

무라카미하루키의 '노르웨이의 숲(상실의 시대)'을 추천해.
村上春樹の「ノルウェイの森」お勧めしたいな。

무라카미하루키노 '노루웨-노 모리'오 스스메 시타이나.

6 スポーツ

운동 좋아하니?
運動 好き？
운도- 스키?

너는 어떤 운동 좋아하니?
どんな スポーツ 好き？
돈나 스포-츠 스키?

어떤 선수를 좋아하니?
選手は だれが 好き？
센슈와 다레가 스키?

어떤 팀을 좋아하니?
どの チームが 好き？
도노 치-무가 스키?

나 일본 야구를 좋아해.
私、日本の 野球 好きなの。
와타시, 니혼노 야큐- 스키나노.

나는 축구 엄청 좋아해.
私、サッカー 大好き。
와타시, 삭카- 다이스키.

▶ 테니스 テニス 테니스 / 농구 バスケットボール 바스켓토보-루 / 배구 バレーボール 바레-보-루

그냥 보는 것만 좋아해.
ただ、見るのが 好き。
타다, 미루노가 스키.

응, 아주 좋아해.
うん、すごく好き。/ うん、大好き。

응, 스고쿠 스키. / 응, 다이스키.

그다지 좋아하지 않아.
あまり好きじゃない。

아마리 스키자 나이.

난 요미우리자이언츠 팬이야.
私はヨミウリジャイアンツのファンだよ。

와타시와 요미우리쟈이안츠노 환다요.

그는 최고의 선수지.
彼は最高の選手だね。

카레와 사이코-노 센슈다네.

2. 초대와 방문

초대받았을 때

여행지에서 영화 '비포선라이즈'같은 멋진 로맨스를 꿈꾸는 분들이 많습니다. 긴 인연으로 이어지지 않더라도 다른 나라 친구를 사귀는 것은 매우 흥미로운 일이죠. 헤어지더라도 메일을 통해 계속 연락을 주고받고 각자 나라를 방문, 초청할 수도 있으니까요. 여행지에서 좋은 인연, 추억 만드는 데 어떤 표현이 있는 지 살펴볼까요?

① 초대(제안)하기

필요한 문장에 표시해 보세요!

오늘 저녁에 뭐 하니?
今夜、何するの？
콩야, 나니스루노?

지금 뭐 하니?
今、何してるの？
이마, 나니 시테루노?

커피 마시러 갈래?
コーヒーでも飲みに行かない？
코-히-데모 노미니 이카나이?
▶ 식사하러 食事に 쇼쿠지니 / 산책하러 散歩に 삼포니 / 술 마시러 飲みに 노미니

내가 쏠게.
私がおごるね。
와타시가 오고루네.

카페에 가고 싶어.
カフェに行きたい。
카훼니 이키타이.
▶ 영화 보러 가고 싶어. 映画見に行きたい。에-가 미니 이키타이.
　바에 가고 싶어. バーに行きたい。바-니 이키타이.
　콘서트에 가고 싶어. コンサートに行きたい。콘사-토니 이키타이.
　노래방에 가고 싶어. カラオケに行きたい。카라오케니 이키타이.

나이트클럽에 가고 싶어. **クラブに 行きたい。** 쿠라부니 이키타이.
극장에 가고 싶어. **映画館に 行きたい。** 에-가칸니 이키타이.
레스토랑에 가고 싶어. **レストランに 行きたい。** 레스토란니 이키타이.

괜찮은 레스토랑 아니?
いい レストラン 知ってる？
이- 레스토랑 싯테루?

파티를 열 거야.
パーティーする つもりなの。
파-티-스루 츠모리나노.

너도 올래?
君も 来ない？
키미모 코나이?

---

② 초대에 응답하기

물론이지!
もちろん。
모치론!

네, 기꺼이요.
はい、よろこんで。
하이, 요로콘데.

우리 어디 갈 거니?
どこに 行く。
도코니 이쿠?

미안, 나 춤을 못 추거든.
ごめんなさい。私、ダンスは 苦手なの。
고멘나사이. 와타시, 단스와 니가테나노.

56

아니요. 못하겠어요.
いいえ、ちょっと無理です。

이-에, 촛토 무리데스.

약간 바쁩니다만...
ちょっと忙しくて。

촛토 이소가시쿠테...

③ 약속 잡기

몇 시에 만날까요?
何時に会いましょうか。

난지니 아이마쇼-까?

어디서 만날까요?
どこで会いましょうか。

도코데 아이마쇼-까?

6시에 만납시다.
6時に会いましょう。

로쿠지니 아이마쇼-.

내일 어때요?
明日はどうですか。

아시타와 도-데스까?

카페에서 만나요.
カフェで会いましょう。

카훼데 아이마쇼-.

내가 데리러 갈게요.
私が迎えに行きます。
와타시가 무카에니 이키마스.

그때 봐요.
そのとき会いましょう。
소노토키 아이마쇼-.

내일[나중에] 봐요.
じゃ、明日。 / じゃ、後でね。
쟈, 아시타. / 쟈, 아토데네.

늦어서 미안해요.
遅れて すみません。
오쿠레테 스미마셍.

괜찮아요.
だいじょうぶです。
다이죠-부데스.

신경 쓰지 마세요.
気に しないで ください。
키니 시나이데 쿠다사이.

④ 방문하기

실례합니다. (불러내는 말; 계세요?)
あの、すみません。
아노, 스미마셍.

실례합니다. (들어서면서)
失礼します。／おじゃまします。

시츠레-시마스. / 오쟈마시마스.

이거 별거 아닙니다만, 받으세요.
これ、つまらない ものですが、どうぞ。

코레, 츠마라나이 모노데스가, 도-조.

한국 차예요.
韓国の お茶です。

캉코쿠노 오챠데스.

▶ 김 のり 노리 / 과자 お菓子 오카시 / 인삼 朝鮮人参 쵸-센닌진

---

5 작별 인사

당신을 만나서 정말 좋았답니다.
お会いできて うれしかったです。

오아이데키테 우레시캇타데스.

계속 연락해요!
これからも 連絡しましょう。

코레카라모 렌라쿠시마쇼-!

내일이 여기서의 마지막 날이네요.
明日が 日本での 最後の 日です。

아시타가 니혼데노 사이고노 히데스.

한국에 오실 때, 꼭 연락하세요.
韓国に 来るとき、連絡して ください。

캉코쿠니 쿠루토키, 렌라쿠시테 쿠다사이.

주소가 뭐예요?

ご住所はどちらですか。

고쥬-쇼와 도치라데스까?

이메일 주소를 가르쳐 주세요.

メールアドレスを教えてください。

메-루아도레스오 오시에테 쿠다사이.

전화번호는 몇 번이에요?

電話番号は何番ですか。

뎅와방고-와 남반데스까?

여기 내 주소예요.

これが私の住所です。

코레가 와타시노 쥬-쇼데스.

▶ 주소 住所 쥬-쇼 / 이메일 주소 メールアドレス 메-루아도레스 / 전화번호 電話番号 뎅와방고-

---

6 그 외 표현

사랑해요.

大好き。/ 愛してる。

다이스키. / 아이시테루.

너 끝내준다!

すごいね。

스고이네!

멋져요!

かっこいい。

칵코이-!

예쁘다!
かわいいね。
카와이-네!

와!
へえー。
헤-!

음… (글쎄)
う〜ん、そうね。
음~, 소-네.

건배!
かん ぱい
乾杯。
캄빠이!

행운을 빌어.
こううん   いの
幸運を 祈るよ。
코-운오 이노루요.
▶ 건강 けん こう 켕코- / 성공 せい こう 세-코-
  健康   成功

천만에요. (겸손 표현)
いいえ、そんなことないです。
이-에, 손나코토 나이데스.

아직 많이 부족해요. (겸손 표현)
まだまだです。
마다마다데스.

당치도 않아요. (겸손 표현)
とんでも ありません。
톤데모 아리마셍.

CHAPTER 1 | あいさつ   61

문제없어요.
問題ないです。

몬다이 나이데스.

정말?
本当？

혼토-?

정말 재밌어요!
本当におもしろいですね。

혼토-니 오모시로이데스네!

축하해요!
おめでとうございます。

오메데토-고자이마스!

이봐!
お〜い。

오-이!

자, 어서 가자! (권유)
さあ、行こう。

사ー, 이코ー!

실례지만, 저 지금 가야 해요.
すみませんが、今行かないと。

스미마셍가, 이마 이카나이토.

DIALOG 3

처음 만난 사람과 대화

민호 여기 분위기 좋네요. 음악도 환상적이고!

ここいい 雰囲気ですね。音楽もすてきですし。
코코 이- 훙이키데스네. 옹가쿠모 스테키데스시.

다나카 그렇네요. 이곳이 여행자들한테 인기 있는 바(bar)래요.

そうですね。ここが 観光客に 人気が ある バーみたいですね。
소-데스네. 코코가 캉코-캬쿠니 닝키가 아루 바-미타이데스네.

민호 그런가요? 전 한국에서 온 신민호예요.

そうですか。私は 韓国から 来た シンミンホと もうします。
소-데스카? 와타시와 캉코쿠카라 키타 신민호토 모-시마스.

다나카 저는 다나카라고 합니다. 여행 중이세요?

私は 田中と もうします。 旅行中ですか。
와타시와 타나카토 모-시마스. 료쿠-츄-데스까?

민호 네, 일본 음식을 좋아해서, 혼자서 자주 여행 와요.

はい、日本料理が 好きで、1人で よく 旅行に きます。
하이, 니혼료-리가 스키데, 히토리데 요쿠 료코-니 키마스.

다나카 저도 한국요리를 먹으러 자주 갑니다. 조금 맵지만 금세 또 먹고 싶어지더라고요.

私も よく 韓国料理を 食べに 行きます。ちょっと 辛いですが、すぐ また 食べたくなるんです。
와타시모 요쿠 캉코쿠료-리오 타베니 이키마스. 춋토 카라이데스가, 스구 마타 타베타쿠 나룬데스.

민호 떡볶이를 먹어 본 적 있나요? 제가 좋아하는 음식이에요.

トッポッキを 食べたことが ありますか。私の 好物の 食べ物です。
떡복이오 타베타코토가 아리마스까? 와타시노 코-브츠노 타베모노데스.

다나카 아니오, 아직요. 꼭 먹어보고 싶네요. 실은 5월에 서울에 가요.

いいえ、まだです。ぜひ 食べて みたいですね。実は 5月、ソウルに 行きます。
이-에, 마다데스. 제히 타베테 미타이데스네. 지츠와 고가츠 소-루니 이키마스.

민호 정말요? 서울에 오면 연락하세요! 제가 떡볶이 쏠 테니까요.

本当ですか。ソウルに 来たら、連絡 ください。私が トッポッキを おごりますから。
혼토-데스까? 소우루니 키타라, 렌라쿠 쿠다사이! 와타시가 떡복이오 오고리마스까라.

다나카	감사합니다. 서울에 지인이 없어서 걱정했었어요. 메일 주소나 전화번호 알려 주실 수 있나요?	ありがとうございます。ソウルに知り合いの人がいなくて、ちょっと心配でした。メールアドレスとか電話番号を教えてもらえますか。 아리가토-고자이마스. 소-루니 시리아이노 히토가 이나쿠테, 춋토 심빠이데시타. 메-루아도레스토카 뎅와방고- 오 오시에테 모라에마스까?
민호	물론이죠! 이것이 제 메일 주소입니다.	もちろんです。これが私のメールアドレスです。 모치론데스! 코레가 와타시노 메-루아도레스데스.

CHECK IT OUT | 일본인 집에 초대받았을 때

일본에서 만난 현지인과의 인연으로 그들이 사는 집에 초대받는다면 특별한 추억으로 남겠죠. 출장이나 유학 생활을 하면 그런 기회는 더 높아지겠고요. 일본인들의 생활 모습과 문화 그리고 음식까지 두루 섭렵할 멋진 기회, 꼭 잡으셨으면 좋겠네요.

신발코는 현관 쪽으로
초대받아 집으로 들어설 때, 본인의 신발을 벗은 다음 신발코는 바깥쪽으로 향하도록 하여 한쪽 구석으로 놓는 것이 좋습니다. 밖에서의 안 좋은 액운이나 하루의 노고 등이 집안으로 따라 들어오지 않도록 한다는 의미가 있어요.

다다미방에서 맨발은 피해 주세요.
예로부터 다다미방은 귀족 집안에서나 깔 수 있었던 비싸고 정성이 깃든 곳이랍니다. 집주인의 인테리어나 다다미 관리에 정성이 깃들기 마련인데요, 이러한 다다미 위에서 식사도 하고 차도 끓이기 때문에 다다미방을 깨끗하게 사용하기 위해 흰 버선을 신었다고 합니다. 그 때문에 맨발로 다다미방에 들어가는 것은 큰 실례죠! 여름이라도 스타킹이나 양말을 신는 것이 예의랍니다.

금 밟으면 안돼요.
다다미는 하나하나 그 가장자리를 천으로 정성스레 싸고 있어서 경계선이 생기는데, 전통적으로 그 천에는 가문(家紋: 가문을 상징하는 문양)이 찍혀 있었기에, 이 경계선을 밟는 것은 큰 실례가 된답니다. 또, 문턱은 안과 밖의 범위를 나누는 경계선의 의미를 가지는데, 특히 다다미방은 미닫이문으로 되어 있어 그사이에 먼지가 끼면 문 여는 데 방해되기 때문에 밟지 않는 것이 좋습니다.

여행 안심 패스
VOCA BOX 1

가족·직업 관련 어휘

나의 가족

가족	かぞく	家族	카조쿠
아빠	ちち	父	치치
엄마	はは	母	하하
할아버지	そふ	祖父	소후
할머니	そぼ	祖母	소보
형제	きょうだい	兄弟	쿄-다이
자매	しまい	姉妹	시마이
오빠, 형	あに	兄	아니
언니, 누나	あね	姉	아네
남동생	おとうと	弟	오토-토
여동생	いもうと	妹	이모-토

상대방(남)의 가족

아빠	おとうさん	お父さん	오토-상
엄마	おかあさん	お母さん	오카-상
할아버지	おじいさん		오지-상
할머니	おばあさん		오바-상
오빠, 형	おにいさん	お兄さん	오니-상
언니, 누나	おねえさん	お姉さん	오네-상
남동생	おとうとさん	弟さん	오토-토상
여동생	いもうとさん	妹さん	이모-토상
아저씨 (삼촌 등)	おじさん		오지상
아줌마 (고모, 이모 등)	おばさん		오바상
친척	しんせき	親戚	신세키

직업

학생	がくせい	学生	각세ー
교사	きょうし	教師	쿄ー시
선생님	せんせい	先生	센세ー
의사	いしゃ	医者	이샤
간호사	かんごし	看護師	캉고시
변호사	べんごし	弁護士	벵고시
교수	きょうじゅ	教授	쿄ー쥬
회사원	かいしゃいん	会社員	카이샤잉
은행원	ぎんこういん	銀行員	깅코ー잉
공무원	こうむいん	公務員	코ー무잉
화가	がか	画家	가카
가수	かしゅ	歌手	카슈
운동선수	うんどうせんしゅ	運動選手	운도ー센슈
연예인	げいのうじん	芸能人	게ー노ー진
디자이너	デザイナー		데자이나ー
요리사	りょうりにん	料理人	료ー리닌
모델	モデル		모데루
기자	きしゃ	記者	키샤

성격

장점	ちょうしょ	長所	쵸ー쇼
단점	たんしょ	短所	탄쇼
명랑하다	ほがらかだ	朗らかだ	호가라카다
밝다	あかるい	明るい	아카루이
어둡다	くらい	暗い	쿠라이
적극적이다	せっきょくてきだ	積極的だ	섹쿄쿠테키다

소극적이다	しょうきょくてきだ	消極的だ	쇼―쿄쿠테키다
조용하다	しずかだ	静かだ	시즈카다
완고하다	がんこだ / あたまがかたい	頑固だ / 頭が 固い	강코다 / 아타마가 카타이
주의 깊다	ちゅういぶかい	注意深い	츄―이부카이
예의 바르다	れいぎ ただしい	礼儀 正しい	레―기 타다시―
상냥하다	やさしい	優しい	야사시―
친절하다	しんせつだ	親切だ	신세츠다
성실하다	まじめだ	真面目だ	마지메다
호기심 많다	こうきしんが ある	好奇心が ある	코―키싱가 아루
얌전하다	おとなしい		오토나시―
유치하다(천진난만)	こどもっぽい	子供っぽい	코도몹뽀이
순수하다	すなおだ	素直だ	스나오다
정직하다	しょうじきだ	正直だ	쇼―지키다
단순하다	たんじゅんだ	単純だ	탄쥰다
제멋대로다	かってだ	勝手だ	캇테다
욕심쟁이	よくばり	欲張り	요쿠바리
외로움쟁이	さびしがりや	寂しがりや	사비시가리야
부끄럼쟁이	はずかしがりや	恥ずかしがりや	하즈카시가리야

2

떠나자, 여행
: 공항 & 기내에서

두근두근 여행 시작의 첫 관문, 공항에서 시작합니다. 체크인, 검색대, 입국 심사 등 다소 복잡한 절차를 거쳐야 무사히 비행기 좌석에 앉을 수 있겠죠. 지켜야 할 규정은 꼭 지키고 입국 심사나 장시간 비행에서 필요한 기본 표현은 확실히 익혀 두세요.

KEY **CHECK** 1

탑승 수속

공항에서 탑승 수속 쉽게 해요

일본 내 도시 간 이동할 때 기차나 버스 외에 시간 절약을 위해 항공편을 이용하는 경우가 많습니다. 낯선 환경과 언어에 허둥대지 않도록 여유 있게 공항에 도착해서 수속을 밟으세요. 수속 데스크나 게이트 위치 등이 헷갈릴 때는 망설이지 말고 공항 직원에게 꼭 물어보세요.

① 탑승 수속하기

필요한 문장에 표시해 보세요!

이름과 비행기 편을 알려 주십시오.
お名前と フライトナンバーを お願いします。
오나마에토 후라이토남바ー오 오네가이시마스. ✓

네, 확인되었습니다.
はい、ご確認いたしました。
하이, 고카쿠닝이타시마시타.

수하물 부칠 것 있으세요?
お手荷物は お預けに なりますか。
오테니모츠와 오아즈케니 나리마스까?

휴대하실 가방이 있나요?
機内に 持ち込まれる お手荷物は ありますか。
키나이니 모치코마레루 오테니모츠와 아리마스까?

몇 개 부치실 거예요?
いくつ お預けに なりますか。
이쿠츠 오아즈케니 나리마스까?

네, 짐가방 두 개요.
はい、手荷物は2つです。

하이, 테니모츠와 후타츠데스.

네, 제 서류가방이요.
はい、私の書類かばんです。

하이, 와타시노 쇼루이카반데스.

하나[두 개] 부칠 거예요.
1つ[2つ]預けます。

히토츠[후타츠] 아즈케마스.

아시아나항공 체크인 카운터는 어디에 있어요?
アシアナ航空のチェックインカウンターはどこにありますか。

아시아나 코-쿠-노 첵쿠잉 카운타-와 도코니 아리마스까?

OZ235편 체크인을 몇 시부터 할 수 있나요?
OZ235便のチェックインは何時からできますか。

오-젯토니상고빈노 첵쿠잉와 난지카라 데키마스까?

1시 30분에요.
1時30分です。

이치지 산쥬뿐데스.

② 탑승권 받기

탑승권 여기 있습니다.
搭乗券はこちらです。

토-죠-켕와 코치라데스.

탑승구는 A11이고 탑승 시간은 오전 9시예요.
搭乗口は A11で、搭乗時間は 午前9時です。

토-죠-구치와 에-이치이치데, 토-죠-지캉와 고젱 쿠지데스.

편안한 여행하시길 바랍니다.
よい ご旅行を。

요이 고료코-오.

20분 연착입니다.
20分 遅延します。

니쥽뿐 치엔시마스.

창가 자리가 좋으세요, 통로 자리가 좋으세요?
窓側の 席が よろしいですか。通路側の 席が よろしいですか。

마도가와노 세키가 요로시-데스까? 츠-로가와노 세키가 요로시-데스까?

비행기가 제시간에 오나요?
飛行機は 定刻通りですか。

히코-키와 테-코쿠도-리데스까?

창가 자리가 좋아요.
窓側の 席が いいです。

마도가와노 세키가 이-데스.

❸ 수하물 부치기

짐이 있으신가요?
お手荷物を お持ちですか。

오테니모츠오 오모치데스까?

짐을 저울에 올려 주세요.
お手荷物を こちらへ お載せください。

오테니모츠오 코치라에 오노세쿠다사이.

1kg 초과됐네요. 추가로 2,000엔 내세요.
1キロ 超過していますね。2,000円 追加でお支払いください。

이치키로 쵸-카시테이마스네. 니센엔 츠이카데 오시하라이쿠다사이.

네, 두 개 있어요.
はい、2つ あります。

하이, 후타츠 아리마스.

수하물 비용은 얼마예요?
預ける 手荷物の 料金はいくらですか。

아즈케루 테니모츠노 료-킹와 이쿠라데스까?

수하물 무게는 얼마까지 가능한가요?
預ける 手荷物の 重さは どのぐらいまで 可能ですか

아즈케루 테니모츠노 오모사와 도노쿠라이마데 카노-데스까?

수하물은 몇 개까지 가능한가요?
手荷物はいくつまで 預けられますか。

테니모츠와 이쿠츠마데 아즈케라레마스까?

수하물 초과 비용은 얼마예요?
超過 手荷物 料金はいくらですか。

쵸-카 테니모츠 료-킹와 이쿠라데스까?

DIALOG 1

탑승 수속하기

공항 직원 여권과 티켓 좀 보여 주세요.

パスポートと 搭 乗 券を 拝見します。
파스포-토토 토-죠-켕오 하이켄시마스.

나 여기 있습니다.

こちらです。
코치라데스.

공항 직원 휴대용 가방이 있나요?

お手荷物を お持ちですか。
오테니모츠오 오모치데스까?

나 네, 하나 있어요.

はい、ひとつ あります。
하이, 히토츠 아리마스.

공항 직원 짐을 여기에 올려 주세요. 죄송하지만, 가방 무게가 한도 초과입니다.

お手荷物を こちらへ お載せください。すみませんが、荷物の重さが 超過しています。
오테니모츠오 코치라에 오노세쿠다사이. 스미마셍가, 니모츠노 오모사가 쵸-카시테 이마스.

나 추가 요금은 얼마를 내야 합니까?

追加料金は いくらですか。
츠이카료-킹와 이쿠라데스까?

공항 직원 2,000엔입니다. 탑승구는 13A이며, 탑승은 2시 30분부터입니다. 좌석 번호는 15E입니다.

2,000円です。搭乗口は13Aで、搭乗時間は2時30分からです。座席番号は15Eです。
니셍엔데스. 토-죠-구치와 쥬-상에-데, 토-죠-지캉와 니지산즙뿐카라데스. 자세키방고-와 쥬-고이-데스.

TIP 수하물 규정

가방이 항공사별 무게(보통 20kg 내외)나 부피(가로x세로x높이) 제한을 초과하면 추가 비용이 발생합니다. 초과 수하물 규정은 무게와 지역에 따라 추가 요금이 다르므로 각 항공사 홈페이지를 통해 확인하는 게 좋습니다. 무게를 사전에 확인하여 부칠 것과 기내에 들고 탈 것을 적절히 분배하는 것이 좋아요. 일본 JAL 항공의 경우 기내 수하물은 10kg, 위탁 수하물은 20kg이에요. 이 이상 넘어가면 kg당 5만원 정도의 추가 요금을 내야 합니다. 혹시 장기 여행이나 어학연수처럼 짐이 많을 때는 차라리 가지고 가는 수하물의 무게를 딱 맞추고 항공편이나 선편으로 소포를 보내는 것이 더 저렴하게 들 수도 있습니다.

CHECK IT OUT | 공항 출국 가이드

초간단 출국 절차 정리
: 공항이 처음이라도 헤매지 말자!
핵심 문장을 살펴보면서 공항에서의 출국 과정을 따라가자니 복잡하고 어렵다고요? 이쯤에서 심플하게 정리해 볼까요?

출국 절차를 한눈에
❶ 공항 도착 → ❷ 체크인 & 탑승권 받기 → ❸ 출국장 이동 → ❹ 출국 심사 → ❺ 비행기 탑승

공항 도착
해당 공항에 최소한 2시간 전에 도착해야 한다. 항공사별 체크인 카운터와 출국 게이트는 전광판을 통해 확인할 수 있다.

체크인 & 탑승권 받기
항공사 카운터에 가서 항공권과 여권을 보여 주고 탑승권을 받는다. 무거운 짐이 있다면 여기서 부친다.

출국장 이동
출국장으로 간다. 출국장으로 나가면 검역(보안검색)을 한다.

출국 심사
출국 심사대로 이동해 항공권과 여권, 출국 카드를 보여 준다. (빠르고 편리한 '자동 출입국심사'를 이용할 수도 있다.)

비행기 탑승
보딩 타임이 되면 탑승구를 찾아서 탑승권을 주고 비행기에 오른다.

KEY CHECK 2

보안검색

검색대에서 듣는 질문

보안검색대에서는 직원들이 지시하는 대로 잘 따르면 됩니다. 기본적으로 겉옷과 모자를 벗고 때로는 신발을 벗거나 벨트도 빼야 합니다. 못 알아들으면 앞사람 하는 대로 따라 하면 되니 걱정 마세요.

❶ 보안검색대 표현

필요한 문장에
표시해 보세요!

신발과 벨트를 벗어 주세요.
靴を 脱いで、ベルトを 外して ください。
쿠츠오 누이데, 베루토오 하즈시테 쿠다사이.

주머니에 동전이나 금속이 들어 있나요?
ポケットに 小銭や 貴金属が 入って いますか。
포켓토니 코제니야 키킨조쿠가 하잇테 이마스까?

가방 안에 노트북이나 아이패드 등이 있나요?
かばんの 中に、ノートパソコンや iPadなどが 入って いますか。
카반노 나카니, 노-토파소콩야 아이팟도나도가 하잇테 이마스까?

전자기기는 다른 트레이에 넣어 주세요.
電子機器は 別の トレイに 載せて ください。
덴시키키와 베츠노 토레-니 노세테 쿠다사이.

가방을 검색하는 동안 여기서 기다려 주세요.
かばんの チェックを する間、こちらで お待ち ください。
카반노 쳇쿠오 스루아이다, 코치라데 오마치 쿠다사이.

가방에서 모든 액체류를 빼 주세요.
かばんの中からすべての液体物を取り出してください。

카반노 나까까라 스베테노 에키타이브츠오 토리다시테 쿠다사이.

가방을 살펴봐도 되겠습니까?
かばんをチェックしてもよろしいですか。

카방오 쳭쿠시테모 요로시-데스까?

금속 같은 것 가지고 계셔요? 지갑에 잔돈이나 시계, 보석류는요?
金属などをお持ちですか。お財布の中に小銭、または時計、宝石類はありますか。

킨조쿠나도오 오모치데스까? 오사이후노 나까니 코제니, 마따와 토케-, 호-세키루이와 아리마스까?

재킷하고 서류 가방을 트레이에 놔주시고 금속탐지기를 통과해 주세요.
ジャケットと書類かばんをトレイに置いて、金属探知機を通過してください。

쟈켓토토 쇼루이카방오 토레-니 오이테, 킨조쿠 탄치키오 츠-카시테 쿠다사이.

---

② 검색대에서 딱 걸렸을 때

액체나 젤 가지고 계셔요?
液体やジェルをお持ちですか。

에키타이야 제루오 오모치데스까?

죄송하지만, 버리셔야 합니다.
申し訳ございませんが、破棄していただかなければなりません。

모-시와케고자이마셍가, 하키시테 이타다카나케레바나리마셍.

이 물병이요.

水筒があります。
すいとう

스이토-가 아리마스.

이게 휴대 수하물 금지 품목인지 몰랐어요.

これが、機内持ち込み禁止とは知りませんでした。
きない も こ きんし し

코레가, 키나이 모치코미 킨시토와 시리마셍데시타.

알았어요. 바로 버릴게요.

わかりました。すぐに捨てます。
す

와카리마시타. 스구니 스테마스.

TIP 일본 여행자를 위한 전자기기 사용

일본은 110V를 사용합니다. 따라서 콘센트 모양도 다르겠죠? 휴대용 충전기가 있긴 해도 그 충전이나 노트북 등의 사용을 위해서는 변환 플러그를 준비하시는 것이 좋습니다.

DIALOG 2

검색대를 통과할 때

보안요원 가방을 컨베이어 벨트 위에 놔주시고, 작은 물건들은 이 통에 놓아주세요.

かばんを トレイに 置いて、他の 小さいものは このかごに 入れて ください。
카방오 토레ー니 오이테, 호카노 치ー사이모노와 코노 카고니 이레테 쿠다사이.

나 가방에서 노트북도 꺼내야 하나요?

かばんから ノートパソコンも 出しましょうか。
카방까라 노ー토파소콤모 다시마쇼ー까?

보안요원 네, 그렇게 해 주세요.

はい、おねがいします。
하이, 오네가이시마스.

나 (삐삐삐) 앗 뭐지?

あっ、何だろう。
앗! 난다로ー.

보안요원 주머니에 열쇠나 휴대폰 같은 것은 없나요?

ポケットに 鍵や ケータイなどは ありませんか。
포켓토니 카기야 케ー타이나도와 아리마셍까?

나 전부 꺼냈습니다.

全部 出しました。
젬부 다시마시타.

보안요원 죄송합니다만, 음료는 버리셔야 합니다. 그리고 이 로션병은 너무 큽니다. 허용량은 100ml까지로 되어 있습니다.

申し訳ございませんが、飲み物は 破棄して いただきます。そして、この ローション容器は 大きすぎます。許容量は 100mlまでと なっております。
모ー시와케고자이마셍가, 노미모노와 하키시테 이타다키마스. 소시테, 코노 로ー숀요ー키와 오ー키스기마스. 쿄요ー료ー와 하쿠미리릿토루마데토 낫테오리마스.

나 어떻게 하죠?

どうしたら いいですか。
도ー시타라 이ー데스까?

보안요원 기내에 가지고 가실 수 없습니다.

機内に お持ちに なれません。
키나이니 오모치니 나레마셍.

TIP 기내 반입 금지 물품이 보안검색에서 걸렸을 때

인천공항에서는 보안검색 시 '기내 반입 금지 물품 보관, 택배 서비스'를 제공합니다. 기내 휴대용 가방에 금지 물품인지 모르고 넣었다가 보안검색대에 걸려 버리는 경우가 많은데, 이때는 검색대 옆 접수대에서 보관증을 작성하고 보관(3천 원/1일) 하거나 택배 발송을 할 수 있습니다.

CHECK IT OUT | 김치나 장류는 어떻게 하나요?

탑승 수속 후에는 출국장으로 이동하여 보안검색을 받아야 합니다. 모든 액체와 젤류는 100ml 이하 용기에 담아 투명한 지퍼락에 넣어야 합니다. 끝이 뾰족하거나 날카로운 물체는 기내 반입이 제한됩니다. 김치나 된장, 고추장류는 기내 반입은 불가능하나 포장을 꼼꼼히 하여 위탁 수하물로는 반입 가능합니다. 오염과 냄새가 발생할 우려가 있는 식품은 포장에 유의하세요. 어학연수나 거주, 지인의 부탁으로 반찬류를 전달해 줄 경우 한국인들이 일본 입국 시 김치나 장류를 많이 소지하는데 그것을 공항 직원에게 설명해야 할 경우가 생길 수도 있으니 아래 표현을 익혀 두세요. 일본은 한국과 음식 문화가 비슷해서 몇 개의 단어 표현만 알아도 간단하게 설명할 수 있어요.

- 김치: キムチ
이것은 김치입니다.
これは キムチです。
코레와 키무치데스.

- 된장: デンジャン
이것은 된장입니다. 일본의 미소 같은 소스입니다.
これは デンジャンです。日本の「味噌」のようなソースです。
코레와 된장데스. 니혼노 미소노 요—나 소—스데스.

- 고추장: コチュジャン
이것은 고추장입니다. 미소처럼 고추로 만든 소스입니다.
これは コチュジャンです。味噌の ように とうがらしで 作った ソースです。
코레와 고추장데스. 미소노 요—니 토—가라시데 츠쿳타 소—스데스.

- 장아찌: チャンアチ
이것은 장아찌입니다. 일본의 쯔케모노와 같은 반찬류입니다.
これは チャンアチです。日本の 漬物の ような おかず類です。
코레와 장아치데스. 니혼노 츠케모노노 요—나 오카즈루이데스.

KEY **CHECK 3**

기내에서

기내에서 생길 수 있는 일들

드디어 비행기 탑승! 비행기에 타서는 자기 좌석을 찾고 짐을 올려야겠죠. 짐칸에 짐이 꽉 찼거나, 좌석에 문제가 생겼을 때 승무원이나 주변 승객에게 할 수 있는 유용한 표현을 익혀 두시기 바랍니다. 무엇보다 이륙 후 안전 고도에 이르기까지 승무원의 지시를 잘 따라야 하는 점 명심하세요.

① 승무원에게 좌석 묻기

필요한 문장에 표시해 보세요!

제 좌석이 어디예요?
私の 座席は どこですか。
와타시노 자세키와 도코데스까?

제 좌석 번호가 65A인데 어디예요?
私の 座席番号は 65Aなんですが、どこですか。
와타시노 자세키방고-와 로쿠쥬-고에-난데스가, 도코데스까?

제 자리를 알려 주시겠어요?
私の 座席を 教えて いただけませんか。
와타시노 자세키오 오시에테 이타다케마셍까?

다른 자리에 앉아도 되나요?
他の 座席に 座っても いいですか。
호카노 자세키니 스왓테모 이-데스까?

안전벨트가 헐렁해요.
シートベルトが ゆるいです。
시-토베루토가 유루이데스.

CHAPTER 2 | しゅっぱつ **85**

❷ 주변 승객에게

🗣 실례합니다만, 여기는 제 자리입니다.
すみませんが、ここは私の席です。
스미마셍가, 코코와 와타시노 세키데스.

잘못 앉으신 것 같은데요.
座席をお間違えのようなんですが。
자세키오 오마치가에노 요-난데스가.

죄송해요. 제 자리인 줄 알았어요.
すみません。私の席だと思いました。
스미마셍. 와타시노 세키다토 오모이마시타.

저 사람과 일행인데, 자리를 좀 바꿔 주실래요?
あの人の同行者なんですが、座席を代わっていただけませんか。
아노히토노 도-코-샤난데스가, 자세키오 카왓테 이타다케마셍까?

잠시 지나갈게요.
ちょっと失礼します。
춋토 시츠레-시마스.

좌석을 뒤로 젖혀도 될까요?
座席を倒してもいいでしょうか。
자세키오 타오시테모 이-데쇼-까?

의자를 조금만 앞으로 당겨 주시겠어요?
いすを少しだけ前に戻していただけませんか。
이스오 스코시다케 마에니 모도시테 이타다케마셍까?

제 의자를 발로 차지 말아 주세요.
私の席をけらないでください。

와타시노 세키오 케라나이데 쿠다사이.

③ 짐은 어디에 넣죠?

팔이 안 닿아요.
手が届かないんです。

테가 토도카나인데스.

이것을 좀 보관해 주실 수 있나요?
これを預かってもらえますか。

코레오 아즈캇테 모라에마스까?

이 가방을 짐칸에 넣어 주시겠어요?
このかばんを収納棚に入れていただけませんか。

코노 카방오 슈-노-다나니 이레테 이타다케마셍까?

이 가방 위에 올리는 것 좀 도와주시겠어요?
このかばんを上に挙げるのを手伝っていただけませんか。

코노 카방오 우에니 아게루노오 테츠닷테 이타다케마셍까?

(내 좌석) 위 짐칸이 이미 꽉 찼어요.
上の収納棚がもういっぱいです。

우에노 슈-노-다나가 모- 입빠이데스.

위쪽 짐칸에 가방이 안 들어가네요.
上の収納棚にかばんが入りません。

우에노 슈-노-다나니 카방가 하이리마셍.

이걸 어디에 넣어야 하나요?
これを どこに 入れたら いいですか。

코레오 도코니 이레타라 이-데스까?

④ 승무원의 요청

노트북을 꺼 주세요.
ノートパソコンの 電源を お切りください。

노-토파소콘노 뎅겡오 오키리 쿠다사이.

지금은 전자기기를 사용하시면 안 됩니다.
ただ今、電子機器は ご利用いただけません。

타다이마, 덴시키키와 고리요-이타다케마셍.

안전벨트를 매주세요.
シートベルトを お締めください。

시-토베루토오 오시메 쿠다사이.

우리 비행기가 기류를 만났으니 승객분들은 자리에 앉아 계시기 바랍니다.
当機は 気流の 悪い所を 通過中ですので、乗客の 皆様は 座席に お座りください。

토-키와 키류-노 와루이토코로오 츠-카츄-데스노데, 죠-캬쿠노 미나사마와 자세키니 오스와리 쿠다사이.

이제 전원을 켜도 되나요?
もう 電源を 入れても いいですか。

모- 뎅겡오 이레테모 이-데스까?

여기 와이파이 되나요?
ここで Wi-Fiが 使えますか。

코코데 와이화이가 츠카에마스까?

DIALOG 3

승무원에게 요청하기

나	실례합니다. 짐칸에 가방이 안 들어가네요. 이거, 어디에 넣어야 하나요?	あの、すみません。収納棚に かばんが 入りません。これ、どこに 入れたら いいですか。 아노, 스미마셍. 슈-노-다나니 카방가 하이리마셍. 코레 도코니 이레타라 이-데스까?
승무원	옆 칸에 넣어야겠네요. 도와드릴게요.	となりの 収納棚に 入れたほうが いいですね、お手伝いします。 토나리노 슈-노-다나니 이레타호-가 이-데스네. 오테츠다이시마스.
나	감사합니다.	ありがとうございます。 아리가토-고자이마스.
승무원	천만에요. 곧 이륙하니 자리에 앉아 안전벨트를 매 주세요.	いいえ、どういたしまして。まもなく、離陸いたしますので、席に お座りになって、シートベルトを お締めください。 이-에, 도-이타시마시테. 마모나쿠, 리리쿠이타시마스노데, 세키니 오스와리니 낫테, 시-토베루토오 오시메 쿠다사이.

CHECK IT OUT | 일본어 숫자 읽기

외국에 나가면 가장 헷갈리고 긴장되는 것 중 하나가 쇼핑할 때 가격 말하기! 바로 숫자 표현과 단위 말하기 랍니다. 한번만 제대로 알아두면 되는데 그게 참 힘들죠. 이 기회에 비행기 안에서 숫자 마스터 프로젝트를 완수해 봅시다. 아래의 숫자 읽기를 읽다 보면, 한국어 발음과 비슷해서 그리 생소하지만은 않을 거예요!

0	ぜろ・れい	제로/레ー	10	じゅう	쥬ー
1	いち	이치	20	にじゅう	니쥬ー
2	に	니	30	さんじゅう	산쥬ー
3	さん	산	40	よんじゅう	욘쥬ー
4	し・よん	시/욘	50	ごじゅう	고쥬ー
5	ご	고	60	ろくじゅう	로쿠쥬ー
6	ろく	로쿠	70	ななじゅう	나나쥬ー
7	しち・なな	시치/나나	80	はちじゅう	하치쥬ー
8	はち	하치	90	きゅうじゅう	큐ー쥬ー
9	く・きゅう	쿠/큐ー	100	ひゃく	햐쿠
10	じゅう	쥬ー			

100	ひゃく	햐쿠	1,000	せん	셴
200	にひゃく	니햐쿠	2,000	にせん	니셴
300	さんびゃく	삼뱌쿠	3,000	さんぜん	산젠
400	よんひゃく	용햐쿠	4,000	よんせん	욘셴
500	ごひゃく	고햐쿠	5,000	ごせん	고셴
600	ろっぴゃく	롭파쿠	6,000	ろくせん	록셴
700	ななひゃく	나나햐쿠	7,000	ななせん	나나셴
800	はっぴゃく	합파쿠	8,000	はっせん	핫셴
900	きゅうひゃく	큐ー햐쿠	9,000	きゅうせん	큐ー셴
1,000	せん	셴	10,000	いちまん	이치망

전화번호를 불러 줄 때

'러브 어페어'라는 영화 아시나요? 가끔 혼자서 비행기를 탈 일이 생기면, 로맨틱한 기내 연애를 상상하게 되죠. 서로 연락처를 주고받을 일이 생길지도 모르니, 숫자를 외워 전화번호 말하는 연습을 해 보세요. 혹은 여행지에서 많은 친구들을 사귀게 될 지도 모르는 일이니까요.

- 0은 'れい(레-)・ゼロ(제로)'의 두 발음 중 'ゼロ(제로)'라고 읽는 경우가 많아요.
- 전화번호 연결 -표시는 'の(노)'라고 읽습니다.
- 제 번호는 2263-6898입니다.

私の 番号は 2263 - 6898です。
와타시노 방고-와 니니로쿠산 노 로쿠하치큐-하치데스.

금액을 읽을 때

금액에 '〜円'을 붙여 읽으면 됩니다. 다음 금액을 읽어 보세요.

25円	にじゅうごえん 니쥬-고엔	325円	さんびゃくにじゅうごえん 삼뱌쿠니쥬-고엔
30円	さんじゅうえん 산쥬-엔	1,730円	せんななひゃくさんじゅうえん 센나나햐쿠산쥬-엔
80円	はちじゅうえん 하치쥬-엔	42,580円	よんまんにせんごひゃくはちじゅうえん 욘만니센고햐쿠하치쥬-엔

TIP 환전과 엔화

일본은 엔화(円・¥)를 사용합니다. 현지에서도 환전은 가능하고 챕터8에서 환전 관련 표현을 집중적으로 다룰 예정이지만, 많은 곳을 관광해야 하는 빠듯한 일정에 낯선 타국 은행을 찾아가는 것은 여간 번거로운 일이 아니겠죠. 그래서 여행 전에 국내 은행에서 미리 환전하시기를 권합니다. 각 은행 사이트에서 환율 우대 쿠폰을 다운로드 받으면 수수료를 절약할 수도 있거든요. 환율 우대 서비스를 거의 받을 수 없는 공항에서의 환전은 가급적 피하세요.

KEY CHECK 4

기내 식사

기내에서 식사 주문할 때

일본행 비행에서는 기내식이 제공됩니다. 특히 일본항공은 정갈하고 시각적으로도 예쁜 도시락 기내식으로 정평이 나 있답니다. 요즘은 저가항공을 이용하는 분들이 많으시더라고요. 대부분의 저가항공은 간단한 음료만 제공하거나 기내식과 음료에 별도의 요금을 책정해 두고 있습니다.

---

❶ 기내에서 음료 및 식사 주문하기

필요한 문장에
표시해 보세요!

치킨과 소고기 중 어떤 것으로 하시겠습니까?
鶏肉と牛肉とどちらになさいますか。
토리니쿠토 규-니쿠토 도치라니 나사이마스까?

일식과 양식이 있습니다.
和食と洋食があります。
와쇼쿠토 요-쇼쿠가 아리마스.

음료는 어떤 걸로 하시겠습니까?
お飲み物は何になさいますか。
오노미모노와 나니니 나사이마스까?

커피 드시겠어요?
コーヒーはいかがですか。
코-히-와 이카가데스까?

그릇을 치워도 될까요?
おさげしてもよろしいでしょうか。
오사게시테모 요로시-데쇼-까?

다른 필요한 것은 없습니까?
ほかに 必要な ものは ございませんか。
호카니 히츠요-나 모노와 고자이마셍까?

다른 것도 있나요?
他の ものも ありますか。
호카노 모노모 아리마스까?

파스타로 하겠습니다.
パスタに します。
파스타니 시마스.

채식주의 식단도 있나요?
ベジタリアン用の 食事も ありますか。
베지타리안요-노 쇼쿠지모 아리마스까?

오렌지 주스 주세요.
オレンジジュース ください。
오렌지쥬-스 쿠다사이.

커피 한 잔 더 마실 수 있나요?
コーヒーの お代わり できますか。
코-히-노 오카와리 데키마스까?

설탕과 우유 좀 주세요.
砂糖と ミルク お願いします。
사토-토 미루쿠 오네가이시마스.

식사는 필요 없습니다.
食事は いりません。
쇼쿠지와 이리마셍.

포크를 떨어뜨렸어요.
フォークを落としてしまいました。

호-쿠오 오토시테 시마이마시타.

아니요, 괜찮습니다.
いいえ、結構です。

이-에, 켁코-데스.

네, 잘 먹었습니다.
はい、ごちそうさまでした。

하이, 고치소-사마데시타.

DIALOG 4

기내 식사하기

❶

승무원 음료는 무엇으로 드릴까요?

お飲み物は 何に なさいますか。
오노미모노와 나니니 나사이마스까?

나 콜라 주세요.

コーラ ください。
코ー라 쿠다사이.

승무원 죄송하지만 콜라가 떨어졌는데, 다른 음료 드시겠어요?

申し訳ございません。コーラは 切らして おりますが、他の お飲み物を お飲みに なりますか。
모ー시와케고자이마셍. 코ー라와 키라시테 오리마스가, 호카노 오노미모노오 오노미니 나리마스까?

나 스프라이트 있나요?

スプライト ありますか。
스프라이토 아리마스까?

승무원 네, 여기 있습니다.

はい、どうぞ。
하이, 도ー조.

❷

승무원 닭고기와 소고기 중 무엇으로 드시겠어요?

チキンと 牛肉と どちらに なさいますか。
치킨토 규ー니쿠토 도치라니 나사이마스까?

나 닭고기로 주세요.

チキンを お願いします。
치킹오 오네가이시마스.

승무원 음료는 무엇으로 하시겠어요?

飲み物は なにに なさいますか。
노미모노와 나니니 나사이마스까?

나 와인 주세요. 그리고 땅콩 좀 더 주시겠어요?

ワイン ください。そして、ピーナッツ もう少し おねがいします。
와인 쿠다사이. 소시테, 피ー낫츠 모ー스코시 오네가이시마스.

❸

나 출출한데 뭔가 간단히 먹을 수 있나요?

ちょっと、お腹すいてますが、何か 食べられますか。
촛토, 오나카스이테마스가, 나니카 타베라레마스까?

승무원 라면과 피자가 있는데 무엇을 드시겠어요?

ラーメンと ピザが 準備されて おりますが。どちらに なさいますか。
라ー멘토 피자가 줌비사레테 오리마스가. 도치라니 나사이마스까?

나 라면 주세요.

ラーメン お願いします。
라ー멘 오네가이시마스.

승무원 네, 바로 가져다 드릴게요.

はい、すぐ 準備いたします。
하이, 스구 줌비이타시마스.

CHAPTER 2 | しゅっぱつ   **95**

CHECK IT OUT | 일본어 기내 방송

일본항공을 타거나 일본 출입국 비행을 타면서 일본어 기내 방송 들어 보셨나요? 여러분도 승무원처럼 청량한 목소리로 일본어 기내 방송을 연습해 보세요.

乗客の 皆様、私は 客室乗務員の キムジソンで ございます。本日、乗客の 皆様の 快適で 安全な 旅行の ために 機内には 17名の 乗務員が 搭乗して おります。飛行中 お手伝いが 必要でしたら、いつでも 担当乗務員を お呼びくださいませ。まもなく カクテルと お飲み物を お出しした後、お食事を 提供させて いただきます。お食事の 後には 免税品の 販売を いたします。

죠-캬쿠노 미나사마, 와타쿠시와 캬쿠시츠죠-무인노 키무지손데 고자이마스. 혼지츠 죠-캬쿠노 미나사마노 카이테키데 안젠나 료코-노 타메니 키나이니와 쥬-나나메-노 죠-무잉가 토-죠-시테 오리마스. 히코-츄- 오테츠다이가 히츠요-데시타라, 이츠데모 탄토-죠-무잉오 오요비 쿠다사이마세. 마모나쿠 카쿠테루토 오노미모노오 오다시시타아토, 오쇼쿠지오 테-코-사세테 이타다키마스. 오쇼쿠지노 아토니 멘제-힌노 함바이오 이타시마스.

승객 여러분, 저는 객실 승무원 김지선입니다. 오늘 승객 여러분의 편안하고 안전한 여행을 위해 기내에는 17명의 승무원이 탑승하고 있습니다. 여행 중 도움이 필요하시면 언제든지 담당 승무원을 불러 주시기 바랍니다. 잠시 후 칵테일과 음료를 드린 후 식사를 제공해 드리겠습니다. 식사 후에는 면세품 판매가 있겠습니다.

<ruby>乗客<rt>じょうきゃく</rt></ruby>の <ruby>皆様<rt>みなさま</rt></ruby>、こんにちは。<ruby>日本<rt>にほん</rt></ruby>、<ruby>成田空港<rt>なりたくうこう</rt></ruby><ruby>行<rt>ゆ</rt></ruby>きの <ruby>大韓航空<rt>だいかんこうくう</rt></ruby> 175<ruby>便<rt>びん</rt></ruby>に ご<ruby>搭乗<rt>とうじょう</rt></ruby>いただきまして ありがとうございます。<ruby>皆<rt>みな</rt></ruby>さまを <ruby>安全<rt>あんぜん</rt></ruby>に お<ruby>送<rt>おく</rt></ruby>りする<ruby>機長<rt>きちょう</rt></ruby>は キムスヒョン、<ruby>私<rt>わたくし</rt></ruby>は <ruby>客室乗務員<rt>きゃくしつじょうむいん</rt></ruby>の キムジソンで ございます。<ruby>成田<rt>なりた</rt></ruby><ruby>空港<rt>くうこう</rt></ruby>までの <ruby>飛行時間<rt>ひこうじかん</rt></ruby>は <ruby>離陸後<rt>りりくご</rt></ruby> <ruby>約<rt>やく</rt></ruby> 2<ruby>時間<rt>じかん</rt></ruby>で ございます。<ruby>出発前<rt>しゅっぱつまえ</rt></ruby>に <ruby>座席<rt>ざせき</rt></ruby>の <ruby>背<rt>せ</rt></ruby>もたれが <ruby>元<rt>もと</rt></ruby>の <ruby>位置<rt>いち</rt></ruby>に あるか、それから テーブルが <ruby>畳<rt>たた</rt></ruby>まれて いるか ご<ruby>確認<rt>かくにん</rt></ruby> お<ruby>願<rt>ねが</rt></ruby>いいたします。また、<ruby>運行中<rt>うんこうちゅう</rt></ruby>の お<ruby>煙草<rt>たばこ</rt></ruby>は ご<ruby>遠慮<rt>えんりょ</rt></ruby>ください。また <ruby>携帯電話<rt>けいたいでんわ</rt></ruby>や <ruby>ラジオ<rt>らじお</rt></ruby>など、<ruby>個人<rt>こじん</rt></ruby>の <ruby>電子機器<rt>でんしきき</rt></ruby>は <ruby>離陸後<rt>りりくご</rt></ruby> 15<ruby>分間<rt>ふんかん</rt></ruby>は <ruby>電源<rt>でんげん</rt></ruby>を お<ruby>入<rt>い</rt></ruby>れに ならないで ください。<ruby>快適<rt>かいてき</rt></ruby>な <ruby>時間<rt>じかん</rt></ruby>を お<ruby>過<rt>す</rt></ruby>ごしください。ありがとう ございます。

죠—카쿠노 미나사마, 콘니치와, 니혼, 나리타쿠—코—유키노 다이캉코—쿠— 이치나나고빈니 고토—죠—이타다키마시테 아리가토—고자이마스. 미나사마오 안젠니 오오쿠리스루 키쵸—와 키무수횬, 와타쿠시와 캬쿠시츠죠—무인노 키무지손데 고자이마스. 나리타쿠—코—마데노 히코—지캉와 리리쿠고 야쿠니지칸데 고자이마스. 슙빠츠마에니 자세키노 세모타레가 모토노 이치니 아루카, 소레카라 테—부루가 타타마레테 이루카 고카쿠닝 오네가이이타시마스. 마타, 운코—츄—노 오타바코와 고엔료쿠다사이. 마타, 케—타이뎅와야 라지오나도, 코진노 덴시키키와 리리쿠고 쥬—고훈깡와 뎅겐오 오이레니 나라나이데 쿠다사이. 카이테키나 지캉오 오스고시쿠다사이. 아리가토—고자이마스.

승객 여러분, 안녕하십니까? 일본 나리타 공항으로 가는 175편 대한항공에 탑승하신 것을 환영합니다. 여러분을 모실 기장은 김수현이며 저는 객실 승무원 김지선입니다. 나리타 공항까지의 비행 시간은 이륙 후부터 약 2시간입니다. 출발하기 전에 좌석 등받이가 제자리에 있는지, 그리고 테이블이 접혀 있는지 확인해 주십시오. 또한 운항 중에는 항상 금연해 주시기 바랍니다. 휴대전화와 라디오 등의 사용도 금지합니다. 협조해 주셔서 대단히 감사합니다.

KEY CHECK 5

기내 서비스

기내 서비스를 즐겨보세요

앞서 소개된 기내식, 음료 서비스 외에 기내 서비스는 매우 다양합니다. 기내 면세품 판매, 영화 관람, 신문, 잡지 제공은 기본이고 항공사 별로 와이파이, 생일 축하, 마스크팩 등 이색 서비스가 제공되기도 합니다. 탑승할 항공의 서비스가 무엇이 있는지 살펴보시고 꼭 이용해 보세요.

① 서비스 및 다양한 요청 사항

필요한 문장에
표시해 보세요!

읽을거리가 좀 있으면 좋겠는데요.
何か 読み物が あるといいのですが。
나니까 요미모노가 아루토 이-노데스가.

한국어 신문[잡지]이 있어요?
韓国語の 新聞[雑誌]が ありますか。
캉코쿠고노 심붕[잣시]가 아리마스까?

춥습니다. / 덥습니다.
寒いです。 / 暑いです。
사무이데스. / 아츠이데스.

담요를 주시겠어요?
ブランケットを いただけますか。
부랑켓토오 이타다케마스까?
▶ 베개 枕 마쿠라 / 모포 毛布 모후

눈가리개 있나요?
アイマスク ありますか。
아이마스크 아리마스까?

이 벨트는 어떻게 매나요?
このベルトはどうやって締めますか。

코노 베루토와 도-얏떼 시메마스까?

전등 끄는 법 좀 알려 주시겠어요?
ライトの消し方を教えていただけますか。

라이토노 케시카타오 오시에테 이타다케마스까?

이어폰 사용 방법 좀 가르쳐 주세요.
イヤホンの使い方を教えてください。

이야혼노 츠카이카타오 오시에테 쿠다사이.

이어폰이 고장 났어요.
イヤホンが故障しています。

이야홍가 코쇼-시테 이마스.

이것 좀 치워 주시겠어요?
これを片付けていただけますか。

코레오 카타즈케테 이타다케마스까?

화장실 가도 되나요?
トイレに行ってもいいですか。

토이레니 잇테모 이-데스까?

---

❷ 컨디션이 안 좋을 때

몸이 좋지 않네요.
体の具合が悪いんです。

카라다노 구아이가 와루인데스.

저 속이 좀 안 좋아요. (속이 울렁거려요.)
気分が 悪いです。

키붕가 와루이데스.

토할 것 같아요.
吐きそうです。

하키소-데스.

멀미가 나요.
酔いました。

요이마시타.

약 좀 주시겠어요?
薬を いただけますか。

쿠스리오 이타다케마스까?

멀미약 있어요?
酔い止めの 薬が ありますか。

요이도메노 쿠스리가 아리마스까?

냉수 한 잔만 좀 갖다 주실래요?
冷たい お水を 1杯 いただけますか。

츠메타이 오미즈오 입빠이 이타다케마스까?

덕분에 좋아졌습니다.
おかげさまで、良く なりました。

오카게사마데 요쿠나리마시타.

네, 있습니다. 잠시만 기다리세요.
はい、ございます。少々 お待ちください。

하이, 고자이마스. 쇼-쇼- 오마치 쿠다사이.

손님, 지금은 좀 어떠세요?
お客さま、今はいかがですか。

오캬쿠사마, 이마와 이카가데스카?

③ 기내 면세품 사기

기내에서 면세품을 파나요?
機内で免税品の販売がありますか。

키나이데 멘제-힌노 한바이가 아리마스카?

지금 면세품 살 수 있나요?
今、免税品が買えますか。

이마, 멘제-힝가 카에마스카?

면세품 목록을 보여 주시겠어요?
免税品のカタログを見せていただけますか。

멘제-힌노 카타로구오 미세테 이타다케마스카?

이걸로 하나 주세요.
これを 1つください。

코레오 히토츠 쿠다사이.

면세점보다 싼가요?
免税店より安いですか。

멘제-텡요리 야스이데스카?

카드도 되나요?
クレジットカードも使えますか。

쿠레짓토카-도모 츠카에마스카?

원화(한국 돈)로도 살 수 있나요?
ウォンでも 買えますか。

원데모 카에마스까?

면세품 선물을 예약하고 싶어요.
免税品の 予約が したいです。

멘제-힌노 요야쿠가 시타이데스.

면세품 구입은 기내 방송으로 안내해 드리겠습니다.
免税品の ご購入は 機内放送で ご案内 申し上げます。

멘제-힌노 고코-뉴-와 키나이호-소-데 고안나이 모-시아게마스.

좌석 앞 주머니에 기내품 쇼핑 카탈로그를 확인하세요.
座席の 前の ポケットの 機内販売品 カタログを ご確認ください。

자세키노 마에노 포켓토노 키나이 함바이힝 카다로구오 고카쿠닌쿠다사이.

죄송합니다. 그 제품은 전부 소진되었습니다.
申し訳ございません。そちらの 商品は 完売いたしました。

모-시와케고자이마셍. 소치라노 쇼-힝와 칸바이이타시마시타.

TIP 일본 화장실 표기

외국 여행에서 꼭 알아둬야 할 단어는 바로 화장실! 일본도 예외가 아니죠. 화장실은 일본어로 'トイレ(토이레)' 혹은 'お手洗い(오테아라이)'라고 표현합니다. 'トイレ'는 외래어라서 '가타카나'로 표기했고 'お手洗い'는 한자로 '씻을 세(洗)'와 '손 수(手)'이라서 화장실이라는 것을 쉽게 기억할 수 있을 거예요.

DIALOG 5

승무원에게 요청하기

❶

승무원 몸상태는 어떠신가요?

お体の 調子は いかがですか。
오카라다노 쵸-시와 이카가데스까?

나 아까 약을 먹고 나서 좋아졌습니다. 하지만 조금 춥네요.

さっき、薬を 飲んで、よく なりました。でも、ちょっと 寒いです。
삭키, 쿠스리오 논데, 요쿠 나리마시타. 데모, 춋토 사무이데스.

승무원 잠시만 기다려 주세요. 곧 담요를 가지고 오겠습니다.

少々 お待ちください。すぐ 毛布を お持ちします。
쇼-쇼- 오마치쿠다사이. 스구 모-후오 오모치시마스.

❷

나 실례합니다. 영화를 보려는데 여기서 어떻게 하면 되죠?

すみません。映画が 見たいんですが、どうすればいいでしょうか。
스미마셍. 에-가가 미타인데스가, 도-스레바 이-데쇼-까?

승무원 이 리모콘으로 방향 키를 누르세요.

この リモコンで 方向キーを 押してください。
코노 리모콘데 호-코-키-오 오시테쿠다사이.

나 아, 네.

あ、はい。
아, 하이.

승무원 여기서 언어 선택 누르시고요. 볼륨은 여기 있어요.

ここで 言語選択を 押して いただいて、音量ボタンは こちらです。
코코데, 겡고센타쿠오 오시테 이타다이테, 온료- 보탕와 코치라데스.

나 네, 감사합니다. 간단하네요.

はい、ありがとうございます。簡単ですね。
하이, 아리가토-고자이마스. 칸탄데스네.

승무원 뭔가 더 필요하시면 말씀하세요. 편안한 비행되십시오.

何か 必要でしたら お呼びください。いい フライトを。
나니카 히츠요-데시타라 오요비쿠다사이. 이- 후라이토오.

기내 면세품 구입하기

나 여기요. 면세품을 구입하고 싶은데요.

すみません。免税品を買いたいんですが。
스미마셍. 멘제-힝오 카이타인데스가.

승무원 네, 여기 면세품 목록을 보시고 신청서에 표시해 주세요.

はい、こちらの免税品リストをご覧になって、こちらの注文書にご記入ください。
하이, 코치라노 멘제-힝리스토오 고란니 낫테, 코치라노 츄-몬쇼니 고키뉴-쿠다사이.

나 이 제품은 공항 면세점보다 더 싼가요?

この製品は空港の免税店より安いですか。
코노 세-힝와 쿠-코-노 멘제-텡요리 야스이데스까?

승무원 네, 2달러 정도 더 저렴합니다. 잠시만 기다려 주세요. 상품을 가져다 드리겠습니다. *(잠시 후)*

はい、2ドルくらい安くなっております。少々お待ちください。商品をお持ちします。
하이, 니도루쿠라이 야스쿠 낫테 오리마스. 쇼-쇼- 오마치쿠다사이. 쇼-힝오 오모치시마스.

승무원 손님, 죄송합니다만, 이 비타민은 다 떨어졌네요.

お客様、申し訳ございませんが、このビタミンは品切れになっております。
오캭사마, 모-시와케고자이마셍가, 코노 비타밍와 시나기레니 낫테 오리마스.

나 어쩔 수 없죠. 그럼, 이걸로 할게요.

しょうがないですね。では、これにします。
쇼-가나이데스네. 데와, 코레니 시마스.

승무원 네, 감사합니다. 곧 가져오겠습니다.

はい、ありがとうございます。すぐお持ちします。
하이, 아리가토-고자이마스. 스구 오모치시마스.

CHECK IT OUT | 면세점 이용하기

출국 심사의 긴 줄을 서는 동안 저 건너편에 보이는 활기찬 쇼핑 풍경이 마음을 더 들뜨게 하죠? 바로 지금이 그동안 살까말까 고민했던 물건을 면세 가격으로 구입해 볼 수 있는 소중한 기회랍니다. 작은 기념품부터 큰 맘 먹고 명품 쇼핑까지 편리하고 알뜰하게 구입할 수 있는 방법들을 알아볼까요?

인터넷·도심 면세점
항공권이 발권되었다면 백화점이나 호텔, 혹은 도심 면세점에서 쇼핑할 수 있습니다. 출국 30일 전부터 이용이 가능합니다. 이때 구입한 상품은 출국 시 공항에서 찾아야 하고, 교환권을 받게 됩니다. 여행객이 많은 성수기나 주말은 매우 붐빌 수 있으므로 출국 심사 직후 빠르게 들리는 것이 유리합니다.

공항 면세점
인천공항은 시설은 물론, 훌륭한 면세점으로도 세계적으로 유명하답니다. 특히 한국 화장품이 아시아 관광객들에게 인기가 높아 세트 할인 품목이 다양합니다. 여행사를 통해 패키지 여행이나 항공권을 구입하면 면세점 할인 쿠폰을 받아 활용할 수 있습니다.

기내 면세점
기내라는 협소한 장소에서 판매하기에 품목이 다양하진 않지만, 좌석에 비치되어 있는 기내 면세품 안내 책자를 보면 괜찮은 아이템들이 꽤 있습니다. 신용카드, 현금 결제가 모두 가능하고, 보통 기내식 식사가 끝난 후에 승무원들이 돌아다니며 주문을 받습니다. 공항 면세점에서 깜박하고 구입하지 못한 화장품이나 액세서리, 술, 시계 등을 더 저렴하게 살 수 있는 기회랍니다. 항공사와 브랜드 간의 단독 구성품도 많아서 간혹 시중 백화점이나 공항 면세점에서 구할 수 없는 상품을 구입할 수도 있습니다.

참고로, 일본 면세점에서는 다양한 간식거리가 한국인들에게 특히 인기가 높습니다. 지역별 인기 상품도 다양하니 지역 특산품을 미리 파악해 두면 좋겠죠. 단, 일부 소도시 공항 면세점은 규모가 작아서 상품 종류가 다양하지 않을 수도 있습니다.

KEY CHECK 6

입국신고서 작성

입국의 첫 관문, 입국신고서 작성

기내에서 승무원이 나눠 주는 종이가 있습니다. 대부분 입국신고서와 세관신고서로 나뉘죠. 입국신고서 작성 시 여권 정보, 비행기 편명, 방문할 국가 숙소 정보는 필수입니다. 불편한 상황이 발생하지 않도록 정확하게 작성하셔야 해요.

❶ 입국신고서 작성 시

필요한 문장에
표시해 보세요!

이 양식을 쓰는 법 좀 가르쳐 주세요.
この 様式の 書き方を 教えて ください。
코노 요-시키노 카키카타오 오시에테 쿠다사이.

이렇게 쓰면 되나요?
これで いいですか。
코레데 이-데스까?

입국신고서는 어떻게 쓰는 건가요?
入国 申告書は どうやって 書きますか。
뉴-코쿠 신콕쇼와 도-얏테 카키마스까?

펜 좀 빌릴 수 있을까요?
ペンを お借りできますか。
펭오 오카리데키마스까?

제 입국신고서를 좀 봐주시겠어요?
私の 入国 申告書を チェックして いただけませんか。
와타시노 뉴-코쿠 신콕쇼 첵쿠시테 이타다케마셍까?

세관 서류 작업이 필요해요.
税関書類の手続きが必要です。

제-칸쇼루이노 테츠즈키가 히츠요-데스.

입국신고서를 잘못 썼어요.
入国申告書を書き間違えました。

뉴-코쿠 신콕쇼오 카키마치가에마시타.

한 장 더 부탁합니다.
もう1枚 お願いします。

모-이치마이 오네가이시마스.

입국신고서를 한 장 더 얻을 수 있을까요?
入国申告書を もう1枚 いただけますか。

뉴-코쿠 신콕쇼오 모-이치마이 이타다케마스까?

대문자로 쓰세요.
大文字で書いてください。

오-모지데 카이테 쿠다사이.

여기 한 장 더 있습니다.
ここにもう1枚 あります。

코코니 모-이치마이 아리마스.

여기에 머무를 숙박지[호텔] 주소를 적으세요.
ここに宿泊地[ホテル]の住所を書いてください。

코코니 슈쿠하쿠치[호테루]노 쥬-쇼오 카이테 쿠다사이.

DIALOG 6

신고서 작성하기

승무원 입국신고서와 세관신고서 작성해 주세요.

入国申告書と 税関申告書を 作成して ください。

뉴—코쿠신콕쇼토 제—칸신콕쇼오 삭세—시테 쿠다사이.

나 여기는 일본어로 써야 하나요?

ここは 日本語で 書かなければ なりませんか。

코코와 니홍고데 카카나케레바 나리마셍까?

승무원 외국인이시면 영어로 쓰셔도 됩니다.

外国の 方は 英語で お書きに なっても かまいません。

가이코쿠노 카타와 에—고데 오카키니 낫테모 카마이마셍.

나 앗, 여기 잘못 썼는데 한 장 더 주시겠어요? 죄송합니다.

あ、ここを 間違えて 書いて しまったんですが、もう1枚 いただけますか。すみません。

아, 코코오 마치가에테 카이테 시맛탄데스가, 모—이치마이 이타다케마스까? 스미마셍.

승무원 괜찮습니다. 여기 있습니다. 하단에 숙소 정보는 꼭 적으세요.

大丈夫です。どうぞ。下の 宿泊地の 情報は 必ず お書きください。

다이죠—부데스. 도—조. 시타노 슈쿠하쿠치노 죠—호—와 카나라즈 오카키 쿠다사이.

나 알겠습니다. 세관신고서는 가족들 각자 다 써야 하나요?

わかりました。税関申告書は 各自が 書かなければ なりませんか。

와카리마시타. 제—칸신콕쇼와 가쿠지가 카카나케레바 나리마셍까?

승무원 가족 대표로 한 분만 쓰시면 되세요.

家族の 代表者 お1人様だけ お書きいただければ 結構です。

카조쿠노 다이효—샤 오히토리사마다케 오카키이타다케레바 켁고—데스.

CHECK IT OUT | 입국신고서와 세관신고서 용어

해외여행 중 비행기에서 필수로 작성해야 하는 신고서(입국신고서, 세관신고서)가 있습니다. 영어로 작성하니 너무 걱정마세요. 그래도 신고서에 있는 일본어는 영어와 함께 알아두면 좋겠죠?

한글	일본어	영문
이름	氏名 (시메−)	Name
생년월일	生年月日 (세−넹갑삐)	Date of Birth
주소	現住所 (겐쥬−쇼)	Home Address
국명	国名 (코쿠메−)	Country Name
도시명	都市名 (토시메−)	City Name
방문 목적	渡航目的 (토코−모쿠테키)	Purpose of Visit
관광	観光 (캉코−)	Tourism
비즈니스/업무	商用 (쇼−요−)	Business
친지 방문	親戚訪問 (신세키호−몬)	Visit Relatives
그 외	その他 (소노타)	Others
최종 편명	航空機便名 (코−쿠−키빔메−)	Last Flight No.
선명	船名 (셈메−)	Vessel
일본 체류 기간	日本滞在予定期間 (니혼타이자이 요테−키칸)	Intended Length of Stay in Japan
일본 내 체류 주소	日本の連絡先 (니혼노 렌라쿠사키)	Intended Address in Japan
서명	署名 (쇼메−)	Signature

입국신고서 작성 요령
- 입국신고서 형식은 나라마다 다르지만, 대부분 앞면은 자국어로, 그 뒷면에는 영어로 쓸 수 있게 되어 있습니다. 해당 국가 언어를 모르더라도 걱정 마세요.
- 이름과 성을 바꿔 쓰지 않아야 하고, 모든 내용은 대문자로 써야 합니다. 일본에서 머무를 숙소 주소(전화번호)는 반드시 기입하세요.
- 기내에서 입국신고서를 받지 못했다면 당황하지 말고 입국장에 구비된 신고서에 작성하세요.

KEY CHECK 7

놓치지 마세요, 환승편

일본을 경유하여 다른 나라로 갈 경우, 잠시나마 일본 공항에 머물 기회가 생깁니다. 이때 환승 게이트를 잘못 찾는다거나 시간을 놓치는 실수를 해서는 안 되겠죠? 유비무환! 다음 표현을 잘 익혀 두세요.

1 환승편 탈 때

어디에서 갈아타나요?

どこで乗り継ぐんですか。/
どこで乗り換えるんですか。

도코데 노리츠군데스까? / 도코데 노리카에룬데스까?

이 편으로 갈아타야 해요.
この便に乗り換えなければなりません。

코노 빈니 노리카에나케레바 나리마셍.

런던행 환승객이에요.
ロンドン行きの乗り継ぎですが。

론돈유키노 노리츠기데스가.

환승 라운지는 어디입니까?
乗り継ぎラウンジはどこですか。

노리츠기라운지와 도코데스까?

LA행 비행기로 환승할 건데요, 도와주시겠어요?
LA行きに乗り換えるんですが、お手伝いいただけますか。

에루에-유키니 노리카에룬데스가, 오테츠다이 이타다케마스까?

아시아나항공 환승 카운터는 어디에 있나요?
アシアナ航空の乗り換えカウンターはどこにありますか。

아시아나코ー쿠ー노 노리카에 카운타ー와 도코니 아리마스까?

경유해서 런던으로 갑니다.
経由してロンドンに行きます。

케ー유시테 론돈니 이키마스.

저 표시를 따라가세요.
あの表示にしたがって行ってください。

아노 효ー지니 시타갓테 잇테 쿠다사이.

런던행 환승은 30번 게이트로 가세요.
ロンドン行きの乗り継ぎは30番ゲートに行ってください。

론돈유키노 노리츠기와 산쥬ー방게ー토니 잇테 쿠다사이.

모니터에서 게이트를 확인하세요.
モニターからゲートをご確認ください。

모니타ー카라 게ー토오 고카쿠닝 쿠다사이.

직원을 따라가세요.
職員についていってください。

쇼쿠인니 츠이테 잇테 쿠다사이.

---

❷ 환승편을 놓쳤을 때

런던으로 가는 환승편을 지금 막 놓쳤어요.
ロンドン行きの乗り換え便に、たった今乗り遅れてしまいました。

론돈유키노 노리카에빈니, 탓타이마 노리오쿠레테 시마이마시타.

다음 편 런던행 비행기가 언제 있나요?
次の ロンドン行きの 飛行機は いつ ありますか。

츠기노 론돈유키노 히코-키와 이츠 아리마스까?

오늘 중으로 도착할 수 있을까요?
今日中に 到着できますか。

쿄-쥬-니 토-챠쿠데키마스까?

🎧 다음 편으로 예약해 드리겠습니다.
次の便を 予約させて いただきます。

츠기노빙오 요야쿠사세테 이타다키마스.

걱정하지 마세요. 다음 편에 태워 드리겠습니다.
心配なさらないで ください。次の便の お席を ご用意させて いただきます。

심빠이나사라나이데 쿠다사이. 츠기노 빈노 오세키오 고요-이사세테 이타다키마스.

3시간 뒤에 다음 비행기가 있습니다.
3時間後、次の 飛行機が ございます。

산지캉고, 츠기노 히코-키가 고자이마스.

다음 비행기는 내일 있습니다.
次の 飛行機は 明日ございます。

츠기노 히코-키와 아시타고자이마스.

항공사에서 제공하는 호텔로 안내를 해 드릴게요.
航空会社が 提供する ホテルに ご案内します。

코-쿠-가이샤가 테-쿄-스루 호테루니 고안나이시마스.

DIALOG 7

환승편을 놓쳤을 때

나 연착으로 환승편을 놓쳤어요. 도쿄행 OZ308편이에요.

延着で 乗り継ぎの フライトに 遅れて しまいました。東京行きの OZ308です。
엔챠쿠데 노리츠기노 후라이토니 오쿠레테 시마이마시타.
도-쿄-유키노 오-젯토 산제로하치데스.

공항 직원 비행기 티켓 부탁드립니다.

飛行機の チケットを 拝見します。
히코-키노 치켓토오 하이켄시마스.

나 여기 있어요. 오늘 현지 시각으로 오후 5시까지는 도착해야 하는데 가능할까요?

こちらです。今日 現地時間で 午後 5時までには つかなければ ならないんですが、できますか。
코치라데스. 쿄- 겐치지칸데 고고 고지마데니와 츠카나케레바 나라나인데스가, 데키마스까?

공항 직원 잠시만요, 체크해 보겠습니다. 2시간 후에 도쿄행 비행기가 있습니다. 5시까지는 충분히 도착하시겠어요.

少々 お待ちください。確認いたします。2時間後、東京行きの 飛行機が ございます。5時までには 十分 ご到着に なれると 思います。
쇼-쇼- 오마치쿠다사이. 카쿠닝이타시마스. 니지캉고, 토-쿄-유키노 히코-키가 고자이마스. 고지마데니와 쥬-분 고토-챠쿠니 나레루토 오모이마스.

나 오, 다행이네요.

あ、よかった。
아, 요캇타.

공항 직원 그렇네요. 여기 티켓 있습니다. A30번 게이트로 가세요.

そうですね。チケット どうぞ、A30番の ゲートに いらっしゃって ください。
소-데스네. 치켓토 도-조. 에-산쥬-반노 게-토니 이랏샷테 쿠다사이.

나 네, 감사합니다.

はい、ありがとうございます。
하이, 아리가토-고자이마스.

KEY CHECK 8

입국 심사

입국 심사 대비

일본은 한국에서 가장 가깝고 여행자들도 워낙 많다 보니 입국 심사가 그렇게 까다롭지는 않습니다. 단, 앞서 언급했지만 입국신고서에 체류 주소와 전화번호는 정확하게 기입해야 한다는 것, 다시 강조합니다.

❶ 질문과 그 답변

필요한 문장에
표시해 보세요!

일본에는 처음입니까?
日本は初めてですか。
니홍와 하지메테데스까?

네, 처음입니다.
はい、初めてです。
하이, 하지메테데스.

도쿄 방문은 이번이 처음인가요?
東京への訪問は今回が初めてですか。
토-쿄-에노 호-몽와 콩카이가 하지메테데스까?

아니요, 세 번째입니다.
いいえ、3回目です。
이-에, 상카이메데스.

입국[방문] 목적은 무엇입니까?
入国[訪問] 目的は何ですか。
뉴-코쿠[호-몽] 모쿠테키와 난데스까?

여행하러 왔어요.
旅行に 来ました。
료코-니 키마시타.

친구네 집에 방문하러 왔어요.
友達の 家を 訪問しに 来ました。
토모다치노 이에오 호-몬시니 키마시타.

사업차 왔습니다.
仕事のために 来ました。
시고토노 타메니 키마시타.

이곳에 얼마 동안 머무실 겁니까?
ここに どのぐらい 滞在する 予定ですか。
코코니 도노구라이 타이자이스루 요테-데스까?

체류 기간은 며칠입니까?
滞在期間は 何日間ですか。
타이자이키캉와 난니치칸데스까?

열흘 동안이요.
10日間です。
토-카칸데스.

일행이 몇 분이나 됩니까?
同行者は 何人ですか。
도-코-샤와 난닌데스까?

혼자 왔어요. / 두 명이에요.
私 1人です。 / 2人です。
와타시 히토리데스. / 후타리데스.

돌아갈 비행기표가 있습니까?
帰りの便のチケットはありますか。
카에리노 빈노 치켓토와 아리마스까?

네, 여기 있어요.
はい、これです。
하이, 코레데스.

어디에 숙박할 예정입니까?
どこに宿泊する予定ですか。
도코니 슈쿠하쿠스루 요테-데스까?

어디에 머물 예정입니까?
どこに泊まる予定ですか。
도코니 토마루 요테-데스까?

매리어트 호텔에 머무를 거예요.
マリオットホテルに泊まる予定です。
마리옷토호테루니 토마루 요테-데스.

시부야에 있는 이모 댁에 있을 거예요.
渋谷の叔母の家に滞在する予定です。
시부야노 오바노 이에니 타이자이스루 요테-데스.

어느 나라에서 오셨어요?
どちらからいらっしゃいましたか。
도치라카라 이랏샤이마시타까?

전에 여기 와 본 적 있나요?
以前にこちらへ来たことがありますか。
이젠니 코치라에 키타코토가 아리마스까?

어떤 나라들을 가 봤나요?
どんな国に行きましたか。

돈나 쿠니니 이키마시타까?

누구와 여행하세요?
どなたと旅行されますか。

도나타토 료코-사레마스까?

어떤 일을 하십니까?
どんなお仕事をなさっていますか。

돈나 오시고토오 나삿테 이마스까?

교사입니다.
教師です。

쿄-시데스.

회사원입니다.
会社員です。

카이샤인데스.

공무원입니다.
公務員です。

코-무인데스.

---

❷ 알아듣지 못했다면

죄송한데, 이해 못했어요.
すみませんが、わかりません。

스미마셍가, 와카리마셍.

죄송한데, 일본어를 아주 조금밖에 못해요.
すみませんが、日本語は ほとんど わかりません。

스미마셍가, 니홍고와 호톤도 와카리마셍.

다시 한 번 말씀해 주실래요?
もう一度 話して いただけませんか。

모-이치도 하나시테 이타다케마셍까?

더 천천히 말씀해 주실래요?
もう少し ゆっくり 話して いただけませんか。

모-스코시 육쿠리 하나시테 이타다케마셍까?

TIP 일본 입국 심사 유의점

20~30대 여성의 일본 장기간 체류(여행)는 입국 심사에서 거절될 확률이 꽤 높은 편입니다. 이는 불법 체류 문제와도 관련이 있는데요, 일본에서 머물 주소를 정확히 기입하고 직업을 밝히거나 귀국 비행기표를 보여 주는 것도 방법입니다.

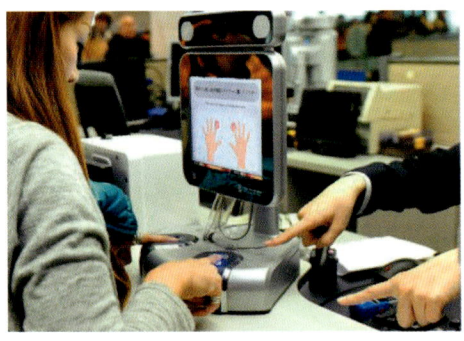

DIALOG 8

입국 심사

심사관 여권 보여 주세요.

パスポートを 拝見します。
파스포-토오 하이켄시마스.

나 네.

はい。
하이.

심사관 도쿄에 얼마나 머무실 거예요?

東京には 何日間 滞在する 予定ですか。
토-쿄-니와 난니치칸 타이자이스루 요테-데스까?

나 2주간이요.

2週間です。
니슈-칸데스.

심사관 방문 목적은요?

訪問の 目的は 何ですか。
호-몬노 모쿠테키와 난데스까?

나 관광 왔어요.

観光です。
캉코-데스.

심사관 어디서 머무르시죠?

どこに 泊まりますか。
도코니 토마리마스까?

나 신주쿠에 있는 프린스 호텔이요.

新宿に ある プリンスホテルです。
신쥬쿠니 아루 프린스호테루데스.

심사관 짐은 이게 전부인가요?

荷物は これで 全部ですか。
니모츠와 코레데 젬부데스까?

나 네.

はい。
하이.

KEY CHECK 9

세관 심사

세관 심사

다른 나라와 마찬가지로 일본도 씨앗이나 가공되지 않은 농축산물 등의 반입을 금지하고 있으니 음식물 반입에 유의하세요. 형식상 복불복으로 검사할 수도 있으니 가방을 열어 보라고 해도 당황하지 마시고 지시에 따르세요. 무엇보다 규정만 잘 지킨다면 긴장할 일이 없겠죠?

① 세관원 질문

필요한 문장에 표시해 보세요!

신고 품목이 있나요?
申告する 物品は ありますか。
신코쿠스루 붑삥와 아리마스까?

여행 기간 동안 무엇을 구매했죠?
旅行 期間中に 何を 買いましたか。
료코- 키칸츄-니 나니오 카이마시타까?

농산물, 고기나 세금이 부과되는 물품을 가지고 있나요?
農産物や 肉類、税金が かかる 物品を 持って いますか。
노-삼브츠야 니쿠루이, 제-킹가 카카루 붑삥오 못테 이마스까?

화폐는 얼마나 가지고 있나요?
貨幣は どのぐらい 持って いますか。
카헤-와 도노구라이 못테 이마스까?

1만 달러 이상 현금이나 그에 준하는 금액의 다른 통화를 가지고 있나요?
10,000ドル 以上の 現金や、それに 相当する 金額の 他の 通貨を 持って いますか。
이치만도루 이죠-노 겡킹야, 소레니 소-토-스루 킹가쿠노 호카노 츠-카오 못테 이마스까?

이 가방에 무엇이 들어 있나요?
このかばんの中に何が入っていますか。

코노 카반노 나카니 나니가 하잇테 이마스까?

이것은 어디에 쓰는 거죠?
これは何に使うのでしょうか。

코레와 나니니 츠카우노데쇼-까?

가방을 열어 주시겠습니까?
かばんを開けていただけますか。

카방오 아케테 이타다케마스까?

내용물을 보여 주시겠습니까?
中身を見せていただけますか。

나카미오 미세테 이타다케마스까?

2 질문에 답하기

개인 소지품뿐이에요.
個人の所持品だけです。

코진노 쇼지힌다케데스.

가족들에게 줄 선물이에요.
家族に渡すお土産です。

카조쿠니 와타스 오미야게데스.

신고할 게 없습니다.
申告するものはありません。

신코쿠스루모노와 아리마셍.

신고할 게 있어요.
申告するものが あります。
신코쿠스루모노가 아리마스.

신고해야 하는지 몰랐습니다.
申告が 必要か どうか わかりませんでした。
신코쿠가 히츠요-카 도-카 와카리마셍데시타.

제 것이 아니에요.
私の 物では ありません。
와타시노 모노데와 아리마셍.

DIALOG 9

세관 통과하기

세관원 여권과 세관신고서를 보여 주세요.

パスポートと 税関申告書を 拝見します。
파스포-토토 제-칸신콕쇼오 하이켄시마스.

나 네.

はい。
하이.

세관원 짐 가방을 여기 올려놔 주세요. 짐은 이게 다예요?

荷物を ここに お載せください。荷物は これで 全部ですか。
니모츠오 코코니 오노세쿠다사이. 니모츠와 코레데 젬부데스까?

나 네.

はい。
하이.

세관원 신고할 물품이 있나요?

申告する 物品は ありますか。
신코쿠스루 붑삔와 아리마스까?

나 담배 5갑이요.

タバコ 5箱です。
타바코 고하코데스.

세관원 알코올이나 와인 등 술은 없나요?

アルコールや ワインなど、酒類は ありませんか。
아루코-루야 와인나도, 슈루이와 아리마셍까?

나 이 위스키 한 병이요.

この ウィスキー 1本です。
코노 위스키- 입뽄데스.

세관원 면세점에서 사신 건가요?

免税店で 購入した ものですか。
멘제-텐데 코-뉴-시타 모노데스까?

나 네, 인천공항에서요. 여기 영수증이요.

はい、インチョン空港で、ここに 領収書が あります。
하이, 인천쿠-코-데. 코코니 료-슈-쇼가 아리마스.

세관원 좋습니다. 협조해 주셔서 감사합니다. 즐거운 여행 되세요.

はい、けっこうです。ご協力 ありがとうございます。良い 旅行を お楽しみください。
하이, 켁코-데스. 고쿄-료쿠 아리가토-고자이마스. 요이 료코-오 오타노시미쿠다사이.

나 감사합니다.

ありがとうございます。
아리가토-고자이마스.

KEY **CHECK** 10

수하물 찾기

도대체 내 짐은 어디에?

목적지에 도착했으니 출국할 때 체크인했던 짐을 찾아야겠죠? 전광판에서 해당 항공편명의 수하물 찾는 곳 번호를 확인하고 그곳으로 이동합니다. 잘 모르겠다 싶으면 비행기에서 내린 일행들을 일단 따라가세요. 모두 자신들의 소중한 짐을 찾으러 가고 있을 테니까요.

① 수하물 찾기

필요한 문장에 표시해 보세요!

OZ188편 수하물을 어디에서 찾을 수 있나요?
OZ188便の手荷物はどこで受け取れますか。
오-젯토 이치하치하치빈노 테니모츠와 도코데 우케토레마스까?

저기요, 카트는 어디에서 가져오면 되나요?
すみません。カートはどこから持ってくればいいですか。
스미마셍. 카-토와 도코카라 못테 쿠레바 이-데스까?

그 카트는 어디에서 가져오셨어요?
このカートはどこから持ってこられましたか。
코노 카-토와 도코카라 못테 코라레마시타까?

이 가방들을 들고 나가는 데 도와줄 짐 운반인이 필요해요.
このかばんを持って行くんですが、運ぶのを手伝ってくださる方が必要です。
코노 카방오 못테 이쿤데스가, 하코부노오 테츠닷테 쿠다사루카타가 히츠요-데스.

짐 운반인을 어디서 물어보면 되나요?
荷物を運んでくださる方をどこで聞けばいいですか。
니모츠오 하콘데 쿠다사루카타오 도코데 키케바 이-데스까?

그거 제 가방인데요.
それは私のかばんですが。

소레와 와타시노 카방데스가.

2번 화물 출구입니다.
2番の貨物出口です。

니반노 카모츠데구치데스.

저쪽 5번 컨베이어에서 찾으세요.
あちらの5番のターンテーブルでお受け取りください。

아치라노 고반노 탄테-부루데 오우케토리 쿠다사이.

② 짐이 안 나왔을 때

제 짐이 안 보여요.
私の荷物が見つからないんです。

와타시노 니모츠가 미츠카라나인데스.

제 짐이 분실됐어요.
私の荷物がなくなりました。

와타시노 니모츠가 나쿠나리마시타.

수하물 컨베이어 벨트에 제 짐이 없어요.
手荷物受け取りのターンテーブルに私の手荷物がありません。

테니모츠 우케토리노 탄테-부루니 와타시노 테니모츠가 아리마셍.

공항 직원 같은 사람이 내 가방을 가져가 버렸어요.
空港の職員みたいな人が私の荷物を持って行ってしまいました。

쿠-코-노 쇼쿠인미타이나 히토가 와타시노 니모츠오 못테 잇테 시마이마시타.

OZ188편을 타고 왔고, 제 가방은 빨간색 백팩입니다.
OZ188便に乗ってきて、荷物は赤いリュックサックです。

오-젯토 이치하치하치빈니 놋테키테, 니모츠와 아카이 륙쿠삭쿠데스.

여기에 3일 머물 거고요, 제 이름은 김미나예요.
ここに3日宿泊します。名前はキムミナです。

코코니 믹카 슈쿠하쿠시마스. 나마에와 키무미나데스.

어떻게 연락해야 하죠?
どうやって連絡すればいいでしょうか。

도-얏테 렌라쿠스레바 이-데쇼-까?

수하물 상환증은 가지고 계십니까?
預かり証はお持ちですか。

아즈카리쇼-와 오모치데스까?

찾는대로 연락드리겠습니다.
見つかり次第ご連絡します。

미츠카리시다이 고렌라쿠시마스.

체류 기간 동안 짐을 못 보내드리게 된다면 이 일정표를 보고 호텔을 확인한 다음에 보내드리겠습니다.
滞在期間中に手荷物をお送りできない場合、この日程表でご滞在中のホテルを確認して、送らせていただきます。

타이자이키칸츄-니 테니모츠오 오오쿠리데키나이 바아이, 코노 닛테-효-데 고타이자이츄-노 호테루오 카쿠닌시테, 오쿠라세테 이타다키마스.

DIALOG 10

수하물 찾기

나	제 가방이 하나 없어졌어요. 한참 기다렸는데 보이질 않아요.

私の手荷物が1つなくなりました。ずっと待っていましたが、見つかりません。
와타시노 테니모츠가 히토츠 나쿠나리마시타. 즛토 맛테 이마시타가, 미츠카리마셍.

공항 직원	어느 항공편으로 오셨나요?

どの航空便で来ましたか。
도노 코-쿠-빈데 키마시타까?

나	인천발 OZ188입니다.

インチョン発 OZ188です。
인천하츠 오-젯토 이치하치하치데스.

공항 직원	수하물 보관증을 가지고 있나요?

手荷物の預かり証は持っていますか。
테니모츠노 아즈카리쇼-와 못테이마스까?

나	네, 여기 있어요.

はい、これです。
하이, 코레데스.

공항 직원	컨베이어를 잘못 찾으신 것 같네요. 7번 컨베이어로 가세요.

受け取りのターンテーブルを間違えたようですね。7番のターンテーブルに行ってください。
우케토리노 탄테-부루오 마치가에타요-데스네. 나나반노 탄테-부루니 잇테 쿠다사이.

나	아, 정말 감사합니다.

あ、ありがとうございます。
아, 아리가토-고자이마스.

CHAPTER 2 | しゅっぱつ

가방 분실 신고

나 실례합니다. 제 가방이 나오지 않아요. 어떻게 해야 하죠?

すみません。私の かばんが 見つかりません。どうしたら いいですか。

스미마셍. 와타시노 카방가 미츠가리마셍. 도-시타라 이-데스까?

공항 직원 가방이 지연되거나 분실됐는지 확인하겠습니다.

かばんが 遅れて いたり、紛失して いるか 確認 いたします。

카방가 오쿠레테 이타리, 훈시츠시테 이루카 카쿠닝이타시마스.

나 그 가방에 중요한 물건들이 있어요.

その かばんの 中に 重要な ものが 入って います。

소노 카반노 나카니 쥬-요-나 모노가 하잇테 이마스.

공항 직원 저희 시스템에서 가방을 찾을 수 있는지 볼게요. 다음 비행기에 있을 수도 있어요. 다음 비행기는 두 시간 후에 도착합니다. *(잠시 후)*

私どもの システムで かばんを 見つけられるか お調べします。次の 飛行機に あるかも しれません。次の 飛行機は 2時間後に 到着いたします。

와타쿠시도모노 시스테무데 카방오 미츠케라레루카 오시라베시마스. 츠기노 히코-키니 아루카모 시레마셍. 츠기노 히코-키와 니지캉고니 토-챠쿠이타시마스.

공항 직원 죄송합니다. 다음 비행기에도 있는 것 같지 않네요. 가방을 분실하신 것 같아요.

申し訳ございません。次の 飛行機にも ないようですね。かばんが 紛失したようです。

모-시와케고자이마셍. 츠기노 히코-키니모 나이요-데스네. 카방가 훈시츠시타요-데스.

나 그럼, 어떻게 해야 하죠?

では、どうしたら いいですか。

데와, 도-시타라 이-데스까?

공항 직원 호텔 주소와 고객님의 성함을 알려 주세요. 가방을 찾으면 공항 서비스팀에서 호텔로 보내드릴 거예요. 수하물표 번호를 알려 주세요.

ホテルの ご住所と お客様の お名前を お願いします。かばんが 見つかりましたら 空港サービスチームから ホテルに 送らせて いただきます。手荷物 チケットの 番号を お願いします。

호테루노 고쥬-쇼토 오캬쿠사마노 오나마에오 오네가이시마스. 카방가 미츠카리마시타라 쿠-코-사-비스치-무카라 호테루니 오쿠라세테 이타다키마스. 테니모츠 치켓토노 방고-오 오네가이시마스.

공항 직원 대부분의 가방은 48시간 내에 찾게 됩니다. 24시간 내에 가방을 받지 못하시면 여행에 필요한 것을 새로 구입하시고 그것을 청구하시면 됩니다. 이 양식을 작성하시고 영수증은 모두 보관해 두세요.

たいていの かばんは 48時間 以内に 見つかります。24時間 以内に かばんを お受け取り いただけなければ、旅行に 必要な ものを 新しくご購入に なり、そちらを 請求して いただければ 結構です。この 用紙を 作成して 領収書をすべて 保管して ください。

타이테–노 카방와 욘쥬–하치지캉 이나이니 미츠카리마스. 니쥬–요지캉 이나이니 카방오 오우케토리 이타다케나케레바, 료코–니 히츠요–나 모노오 아타라시쿠 고코–뉴–니 나리, 소치라오 세–큐–시테 이타다케레바 켁코–데스. 코노 요–시오 삭세–시테 료–슈–쇼오 스베테 호칸시테 쿠다사이.

나 어렵네요.

難しいですね。

무즈카시–데스네.

공항 직원 아직 단념하지 마세요. 이 공항은 매우 커서 비행기들이 많이 들어오거든요. 다른 비행기로 들어오는 경우도 있습니다.

でも、まだ 諦めないで ください。この 空港は とても 大きいので 飛行機が たくさん 来るんです。他の 飛行機で 届くケースも あります。

데모, 마다 아키라메나이데 쿠다사이. 코노 쿠–코와 도테모 오–키–노데 히코–키가 탁상 쿠른데스. 호카노 히코–키데 토도쿠 케–스모 아리마스.

CHECK IT OUT | 수하물 분실 대비책

여행지에 가서 입을 예쁜 옷과 기대를 가득 담고 떠났는데 도착지 공항에서 내 짐이 나오지 않는다면? 혹은 여행을 무사히 마친 귀국 길에 유럽에서 구입한 아기자기한 기념품과 부모님, 친구들의 선물 그리고 귀한 명품 신발이 담긴 내 짐이 아무리 기다려도 나오지 않는다면? 이런 상황은 상상만 해도 끔찍하지만 운 나쁘면 내게도 생길 수 있는 '수하물 분실' 사고랍니다. 나도 분실 사고 당사자가 될 수 있다는 생각으로 대비책을 알아두면 좋겠습니다.

– 수하물 태그(Baggage Claim Tag)를 잘 보관하세요. 수하물 분실 시 태그를 제시하고 분실 신고를 해야 합니다. 태그를 사진으로 찍어 두는 것도 방법입니다.
– 다른 짐과 구분하기 쉽게 자기 캐리어에 이름 표를 붙이거나 눈에 띄게 표시해 두세요. 이전 여행 때 붙여 둔 라벨은 반드시 제거해야 합니다.
– 수하물 분실 시 공항 분실물 센터에 수하물 사고보고서를 작성하여 신고합니다. 이때 개인 연락처와 숙소 주소를 정확히 기재해야 하는데 이동이 잦고 숙소가 명확하지 않을 때는 직접 공항에 짐을 찾으러 갈 수 있습니다. 신고 시 받은 '분실 조회 번호(Reference Number)'는 추후 확인할 때 필요하므로 잘 기록해 두세요.
– 수하물 분실 시 보상을 받으려면 분실 수하물 내용을 증명할 수 있는 서류나 사진을 제출해야 합니다. 즉, 짐을 쌀 때 내용물 사진을 찍어 두고 구입 영수증을 챙겨두는 게 좋습니다. 특히 귀중품은 기내 휴대하는 편이 안전합니다.
– 수하물에 귀중품이 있다면 수하물 분실 보험인 '종가 요금 제도'에 가입할 수 있습니다. 보험금을 내면 신고 물품이 손상 혹은 분실되었을 때 보상받을 수 있습니다.
– 수하물을 받았지만 내용물이 손상되거나 일부 분실되는 경우 수하물 수취일로부터 7일 이내 항공사에 신고하면 규정에 따라 보상받을 수 있습니다.

여행 안심 패스
VOCA
BOX 2

항공·기내 관련 어휘

공항

공항	くうこう	空港	쿠-코-
항공사	こうくうがいしゃ	航空会社	코-쿠-가이샤
터미널	ターミナル		타-미나루
체크인	チェックイン		첵쿠인
체크인 데스크	チェックインデスク		첵쿠인데스쿠
게이트	ゲート		게-토
셔틀	シャトル		샤토루
비행	ひこう	飛行	히코-
국내선	こくないせん	国内線	코쿠나이센
국제선	こくさいせん	国際線	콕사이센
대기 장소	ラウンジ		라운지
출발	しゅっぱつ	出発	슙빠츠
도착	とうちゃく	到着	토-챠쿠
면세점	めんぜいてん	免税店	멘제-텡
목적지	もくてきち	目的地	모쿠테키치
비자	ビザ		비자
티켓	チケット		치켓토
왕복 티켓	おうふくチケット	往復チケット	오-후쿠치켓토
탑승권	とうじょうけん	搭乗券	토-죠-켄
편명	びんめい	便名	빔메-
카트	カート		카-토
승객	じょうきゃく	乗客	죠-캬쿠
여권	パスポート		파스포-토
퍼스트클래스	ファーストクラス		화-스토쿠라스
비즈니스클래스	ビジネスクラス		비지네스쿠라스
이코노미클래스	エコノミークラス		에코노미-쿠라스

체류	たいざい	滞在	타이자이
출입국관리소	にゅうこくかんりきょく	入国管理局	뉴ー코쿠칸리쿄쿠
세관	ぜいかん	税関	제ー칸
지문	しもん	指紋	시몬
수하물 찾는 곳	てにもつうけとりしょ	手荷物受取所	테니모츠우케토리쇼
짐, 수하물	にもつ	荷物	니모츠
컨베이어벨트	コンベアーベルト		콘베야ー베루토
환승	のりつぎ	乗り継ぎ	노리츠기
경유	けいゆ	経由	케ー유
휴대용 가방	てにもつ	手荷物	테니모츠
가방	かばん		카방

비행기

비행기	ひこうき	飛行機	히코ー키
승객	じょうきゃく	乗客	죠ー캬쿠
통로 쪽 좌석	つうろがわの せき	通路側の 席	츠ー로가와노 세키
가운데 좌석	ちゅうおうざせき	中央座席	츄ー오ー자세키
창가 쪽 좌석	まどがわの せき	窓側の 席	마도가와노 세키
위생봉투	えいせいぶくろ	衛生袋	에ー세ー부쿠로
구토하다	はく	吐く	하쿠
휴지	ティッシュ		팃슈
화장실	トイレ / おてあらい	お手洗い	토이레 / 오테아라이
금연	きんえん	禁煙	킹엔
기장, 파일럿	きちょう / パイロット	機長	키쵸ー / 파이롯토
승무원	じょうむいん	乗務員	죠ー무잉
비상구	ひじょうぐち	非常口	히죠ー구치
구명조끼	ライフジャケット		라이후쟈켓토

이어폰	イヤホン(いやほん)		이야혼
트레이	トレー(とれ)		토레ー
자리	せき	席	세키
좌석	ざせき	座席	자세키
좌석벨트	シートベルト(しーとべると)		시ー토베루토
담요	もうふ	毛布	모ー후
입국신고서	にゅうこくしんこくしょ	入国申告書	뉴ー코쿠신콕쇼
세관신고서	ぜいかんしんこくしょ	税関申告書	제ー칸신콕쇼
기내면세점	きないめんぜいてん	機内免税店	키나이멘제ー텡
출발	しゅっぱつ	出発	슙빠츠
도착	とうちゃく	到着	토ー챠쿠

CHAPTER 2 | しゅっぱつ **135**

3
여행지 교통편

현지 공항을 나와 가장 먼저 하게 되는 일이 대중교통 이용입니다. 공항 앞에 줄지어 있는 택시, 버스, 낭만을 더하는 기차, 오차 없이 운행되는 지하철 등 선택의 폭은 넓습니다. 교통비는 가볍게 하면서 여행의 즐거움은 더해 주는 대중교통 이용 요령을 빠짐없이 수록했습니다. 특히 미터기 작동 요청, 목적지까지 빠른 길을 묻는 표현, 목적지에 무사히 가기 위한 필수 표현들을 놓치지 마세요.

こうつう

KEY **CHECK** 1

1. 택시 이용

택시 이용하기

일본의 택시 요금은 상당히 비싼 편입니다. 하지만 필요에 따라 택시를 꼭 타야 할 경우도 생기죠. 중요한 약속 시간에 늦었거나, 길을 헤매거나, 노약자이거나, 짐이 많을 때 등등요. 비싸지만 최고의 친절과 서비스로 유명한 일본 택시를 타 볼까요?

① 택시 타기

필요한 문장에 표시해 보세요!

택시를 타려고 하는데요.
タクシーに 乗りたいんですが。 ✓
탁시ー니 노리타인데스가.

어디서 택시를 타나요?
タクシーは どこで 乗れますか。 ☐
탁시ー와 도코데 노레마스까?

신주쿠역 남쪽 출구 방향으로 가려고 해요.
新宿駅の 南口 方面に 行きたいです。 ☐
신주쿠에키노 미나미구치 호ー멘니 이키타이데스.

아카사카에 있는 프린스 호텔로 가 주세요.
赤坂の プリンスホテルまで 行って ください。 ☐
아카사카노 프린스호테루마데 잇테 쿠다사이.

캐피탈 빌딩 옆 ABC 스테이크하우스에 가려고 해요.
キャピタルビルの となりの ABCステーキハウスに 行きたい です。 ☐
캬피타루비루노 토나리노 에이비시 스테ー키하우스니 이키타이데스.

140

늦었어요. (빨리 가 주세요.)
もうすこし 急いで ください。

모-스코시 이소이데 쿠다사이.

천천히 가 주세요. (속도 줄여 주세요.)
ゆっくり 行って ください。

육쿠리 잇테 쿠다사이.

여기서 세워 주세요.
ここで 止めて ください。

코코데 토메테 쿠다사이.

여기서 내려 주세요.
ここで 降ろして ください。

코코데 오로시테 쿠다사이.

다음 코너에서 내려 주세요.
次の 角で 降ろして ください。

츠기노 카도데 오로시테 쿠다사이.

▶ 교차로 **交差点** 코-사텐 / 신호 **信号** 신고

다음번 교차로까지 가 주세요.
次の 交差点まで 行って ください。

츠기노 코-사템마데 잇테 쿠다사이.

여기서 잠깐 기다려 주시겠어요?
ここで ちょっと 待って もらえますか。

코코데 촛토 맛테 모라에마스까?

왼[오른]쪽으로 도세요.
左[右]に 曲がって ください。

히다리[미기]니 마갓테 쿠다사이.

CHAPTER 3 | こうつう **141**

쭉 직진해 주세요.
まっすぐ 行って ください。
맛스구 잇테 쿠다사이.

어디 가시죠?
どこまで いらっしゃいますか？
도코마데 이랏샤이마스까?

2 거리와 비용 물어보기

그 호텔까지 비용이 얼마예요?
その ホテルまで、代金は どのぐらい かかりますか。
소노 호테루마데, 다이킹와 도노구라이 카카리마스까?

미터기를 다시 눌러 주시겠어요?
メーターを 1度 倒して いただけますか。
메-타-오 이치도 타오시테 이타다케마스까?

호텔까지 거리가 얼마나 될까요?
ホテルまで どのぐらいの 距離に なるでしょうか。
호테루마데 도노구라이노 쿄리니 나루데쇼-까?

그 호텔은 가까운가요?
その ホテルは 近いですか。
소노 호테루가 치카이데스까?

영수증 좀 주실래요?
領収書を いただけますか。
료-슈-쇼오 이타다케마스까?

잔돈은 됐어요.
おつりは 結構です。

오츠리와 켁코-데스.

여기 잠깐 멈춰 주실래요?
ここで 少し 止まって いただけますか。

코코데 스코시 토맛테 이타다케마스까?

여기서 잠깐 기다려 주실래요?
ここで 少し お待ち いただけますか。

코코데 스코시 오마치이타다케마스까?

거기까지 보통 1,200엔 정도 듭니다.
そこまで、ふつう 1,200円くらい かかります。

소코마데, 후츠- 센니햐쿠엔쿠라이 카카리마스.

안 막히면 15분 정도 걸려요.
道が 込んでないと 15分ぐらい かかります。

미치가 콘데나이토 쥬-고훙구라이 카카리마스.

③ 콜택시 이용

죄송합니다. 현재 가능한 택시가 없습니다.
すみません。現在 ご乗車いただける タクシーが ありません。

스미마셍. 겐자이 고죠-샤이타다케루 탁시-가 아리마셍.

어디에 계시죠?
どちらに いらっしゃいますか。

도치라니 이랏샤이마스까?

CHAPTER 3 | こうつう 143

주소가 어떻게 되죠?
ご住所はどちらでしょうか。
고쥬-쇼와 도치라데쇼-까?

성함이 어떻게 되시죠?
お名前をいただけますか。
오나마에오 이타다케마스까?

15분이요. / 10분이요.
15分です。/ 10分です。
쥬-고훈데스. / 좁뿐데스.

교통 상황에 달려 있어요.
交通状況次第です。
코-츠-죠-쿄-시다이데스.

택시를 부르려고 해요.
タクシーを呼んでほしいです。
탁시-오 욘데 호시-데스.

메트로폴리탄 호텔에 있어요.
メトロポリタンホテルにいます。
메토로포리탄호테루니 이마스.

얼마나 걸릴까요?
どのぐらいかかるでしょうか。
도노구라이 카카루데쇼-까?

6시에 여기로 저를 태우러 와 주시겠어요?
6時にここに迎えに来ていただけますか。
로쿠지니 코코니 무카에니 키테 이타다케마스까?

4 택시를 타고, 이렇게 듣고 말해요

어디까지 가시나요?
どちらまで いらっしゃいますか。
도치라마데 이랏샤이마스까?

지유가오카까지 가려고요.
自由が丘まで 行きたいです。
지유-가오카마데 이키타이데스.

도심까지 가 주시겠어요?
都心まで 行って いただけますか。
토심마데 잇테 이타다케마스까?

하네다 공항까지 비용이 얼마죠?
羽田空港までの 料金は いくらでしょうか。
하네다쿠-코-마데노 료-킹와 이쿠라데쇼-까?

비용이 얼마나 될까요?
料金が どのぐらい かかりますか。
료-킹가 도노구라이 카카리마스까?

현금 인출기에서 세워 주시겠어요?
ATMの ところで 降ろして ください。
에-티-에무노 토코로데 오로시테 쿠다사이.

미터기가 켜 있나요? 미터기를 켜 주세요.
メーターを 倒して いますか。メーターを 倒して ください。
메-타-오 타오시테 이마스까? 메-타-오 타오시테 쿠다사이.

얼마나 걸릴까요?
時間はどのぐらいかかりますか。
지캉와 도노구라이 카카리마스까?

거의 다 왔나요?
もう到着しますか。
모- 토-챠쿠시마스까?

여기서 기다려 주실래요?
ここでお待ちいただけますか。
코코데 오마치이타다케마스까?

TIP 일본의 택시
- 일본 택시는 미터기 작동을 철칙으로 하고 있어서 바가지 요금을 걱정하지 않으셔도 됩니다. 단, 기본 요금이 약 8,000원으로 꽤 비싼 편이랍니다(지역마다 기본요금 다름). 한국과 마찬가지로 별도 팁은 줄 필요가 없습니다.
- 일본어가 서툴 때는 정확한 목적지보다는 랜드마크(역 이름, 유명한 건물 이름)를 대면 더 편하게 갈 수 있답니다.
- 일본 택시는 뒷좌석이 자동으로 열립니다. 습관적으로 문을 열려다가 살짝 다칠 수도 있으니 일본 택시를 타고 내릴 때는 무조건 기다리세요.
- 일본 택시 탑승률 하락으로 근래 일본에서는 기본요금을 낮추고 승차 전 택시 요금을 결정하는 사전요금제가 시행되고 있습니다. (2017년 8월부터 도쿄 시 시범 시행)

2. 표 구입하기

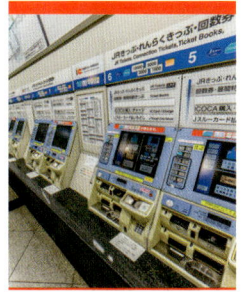

매표소에서 질문하기

공항에서 시내로 들어갈 때 편하게 택시를 타기도 하지만 일본의 경우 택시 값이 매우 비싸서 보통 공항에서 시내로 갈 때 버스나 지하철을 많이 이용합니다. 참고로, 일본은 자판기가 잘 발달되어서 교통표 구입은 대부분 자판기를 통해 이루어집니다. 한국어 선택도 가능하니 쉽게 구입 가능합니다. 직접 창구에서 구입해야 하는 경우를 대비해 아래 표현 익혀 두세요.

❶ 교통편 묻기

필요한 문장에 표시해 보세요!

하얏트 호텔까지 가장 쉽고 빠른 교통편은 뭔가요?
ハイアットホテルまで一番簡単で早い交通手段は何でしょうか。
하이앗토호테루마데 이치방 칸탄데 하야이 코-츠-슈당와 난데쇼-까?

도쿄까지 직행인가요, 아니면 갈아타야 하나요?
東京まで一本でしょうか。それとも乗り換えなければなりませんか。
토-쿄-마데 입뽕데쇼-까? 소레토모 노리카에나케레바 나리마셍까?

가장 가까운 지하철역이 어디예요?
一番近い地下鉄の駅はどこですか。
이치방 치카이 치카테츠노 에키와 도코데스까?

우에노역 가는 버스는 어디에서 타나요?
上野駅に行くバスにはどこで乗れますか。
우에노에키니 이쿠 바스니와 도코데 노레마스까?

우에노역행 버스가 어디에서 출발하나요?
上野駅行きのバスはどこから出ますか。
우에노에키유키노 바스와 도코카라 데마스까?

표를 어디서 사나요?
切符はどこで買えますか。
킵뿌와 도코데 카에마스까?

매표소는 어디에 있나요?
切符売り場はどこにありますか。
킵뿌 우리바와 도코니 아리마스까?

12번을 타세요.
12番のバスに乗ってください。
쥬-니반노 바스니 놋테 쿠다사이.

6번 게이트로 나가면 바로 버스를 탈 수 있어요.
6番のゲートに出るとすぐバスに乗れます。
로쿠반노 게-토니 데루토 스구 바스니 노레마스.

방금 출발해서 30분 정도 기다리셔야 해요.
さっき、出たばかりなのでこれから30分くらい待たなければなりません。
삭키, 데타바카리나노데 코레카라 산쥽뿐쿠라이 마타나케레바 나리마셍.

2 표 구입하기

1일[1주일/1달] 교통권은 얼마예요?
1日[1週間/1ヵ月]の交通カードはいくらですか。
이치니치[잇슈-캉/익카게츠]노 코-츠-카-도와 이쿠라데스까?

신주쿠행 버스표가 얼마예요?
新宿行きのバスの切符はいくらですか。
신쥬쿠유키노 바스노 킵뿌와 이쿠라데스까?

성인권[아동권]은 얼마예요?
大人の切符[子供の切符]はいくらですか。
오토나노 킵뿌[코도모노킵뿌]와 이쿠라데스까?

1일 교통권을 사려고 합니다.
1日 交通カードを 買いたいんですが。
이치니치 코-츠-카-도오 카이타인데스가.

도쿄도청에 가는 표 한 장 주세요.
東京都庁まで 1枚 ください。
토-쿄-도쵸-마데 이치마이 쿠다사이.

도쿄행 편도 티켓 한 장 주세요.
東京行きの 片道 切符を 1枚 ください。
토-쿄-유키노 카타미치 킵뿌오 이치마이 쿠다사이.

어느 버스가 도쿄로 가나요?
どの バスが 東京に 行きますか。
도노 바스가 토-쿄-니 이키마스까?

710엔짜리 교통권을 사시면 무제한 탑승 가능합니다.
710円の 利用券を 買いますと, 乗り放題に なります。
나나햐쿠쥬-엔노 리요-켕오 카이마스토, 노리호-다이니 나리마스.

네, 이것 타시면 돼요.
はい、これに 乗れば いいです。
하이, 코레니 노레바 이-데스.

길 건너서 20번 버스를 타세요.
道を 渡って 20番の バスに 乗って ください。
미치오 와탓테 니쥬-반노 바스니 놋테 쿠다사이.

저쪽의 자판기에서 표를 구입하세요.
あちらの 自動販売機で 切符が 買えます。
아치라노 지도-함바이키데 킵뿌가 카에마스.

CHAPTER 3 | こうつう 149

3. 버스·지하철 정보 문의

목적지에 정확히 내리기

버스에 올라타면 어디서 내리는지 물어보세요. 운전 기사나 현지인에게 물어보고 목적지에 도착하면 알려달라고 요청해도 좋습니다. 일본의 버스는 정해진 일정대로 운행하니 인터넷으로 검색하여 미리 버스 시간표를 확인해 두세요.

❶ 버스 기사에게 물어보기

필요한 문장에
표시해 보세요!

이 버스가 시청으로 가는 버스인가요?
このバスが市役所に行くバスですか。
코노 바스가 시야쿠쇼니 이쿠바스데스까?

여기에서 몇 정거장입니까?
ここから いくつ目ですか。
코코카라 이쿠츠메데스까?

다음 버스가 언제 오나요?
次のバスはいつ来ますか。
츠기노 바스와 이츠 키마스까?

도쿄행 다음[마지막] 버스가 몇 시에 출발하나요?
東京行きの 次の[最後の]バスは 何時に 出ますか。
토-쿄-유키노 츠기노[사이고노] 바스와 난지니 데마스까?

여기서 내려 주세요.
ここで降ろして ください。
코코데 오로시테 쿠다사이.

잘못 탔어요.
乗り間違えました。

노리마치가에마시타.

시청에서 내려 주세요.
市役所で降ろしてください。

시야쿠쇼데 오로시테 쿠다사이.

시청에 언제 내리는지 알려 주세요.
市役所に行きますが、いつ降ればいいか教えてください。

시야쿠쇼니 이키마스가, 이츠 오리레바 이-카 오시에테 쿠다사이.

도쿄도청까지는 몇 정거장 가야 하죠?
東京都庁まで停留所はいくつでしょうか。

토-쿄-토쵸-마데 테-류-죠와 이쿠츠데쇼-까?

어디에서 내려야 하죠?
どこで降りればいいですか。

도코데 오리레바 이-데스까?

도착까지 얼마나 걸리나요?
到着までどのぐらいかかりますか。

토-챠쿠마데 도노구라이 카카리마스까?

여기가 종점인가요?
ここが終点ですか。

코코가 슈-텐데스까?

이번에[다음에] 내립니다.
こんど[次に]降ります。

콘도[츠기니] 오리마스.

10분마다 운행합니다.
10分おきにあります。

쥬뽕오키니 아리마스.

② 지하철 타기

가장 가까운 지하철역은 어디인가요?
一番近い地下鉄の駅はどこでしょうか。

이치방 치카이 치카테츠노 에키와 도코데쇼-까?

지하철 노선도 좀 얻을 수 있나요?
地下鉄の路線図をいただけますか。

치카테츠노 로센즈오 이타다케마스까?

표 2장 주세요.
切符を2枚ください。

킵뿌오 니마이 쿠다사이.

도쿄도청으로 가려면 몇 호선을 타야 하나요?
東京都庁に行くなら何線に乗りますか。

토-쿄-토쵸-니 이쿠나라 나니센니 노리마스까?

이 전차가 이케부쿠로행 맞나요?
この電車が池袋行きですか。

코노 덴샤가 이케부쿠로유키데스까?

아니요, 다음 열차입니다.
いいえ、次の電車です。

이-에, 츠기노 덴샤데스.

이세탄 백화점 쪽 출구는 어디예요?
伊勢丹デパートの方の出口はどこですか。

이세탄데파-토노 호-노 데구치와 도코데스까?

여기가 환승역인가요?
ここが乗り換え駅ですか。

코코가 노리카에 에키데스까?

지하철을 반대편에서 잘못 탔어요.
地下鉄を反対方向に間違えて乗りました。

치카테츠오 한타이호-코-니 마치가에테 노리마시타.

시청에 가려면 어디서 갈아타야 하나요?
市役所に行くならどこで乗り換えればいいですか。

시야쿠쇼니 이쿠나라 도코데 노리카에레바 이-데스까?

우에노역에서 갈아탑니다.
上野駅で乗り換えます。

우에노에키데 노리카에마스.

긴자역은 몇 번째 역입니까?
銀座駅は何番目ですか。

긴자에키와 남밤메데스까?

여기서부터 다섯 정거장 더 가세요.
ここから5つ目まで行ってください。

코코카라 이츠츠메마데 잇테 쿠다사이.

미쓰코시 백화점으로 나가는 출구는 어디입니까?
三越デパートへの 出口は どこ ですか。
미츠코시데파-토에노 데구치와 도코데스까?

어느 역에서 타면 되나요?
どの 駅で 乗れば いいですか。
도노 에키데 노레바 이-데스까?

지하철 표는 어디에서 사나요?
地下鉄の 切符は どこで 買えますか。
치카테츠노 킵뿌와 도코데 카에마스까?

TIP 일본의 노면전차
버스, 지하철과 더불어 일본에는 노면전차(路面電車, Street Car)도 인기가 높습니다. 나가사키, 삿포로, 쿠마모토, 히로시마 등 20개 도시에서 주행하고 있는데 유명 관광지에 서고 접근성과 편리성이 아주 좋습니다. 패스(카드)를 찍거나 내릴 때 운전석 쪽에 동전을 지불하고 내립니다. 거스름돈을 따로 주지 않으므로 정확한 금액을 준비해야 하는데 전차 안에 동전 교환기가 비치되어 있습니다.

4. 기차 여행

낭만 기차 여행

'신칸센(新幹線)' 아주 유명한 일본의 고속 열차죠. 혹시 여행 일정을 길게 잡고 일본을 두루두루 둘러보실 계획이라면 꼭 이용해 보시기를 추천합니다. 물론 편도 1만 4,000엔이라는 고비용이 들지만, 도쿄에서 오사카까지 약 2시간 30분이면 갈 수 있거든요. 오랜 역사와 안전성을 자랑하는 신칸센 여행, 출발합니다.

① 기차표 구매

필요한 문장에 표시해 보세요!

열차 시간표 좀 주시겠어요?
列車の 時刻表を いただけますか。
렛샤노 지코쿠효-오 이타다케마스까?

침대차[식당차/바]가 딸려 있어요?
寝台車[食堂車/バー]が 付いて いますか。
신다이샤[쇼쿠도-샤/바-]가 츠이테 이마스까?

편도 기차표가 필요해요.
片道の 切符が 必要です。
카타미치노 킵뿌가 히츠요-데스.

왕복으로 해 주세요.
往復で お願いします。
오-후쿠데 오네가이시마스.

몇 시에 기차가 출발하죠?
列車は 何時に 出ますか。
렛샤와 난지니 데마스까?

CHAPTER 3 | こうつう

열차는 얼마나 자주 운행하죠?
列車の 運行間隔は どのぐらいですか。

렛샤노 운코-캉카쿠와 도노구라이데스까?
▶ 운행 간격 運行間隔 운코-캉카쿠

오사카행 열차는 얼마나 자주 있어요?
大阪行きの 列車は どのぐらい ありますか。

오-사카유키노 렛샤와 도노구라이 아리마스까?

저녁에 오사카로 가는 열차가 있나요?
夕方、大阪に 行く 列車が ありますか。

유-가타, 오-사카니 이쿠 렛샤가 아리마스까?

오사카로 가는 가장 이른 기차는 언제 있나요?
大阪に 行く 一番 早い 列車は 何時に ありますか。

오-사카니 이쿠 이치방 하야이 렛샤와 난지니 아리마스까?

손님이 직접 표를 사셔서, 몇 번이든 계속 타고 내리실 수 있어요.
お客様が 直接 切符を ご購入に なり、自由に 何回でも 乗り降り 可能です。

오캬쿠사마가 쵸쿠세츠 킵뿌오 고코-뉴-니 나리, 지유-니 낭카이데모 노리오리 카노-데스.

❷ 기차 탑승

나고야행은 몇 번에서 떠나죠?
名古屋行きは 何番 ホームですか。

나고야유키와 남방 호-무데스까?

이거 나고야행 기차 맞나요?
これが 名古屋行きの 列車ですか。
코레가 나고야유키노 렛샤데스까?

이 열차는 어디까지 가나요?
この 列車は どこまで 行きますか。
코노 렛샤와 도코마데 이키마스까?

여기 앉아도 되나요?
ここに 座っても いいですか。
코코니 스왓테모 이-데스까?

이 자리, 비었나요?
この 席、空いて いますか。
코노 세키, 아이테 이마스까?

실례지만, 제 자리예요.
すみませんが、私の 座席です。
스미마셍가, 와타시노 자세키데스.

나고야까지 몇 정거장 남았나요?
名古屋まで あと 何駅ですか。
나고야마데 아토 난에키데스까?

다음 역은 어디죠?
次の 駅は どこですか。
츠기노 에키와 도코데스까?

나고야행은 어느 플랫폼으로 가죠?
名古屋行きは どの ホームに 行けば いいでしょうか。
나고야유키와 도노 호-무니 이케바 이-데쇼-까?

CHAPTER 3 | こうつう 157

이곳이 나고야행 플랫폼 맞아요?
ここが 名古屋行きの ホームですか。

코코가 나고야유키노 호-무데스까?

오사카로 가려면 어디서 환승하죠?
大阪へ 行くなら どこで 乗り換えれば いいですか。

오-사카에 이쿠나라 도코데 노리카에레바 이-데스까?

나고야에서 환승해야 해요.
名古屋で 乗り換えれば いいです。

나고야데 노리카에레바 이-데스.

---

3 기차에서 생길 수 있는 일

오사카행 기차를 놓쳤어요.
大阪行きの 列車に 乗り遅れて しまいました。

오-사카유키노 렛샤니 노리오쿠레테 시마이마시타.

이 표를 환불해 주실래요?
この 切符を キャンセルして いただけますか。

코노 킵뿌오 캰세루시테 이타다케마스까?

기차에 가방을 놓고 내렸어요.
列車に かばんを 置いたまま 降りて しまいました。

렛샤니 카방오 오이타마마 오리테 시마이마시타.

표를 분실했어요.
切符を なくして しまいました。

킵뿌오 나쿠시테 시마이마시타.

④ 기차에서 들을 수 있는 표현

표를 보여 주세요.
切符を見せてください。/ 切符をお見せください。/
切符を拝見します。

킵뿌오 미세테 쿠다사이. / 킵뿌오 오미세 쿠다사이. / 킵뿌오 하이켄시마스.

이 열차는 이번 역에서 3분간 정차하겠습니다.
この列車はこの駅で3分間停車いたします。

코노 렛샤와 코노 에키데 삼뿡칸 테-샤이타시마스.

이제 도쿄역에 도착합니다.
まもなく東京駅に到着いたします。

마모나쿠 도-쿄-에키니 토-챠쿠이타시마스.

이곳은 이 열차의 종점입니다.
ここはこの列車の終点です。

코코와 코노 렛샤노 슈-텐데스.

종점입니다. 모두 내려 주세요.
終点です。皆様、お降りください。

슈-텐데스. 미나사마, 오오리쿠다사이.

모든 짐과 소지품을 챙겨 주세요.
かばんやお荷物を忘れずにお持ちください。

카방야 오니모츠오 와스레즈니 오모치쿠다사이.

DIALOG 1

교통 묻기

나 실례합니다. 도쿄도청까지 어떻게 가죠?

すみません。東京都庁まで どう行けば いいですか。
스미마셍. 토-쿄-토쵸-마데 도-이케바 이-데스까?

행인 택시나 버스를 타면 돼요.

タクシーか バスに 乗れば いいです。
탁시-카 바스니 노레바 이-데스.

나 어떤 게 가장 좋을까요?

どちらが いいでしょうか。
도치라가 이-데쇼-까?

행인 버스가 싸죠. 힐튼 호텔 앞에서 50번 버스를 타세요.

バスのほうが 安いですね。ヒルトンホテルの 前で 50番の バスに 乗って ください。
바스노 호-가 야스이데스네. 히루톤호테루노 마에데 고쥬-반노 바스니 놋테 쿠다사이.

나 감사합니다.

ありがとうございます。
아리가토-고자이마스.

기차표 구입하기

나 하코네행 기차표 주세요.

箱根行きの 切符を お願いします。
하코네유키노 킵뿌오 오네가이시마스.

직원 몇 장 드릴까요?

何枚でしょうか。
남마이데쇼-까?

나 성인 2장요. 출발 시간은 몇 시입니까?

大人 2枚ください。出発時間は 何時ですか。
오토나 니마이쿠다사이. 슙빠츠지캉와 난지데스까?

직원 2시에 출발합니다.

2時に 出発します。
니지니 슙빠츠시마스.

나 얼마죠?

いくらですか。
이쿠라데스까?

직원 총 4,700엔입니다.

全部で 4,700円です。
젬부데 욘센나나햐쿠엔데스.

CHECK IT OUT | 일본의 다양한 교통패스 · 지하철

한국에서는 지하철, 버스, 택시까지 교통카드 통합 시스템이 매우 편리하게 잘 되어 있죠. 일본은 지역, 전철 구간에 따라 패스 종류가 다양한데 현재는 지속적으로 전국구 사용이 가능하게끔 통합되고 있습니다. 아래는 주요 일본 교통패스 정보입니다. 교통비도 절약하고 여러모로 편하게 쓸 수 있으니 잘 알아두시길 바랍니다.

스이카(suica) - 파스모

JR에서 판매하는 교통카드로 한국의 T-머니와 비슷합니다. 일정 금액을 충전해 사용하는 충전 식으로 JR을 비롯해 도쿄 시내에서 운행되는 대부분의 지하철과 버스는 물론 제휴 편의점이나 음식점에서도 이용할 수 있습니다. 대중교통을 이용할 때 일일이 티켓을 사지 않아도 되는 편리함이 있지만 귀국할 때 충전 금액이 남지 않게 잘 조정해야 합니다.

도쿠나이 파스(都区内パス)

JR노선을 온종일 마음대로 이용할 수 있는 1일권입니다. JR을 중심으로 여행 계획을 짠다면 아주 활용도가 높은 패스권. 하지만 이 패스권을 이용할 수 있는 구간이 정해져 있어서 그 구간을 벗어나면 별도로 티켓을 구입해야 합니다.

도쿄메트로 1일 승차권

도쿄메트로 9개 노선을 하루동안 마음껏 이용할 수 있는 승차권으로 JR에 비해 연결 지역이 더 많다는 장점이 있습니다.

도에이 1일 승차권

하루동안 도에이 지하철 노선을 자유롭게 이용할 수 있습니다. 지하철은 물론, 버스도 이용 가능하다는 장점이 있습니다.

도쿄프리킵뿌

유효기간 내 하루를 한정해 도쿄메트로, 도에이지하철, JR의 23구간과 버스를 이용할 수 있는 승차권입니다. 단기 여행자라면 매우 유용하게 쓸 수 있습니다.

일본에서 지하철 타기

- 세계에서 가장 복잡한 지하철역은 어디일까요? 이미 아시는 분도 있겠지만 바로 도쿄의 '신주쿠역'이랍니다. 무려 150개 이상의 출입구에 승강장만 10개가 넘는다니 상상을 초월하는 수준이죠. 저도 30분 넘게 헤맨 적이 있답니다. 신주쿠역 뿐만 아니라 도쿄역, 시부야역, 난바역 등도 크고 복잡하기로 유명하죠. 이 경우는 노선과 그에 따른 노선 색깔을 잘 확인하고 따라가고 직원들에게 물어보는 수밖에 없습니다.
- 일본은 다양한 민간 업체의 지하철, 전철 등이 뒤섞여 있어서 그 종류가 다양합니다. 앞서 다양한 지하철 패스를 소개했지만, 민간 지하철 업체가 다양하다 보니 패스(승차권) 또한 다르게 적용될 수 있으므로 노선과 회사를 잘 확인해서 사용할 필요가 있습니다.
- 일본 지하철은 대부분 자동발권기를 이용하는데 일본어에 자신이 없다면 한국어와 영어로도 언어 선택이 가능하니(대도시 대부분 한글 지원) 걱정하지 않으셔도 됩니다. 심지어 주요 도시 역명도 친절하게 한글 표기가 잘 되어 있으니 많이 편해졌죠.
- 발권을 잘못하거나 역을 놓쳐서 개찰구를 나갈 때 부저가 울릴 경우 당황하지 마시고 역무원에게 문의하세요. 추가 요금을 내면 됩니다. 낯선 곳에서 '모르면 무조건 질문하라'는 점 명심하시고 일본 지하철 여행을 즐기시기 바랍니다.
- 한국에서와 마찬가지로 일본도 출퇴근 러시아워 때는 지하철 이용을 가능한 한 피하는 게 좋습니다. 가뜩이나 길도 낯선데 인파에 휩쓸리기까지 하면 고역이 따로 없겠죠.

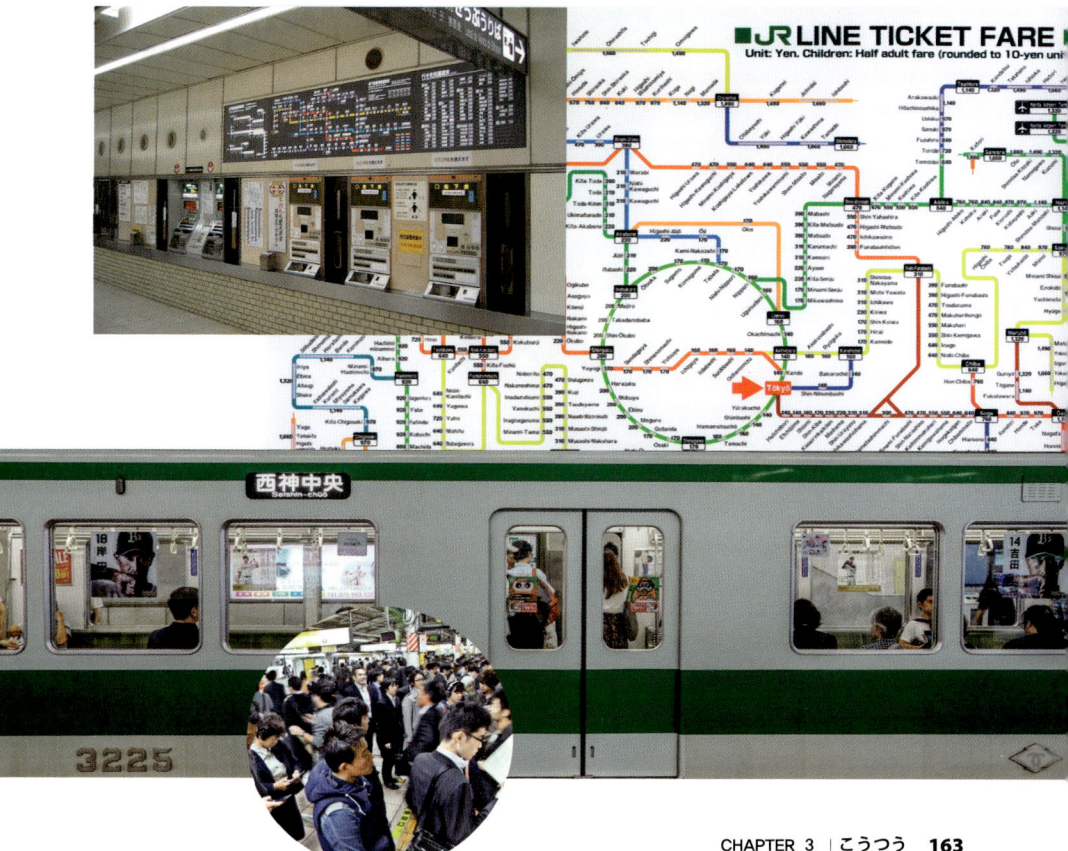

KEY CHECK 2

길 묻기

길 좀 물을게요

우리가 사는 한국에서도 처음 가 본 동네라면 길을 헤매는데 해외에서는 그런 일이 더 빈번하겠죠. 길을 잃었을 때는 너무 당황하지 말고 현지인에게 물어보세요. 설명을 들은 후에는 정확히 이해했는지 재확인하는 것도 좋은 방법입니다. 기본적인 방향 표현은 꼭 알아두세요.

❶ 길 물어보기

필요한 문장에
표시해 보세요!

🗣 실례합니다. 길을 잃었어요.
すみません。ちょっと道に迷っていますが。
스미마셍. 춋토 미치니 마욧테 이마스가...

실례해요. 쇼핑몰이 어느 쪽이에요?
すみません。ショッピングモールはどちらですか。
스미마셍. 숍핑구모-루와 도치라데스까?

거기까지 어떻게 가죠?
あそこまでどう行けばいいですか。/
あそこまでどう行ったらいいですか。/
あそこまでどうやって行きますか。
아소코마데 도-이케바 이-데스까? / 아소코마데 도-잇타라 이-데스까? /
아소코마데 도-얏테 이키마스까?

여기서 얼마나 먼가요?
ここから遠いですか。
코코카라 토-이데스까?

여기에서 (거기까지) 걸어갈 수 있나요?
ここから歩いて行けますか。
코코카라 아루이테 이케마스까?

실례해요. 지유가오카는 어느 쪽이에요?
すみません。自由が丘はどちらですか。
스미마셍. 지유-가오카와 도치라데스까?

실례해요. 제가 길을 잃었어요.
すみません。道に迷ってしまいました。
스미마셍. 미치니 마욧테 시마이마시타.

버스를 잘못 탔어요.
バスに乗り間違えてしまいました。
바스니 노리마치가에테 시마이마시타.

여기서 아키하바라에 어떻게 가죠?
ここから秋葉原までどうやって行きますか。
코코카라 아키하바라마데 도-얏테 이키마스까?

지도에서 제가 어디쯤 있어요?
地図上で私はどこにいますか。
치즈죠-데 와타시와 도코니 이마스까?

지도에 표시해 주실래요?
地図に印をつけていただけませんか。
치즈니 시루시오 츠케테 이타다케마셍까?

이 거리 이름이 뭐예요?
この道の名前は何ですか。
코노미치노 나마에와 난데스까?

약도를 그려 주시겠어요?
略図を書いていただけませんか。
랴쿠즈오 카이테 이타다케마셍까?

이 근처에 역이 있나요?
この近くに駅がありますか。
코노 치카쿠니 에키가 아리마스까?
▶ 서점 本屋 홍야 / 백화점 デパート 데파-토 / 은행 銀行 깅코-

2 길 안내하기

바로 여기예요.
ここです。
코코데스.

은행 건너편이에요.
銀行の向こうです。
깅코-노 무코-데스.

다음 교차로에서 우회전하세요.
次の交差点で右に曲がってください。
츠기노 코-사텐데 미기니 마갓테 쿠다사이.

걸어서 가는 것은 무리입니다.
歩いて行くのは無理です。
아루이테 이쿠노와 무리데스.

버스를 타셔야 할 거예요.
バスに乗ったほうがいいですね。
바스니 놋타 호-가 이-데스네.

저 모퉁이에서 오른쪽으로 꺾으세요.
あの角を、右に曲がってください。
아노 카도오, 미기니 마갓테 쿠다사이.

직진해서 걸어가시면 오른편에 그 레스토랑이 보입니다.
まっすぐ 歩いて 行くと、右側に あの レストランが 見えます。

맛스구 아루이테 이쿠토, 미기가와니 아노 레스토랑가 미에마스.

다음 코너에서 좌회전하시고, 신호등이 보일 때까지 걸어가세요.
次の 角を、左に 曲がって、信号が 見えるまで 歩いて くだ
さい。

츠기노 카도오, 히다리니 마갓테, 신고-가 미에루마데 아루이테 쿠다사이.

직진하면 왼쪽에 호텔이 있을 겁니다.
まっすぐ 行くと 左に ホテルが あります。

맛스구 이쿠토 히다리니 호테루가 아리마스.

DIALOG 2

길을 물을 때

나 저, 실례합니다. 길 좀 여쭤봐도 될런지.

あの、すみません。ちょっと道を たずねたいんですが。
아노, 스미마셍. 촛토 미치오 타즈네타인데스가.

행인 네, 어디 가시죠?

はい、どちらでしょうか。
하이, 도치라데쇼−까?

나 도쿄서양미술관을 가려는데요.

東京西洋美術館に 行きたいんです。
토−쿄−세−요−비쥬츠칸니 이키타인데스.

행인 유명한 곳이라서 잘 알아요. 저기에 계단이 보이죠?

有名な ところなので、よく 知って います。あそこに 階段が 見えるでしょう。
유−메−나 토코로나노데, 요쿠 싯테 이마스. 아소코니 카이당가 미에루데쇼−?

나 네, 저기 계단이 보이네요.

はい、見えます。
하이, 미에마스.

행인 저 계단을 올라가면 우에노 공원으로 연결되거든요. 그 길을 쭉 직진하시면 됩니다. 미술관 왼쪽에 국립과학박물관이 있고 맞은편에 스타벅스가 있어요.

あの 階段を のぼると、上野公園に つながります。あの 道を まっすぐ 行けば いいです。美術館の 左側に 国立科学博物館が あって、その 向こう側に スターバックスが あります。
아노 카이당오 노보루토, 우에노코−엔니 츠나가리마스. 아노미치오 맛스구 이케바 이−데스. 비쥬츠칸노 히다리가와니 코쿠리츠카가쿠하쿠부츠캉가 앗테, 소노 무코−가와니 스타−박스가 아리마스.

나 아, 알겠습니다. 정말 감사합니다.

あ、わかりました。どうも ありがとう ございます。
아, 와카리마시타. 도−모 아리가토−고자이마스.

CHECK IT OUT | 일본 렌터카 • 표지판

한국인들의 일본 방문이 늘어나면서 일본여행에 렌터카를 하는 비중이 높아졌습니다. 규슈나 오키나와, 홋카이도 등 교통이 복잡하지 않고 고속도로가 잘 갖춰진 지역은 가족 단위 이동이나 비용면에서 렌터카 이용이 더 효율적일 수도 있습니다. 일본에서 렌터카 할 때 유의할 사항을 다뤄 보겠습니다.

- 일본 내 렌터카 비중이 늘면서 온라인 예약 시스템 또한 잘 발달했습니다. 한국어(영어) 지원도 물론 됩니다. 적절한 가격과 옵션을 잘 비교하여 업체 선정을 할 수 있고 공항에서도 렌터카 신청이 가능합니다.
- 일본은 도로 방향과 운전석이 한국과 반대이므로 숙련된 운전자도 자칫 실수할 수 있습니다. 사고에 대비해 풀커버리지 보험은 꼭 가입하는 게 좋습니다.
- 일본의 네비게이션은 일본어와 한자에 익숙하지 않은 외국인을 고려해 MAP CODE라는 편리한 시스템이 갖춰져 있습니다. 즉, 유명한 관광지, 숙소, 식당, 쇼핑몰 등은 고유 번호 혹은 전화번호를 입력하면 바로 네비게이션이 작동됩니다.
- ETC 시스템은 한국의 하이패스와 같습니다. 여행 일정을 고려해 적절한 요금을 선택할 수 있습니다. 간혹 ETC가 적용되지 않는 구간도 있는데 이때는 현금을 준비해야 합니다.
- 렌트를 하고 처음 운전대를 잡으면 우리나라와 반대 방향인 점이 어색할 수 있지만, 대개는 빨리 익숙해집니다. 하지만 방심은 금물! 주차장을 나올 때, 좁은 길을 갈 때 방향 전환에 늘 신경 써야 합니다. 다음 법칙을 잘 기억하세요. 좌회전을 작게, 우회전을 크게, 운전석 우측에 중앙선이 있어야 하는 점 꼭 명심하시고 앞차의 이동 방향을 잘 살피면서 이동하세요.
- 운전을 잘한다고 자신만만해 하지 말고 차의 기능, 보험 등에 대해 조금이라도 궁금한 점이 있으면 직원에게 꼭 물어보세요. 일본어가 익숙하지 않다면 영어로 하거나 한국어 구사자 직원에게 도움을 청할 수 있습니다.
- 운전을 하다 보면 도로 표지판 등을 자주 보게 될 텐데요, 다음 페이지에 나온 일본어 표지판 정보도 잘 살펴보시길 바랍니다.

표지판 읽기

일본에는 한국 관광객이 워낙 많다 보니 공공 시설에 친절하게 한글 표시를 많이 해 둡니다. 한글이 없다고 해도 이미지나 한자를 보고 대충 의미를 파악할 수도 있고요. 특히 캐릭터 천국인 일본은 표지판에도 귀여운 이미지를 많이 그려 놓는 게 특징이죠.

안내 및 금지 문구

주의	注意(ちゅうい)	츄-이
멈춤	止まれ(とまれ)	토마레
위험	危険(きけん)	키켕
입장 금지	立入禁止(たちいりきんし)	타치이리킨시
주차장	駐車場(ちゅうしゃじょう)	츄-샤죠-
주차 금지	駐車禁止(ちゅうしゃきんし)	츄-샤킨시
입구	入口(いりぐち)	이리구치
출구	出口(でぐち)	데구치
출입구	出入口(でいりぐち)	데이리구치
비상구	非常口(ひじょうぐち)	히죠-구치
서행	徐行(じょこう)	죠코-
통행 금지	通行止め(つうこうとめ)	츠-코-도메
고장	故障中(こしょうちゅう)	고쇼-츄-
화장실	お手洗い(おてあらい) トイレ(といれ)	오테아라이 토이레
사용 중	使用中(しようちゅう)	시요-츄-
금연	禁煙(きんえん)	킹엔
금연석	禁煙席(きんえんせき)	킹엔세키
흡연	喫煙(きつえん)	키츠엔
흡연석	喫煙席(きつえんせき)	키츠엔세키

여행 안심 패스
VOCA BOX 3

교통·건물 관련 어휘

교통

자동차	くるま	車	쿠루마
전차	でんしゃ	電車	덴샤
지하철	ちかてつ	地下鉄	치카테츠
버스	バス		바스
급행열차	きゅうこうれっしゃ	急行列車	큐—코—렛샤
특급열차	とっきゅうれっしゃ	特急列車	톡큐—렛샤
신칸센	しんかんせん	新幹線	신칸센
자전거	じてんしゃ	自転車	지텐샤
비행기	ひこうき	飛行機	히코—키
배	ふね	船	후네
오토바이	バイク		바이쿠
타다	のる	乗る	노루
내리다	おりる	降りる	오리루
갈아타다	のりかえる	乗り換える	노리카에루
승객	じょうきゃく	乗客	죠—캬쿠
자리, 좌석	せき	席	세키
공석	くうせき	空席	쿠—세키
만석	まんせき	満席	만세키
자유석	じゆうせき	自由席	지유—세키
지정석	していせき	指定席	시테—세키
체크인	チェックイン		첵쿠인
탑승	とうじょう	搭乗	토—죠—
대합실	まちあいしつ	待合室	마치아이시츠
고장	こしょう	故障	코쇼—
안전벨트	シートベルト		시—토베르토
개찰구	かいさつぐち	改札口	카이사츠쿠치

운전수	うんてんしゅ	運転手	운텐슈
교통	こうつう	交通	코-츠-
횡단보도	おうだんほどう	横断歩道	오-단호도-
교차로	こうさてん	交差点	코-사텐

거리

집, 가게	～や	～屋	～야
책방	ほんや	本屋	홍야
국숫집	そばや	そば屋	소바야
과자점	おかしや	お菓子屋	오카시야
꽃집	はなや	花屋	하나야
미용실	びよういん	美容院	비요-잉
병원	びょういん	病院	뵤-잉
구둣가게	くつや	靴屋	쿠츠야
안경점	めがねや	眼鏡屋	메가네야
빵집	ぱんや	パン屋	팡야
야채가게	やおや	八百屋	야오야
초밥집	すしや	すし屋	스시야
회전초밥집	かいてんずしや	回転寿司屋	카이텐즈시야
약국	くすりや	薬屋	쿠스리야
골동품점	こっとうひんや	骨董品屋	콧토-힝야
버스정류장	ばすてい	バス停	바스테-
역	えき	駅	에키
은행	ぎんこう	銀行	깅코-
영화관	えいがかん	映画館	에-가캉
학교	がっこう	学校	각코-
우체국	ゆうびんきょく	郵便局	유-빙쿄쿠

전화국	でんわきょく	電話局	뎅와쿄쿠
대사관	たいしかん	大使館	타이시캉
공원	こうえん	公園	코-엔
관공서	やくしょ	役所	약쇼
대중목욕탕	せんとう	銭湯	센토-
온천	おんせん	温泉	온센
슈퍼마켓	スーパー		스-파-
백화점	デパート		데파-토
신호	しんごう	信号	싱고-
지구대(파출소)	こうばん	交番	코-방
교차로	こうさてん	交差点	코-사텡
막다른 길	つきあたり	突き当り	츠키아타리

4
여행지 숙소

편안한 여행을 위해 잘 자는 건 무엇보다 중요합니다. 잘 자려면 좋은 숙소를 잡아야 하겠죠? 예약을 확인하고 체크인/체크아웃하는 표현, 숙소에서 생긴 문제 해결을 요청하는 표현, 숙소에서 제공하는 다양한 서비스와 시설을 이용할 때 필요한 표현을 알아보세요.

しゅくはく

KEY CHECK 1

숙소 예약

숙소 예약 기본 표현

요즘은 온라인 숙소 예약 시스템이 잘 되어 있어 사진과 평가까지 꼼꼼히 살펴보고 예약할 수 있어요. 일본 여러 도시를 여행하다 보면 경우에 따라 온라인 예약이 아닌 전화로 예약할 경우도 생길 수 있는데요. 특히 오래된 료칸은 여전히 전화로만 예약이 가능한 곳이 많습니다. 그때 사용할 수 있는 표현을 알아볼까요?

① 기본 질문하기

필요한 문장에 표시해 보세요!

방 있어요?
部屋が 空いて いますか。
헤야가 아이테 이마스까? ✓

1인용 객실이 있나요?
シングルルームが ありますか。
싱그루루-무가 아리마스까?

거기 주소가 어디죠?
住所は どちらですか。
쥬-쇼와 도치라데스까?

방을 예약하고 싶습니다.
部屋を 予約したいんですが。
헤야오 요야쿠시타인데스가.

더블룸으로 3일[3박] 부탁합니다.
ダブルルームで 3日間[3泊] お願いします。
다부루루-무데 믹카캉[삼빠쿠] 오네가이시마스.

예약을 확인[취소/변경]하고 싶습니다.
予約を 確認[キャンセル/変更]したいんです。
요야쿠오 카쿠닌[캰세루/헹코–]시타인데스.

네, 예약했습니다.
はい、予約しました。
하이, 요야쿠시마시타.

제 이름은 김진입니다.
私の 名前は キムジンです。
와타시노 나마에와 키무진데스.

김진으로 예약했습니다.
キムジンの 名前で 予約しました。
키무진노 나마에데 요야쿠시마시타.

예약하셨습니까?
ご予約 なさいましたか。
고요야쿠 나사이마시타까?

어떤 방이 좋으십니까?
どのような お部屋が よろしいですか。
도노요–나 오헤야가 요로시–데스까?

죄송합니다만, 이미 만실입니다.
申し訳ございませんが、もう 満室で ございます。
모–시와케고자이마셍가, 모– 만시츠데 고자이마스.

현재 빈방이 없습니다.
ただいま 空いている 部屋は ございません。
타다이마 아이테이루 헤야와 고자이마셍.

내일 이후에나 빈방이 있습니다.
明日以後には 空室が あります。

아스이고니와 쿠-시츠가 아리마스.

성함이 어떻게 되시죠?
お名前を いただけますか。

오나마에오 이타다케마스까?

며칠 머무르시나요?
何泊の ご予定ですか。

남빠쿠노 고요테-데스까?

여권 보여 주세요.
パスポートを お見せいただけますか。

파스포-토오 오미세이타다케마스까?

2 객실 종류, 예약 날짜, 인원, 필요한 방 수

하룻밤 묵는데 얼마죠?
1泊いくらですか。

입파쿠 이쿠라데스까?

숙박료는 얼마입니까?
宿泊料は いくらですか。

슈쿠하쿠료-와 이쿠라데스까?

다음 주 월요일에 두 사람이 쓸 방 예약하고 싶어요.
来週の 月曜日に 2人で 使う 部屋を 予約したいです。

라이슈-노 게츠요-비니 후타리데 츠카우 헤야오 요야쿠시타이데스.

5월 10일, 11일, 12일 3박 4일 묵을 싱글룸을 예약하고 싶어요
5月10日、11日、12日、3泊4日で 宿泊するシングルルームを 予約したいです。

고가츠 토-카, 쥬-이치니치, 쥬-니니치, 삼빠쿠 욕카데 슈쿠하쿠스루 싱구루루-무오 요야쿠시타이데스.

일주일간 묵을 발코니 딸린 더블룸이 있나요?
1週間 宿泊する、バルコニーがある ダブルルームがありますか。

잇슈-캉 슈쿠하쿠스루, 바루코니-가 아루 다부루루-무가 아리마스까?

3월 10일 예약 가능한가요?
3月10日予約できますか。

상가츠 토-카 요야쿠데키마스까?

▶ 싱글룸 シングルルーム 싱구루루-무 /
　더블룸 ダブルルーム 다부루루-무 /
　트윈룸 ツインルーム 츠인루-무 /
　화장실 トイレ 토이레 (お手洗い 오테아라이)

1박 조식 포함하여 17,000엔입니다.
1泊 朝食付きで 17,000円です。

입빠쿠 쵸-쇼쿠츠키데 이치망 나나센엔데스.

---

③ 서비스, 시설 물어보기

방에 TV가 있나요?
部屋に テレビが ありますか。

헤야니 테레비가 아리마스까?

방에서 와이파이 사용할 수 있나요?
部屋でWi-Fiが 使えますか。

헤야데 와이화이가 츠카에마스까?

방마다 욕실이 있나요, 공동으로 사용하는 건가요?
部屋ごとに 浴室が ありますか。共用ですか。

헤야고토니 요쿠시츠가 아리마스까? 쿄-요-데스까?

온수가 나와요?
お湯が 出ますか。

오유가 데마스까?

귀중품 보관소는 있나요?
セーフティボックスが ありますか。

세-후티복쿠스가 아리마스까?

귀중품을 맡아줄 수 있나요?
貴重品を 預けることが できますか。

키쵸-힝오 아즈케루코토가 데키마스까?

짐을 들어줄 사람이 있나요?
荷物を 運んで くれる 人が いますか。

니모츠오 하콘데 쿠레루 히토가 이마스까?

무료 공항 픽업 서비스나 추가 비용으로 픽업이 가능한가요?
無料や 有料の 空港ピックアップサービスが 利用できますか。

무료-야 유-료-노 쿠-코-픽쿠압뿌 사-비스가 리요-데키마스까?

부엌을 쓸 수 있나요?
キッチンが 使えますか。

킷칭가 츠카에마스까?

조식이 포함되나요?
朝食込みですか。

쵸-쇼쿠코미데스까?

조식은 몇 시에[어디서] 이용할 수 있나요?
朝食は 何時に[どこで] 利用できますか。

쵸-쇼쿠와 난지니[도코데] 리요-데키마스까?

조식이 몇 시부터 몇 시까지죠?
朝食は 何時から 何時までですか。

쵸-쇼쿠와 난지카라 난지마데데스까?

---

④ 꼼꼼히 가격 비교하기

조식 포함 1일 숙박비가 얼마예요?
朝食込み、1泊の 宿泊料金はいくらですか。

쵸-쇼쿠코미, 입빠쿠노 슈쿠하쿠료-킹와 이쿠라데스까?

▶ 조식을 제외하고 朝食を 除いて 쵸-쇼쿠오 노조이테

하룻밤 숙박비가 얼마예요?
1泊の 宿泊料金はいくらですか。

입파쿠노 슈쿠하쿠료-킹와 이쿠라데스까?

세금이 포함된 가격인가요?
税込の 料金ですか。

제-코미노 료-킹데스까?

방에 어떤 것이 포함되나요?
部屋に 何が 付いて いますか。

헤야니 나니가 츠이테 이마스까?

장기 숙박하면 가격이 더 저렴한가요?
長期宿泊を すると、安く なりますか。

쵸-키 슈쿠하쿠오 스루토, 야스쿠 나리마스까?

CHAPTER 4 | しゅくはく **185**

체크아웃 시간은 몇 시예요?
チェックアウト 時間は 何時ですか。

쳇쿠아우토지캉와 난지데스까?

신용카드 받나요?
クレジットカードが 使えますか。

쿠레짓토카ー도가 츠카에마스까?

싱글룸은 하룻밤에 10,000엔입니다.
シングルルームは 1泊 10,000円です。

싱구루루ー무와 입빠쿠 이치망엔데스.

일본식 조식이 무료로 포함되어 있습니다.
和食の 朝食が 無料で ついています。

와쇼쿠노 쵸ー쇼쿠가 무료ー데 츠이테이마스.

5 예약 취소

취소 규정이 어떻게 되죠?
キャンセルの 規定は どうなっていますか。

캰세루노 키테ー와 도ー낫테 이마스까?

하루[24시간] 전에 예약 취소가 가능합니다.
1日[24時間]前まで 予約 キャンセルが 可能です。

이치니치[니쥬ー요지칸]마에마데 요야쿠 칸세루가 카노ー데스.

24시간이 지나고 취소하거나 연락 없이 안 오시는 경우에는 약정 금액의 50%를 위약금으로 내셔야 합니다.

24時間が 過ぎて キャンセルされたり、連絡なく いらっしゃらない 場合には 予約金額の 50%を 違約金として お支払いいただかなければ なりません。

니쥬-요지캉가 스기테 캰세루사레타리, 렌라쿠나쿠 이랏샤라나이 바아이니와 요야쿠킹가구노 고쥬-파-센토오 이야쿠킨토시테 오시하라이 이타다카나케레바 나리마셍.

취소하실 경우 수수료가 있습니다.

キャンセルされる 場合、手数料が 必要です。

캰세루사레루 바아이, 테수-료-가 히츠요-데스.

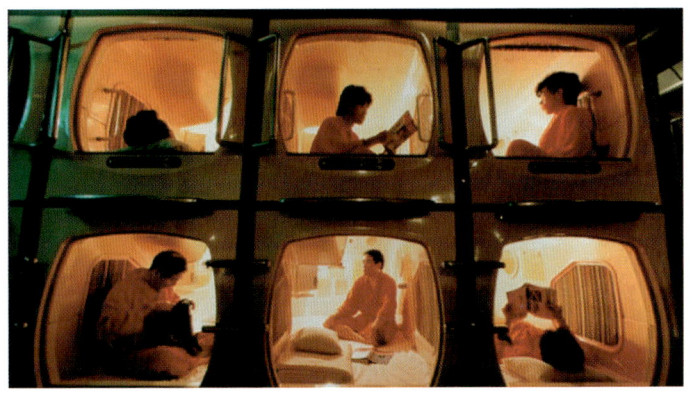

TIP 일본의 캡슐 호텔
나홀로 여행족이나 여행 비용을 절약하고 싶은 분은 '캡슐 호텔'을 이용하는 것도 좋은 방법입니다. 한화 4만 원 이하의 숙박비로 성인 한 명이 누울 수 있는 작은 공간에 샤워실이나 식당, 세탁실 등은 공용으로 쓸 수 있는 숙소입니다. 남성, 여성 전용이 구분되어 있고 등급에 따라 공간이 넓은 객실을 선택할 수 있습니다.

DIALOG 1

숙소 예약 관련

❶

직원	어서 오십시오.	いらっしゃいませ.
		이랏샤이마세.
나	체크인 부탁합니다.	チェックイン お願いします。
		쳇쿠인 오네가이시마스.
직원	예약하셨습니까?	ご予約なさいましたか。
		고요야쿠 나사이마시타까?
나	네, 김진이라는 이름으로 더블룸을 예약했습니다.	はい、キムジンという名前で ダブルルームを 予約しました。
		하이, 키무진토이우 나마에데 다부루루-무오 요야쿠시마시타.
직원	네, 103호실 열쇠입니다. 짐을 운반해 드리겠습니다.	はい、どうぞ、103号室の カギです。お荷物を お運びいたします。
		하이, 도-조, 이치제로상고-시츠노 카기데스. 오니모츠오 오하코비이타시마스.
나	감사합니다.	ありがとうございます。
		아리가토-고자이마스.

❷

나	예약을 변경하고 싶습니다.	予約を 変更したいんですが。
		요야쿠오 헹코-시타인데스가.
직원	어떻게 변경하시겠습니까?	どのように ご変更なさいますか。
		도노요-니 고헹코-나사이마스까?
나	트윈룸으로 예약했는데요, 싱글룸으로 변경할 수 있나요?	ツインルームで 予約しましたが、シングルに 変えられますか。
		츠인루-무데 요야쿠시마시타가, 싱구루니 카에라레마스까?
직원	알겠습니다.	はい、かしこまりました。
		하이, 카시코마리마시타.

❸

나　체크인하려고 하는데요. 김진우라고 합니다.

직원　예약을 하셨나요?

나　네, 예약 확인 번호가 76539번이에요.

직원　죄송하지만, 예약이 취소되었네요.

나　앗! 뭔가 착오가 있는 것 같은데요.

직원　고객님께서 정오에 도착 예정이라고 말씀하셨는데요, 연락 없이 많이 늦으셔서 취소되었네요.

나　죄송해요. 연락할 상황이 안됐어요. 다시 예약 가능한가요?

직원　확인해 보겠으니 잠시만 기다려 주세요.

チェックインしたいんですが。キムジンウともうします。
첵쿠인시타인데스가, 키무진우토 모ー시마스.

ご予約 なさいましたか。
고요야쿠 나사이마시타까?

はい、予約番号は 76539です。
하이, 요야쿠방고ー와 나나로쿠고산큐ー데스.

申し訳ございませんが、予約が キャンセル されて いますね。
모ー시와케고자이마셍가, 요야쿠가 캰세루사레테 이마스네.

えっ、何かの 間違いじゃ ないですか。
엣! 나니카노 마치가이쟈 나이데스까?

お客様が 正午に ご到着の 予定だと おっしゃったのですが、ご連絡なく 大幅に 遅れて いらっしゃったので キャンセルに なったようですね。
오캭사마가 쇼ー고니 고토ー챠쿠노 요테ー다토 옷샷타노데스가, 고렌라쿠나쿠 오오하바니 오쿠레테 이랏샷타노데 캰세루니 낫타요ー데스네.

すみません。連絡できる 状況じゃ なかったんです。もう一度 予約できますか。
스미마셍. 렌라쿠데키루 죠ー쿄ー쟈 나캇탄데스. 모ー이치도 요야쿠데키마스까?

ご確認 いたしますので、少々 お待ちください。
고카쿠닌 이타시마스노데, 쇼ー쇼ー 오마치쿠다사이.

KEY **CHECK** 2

체크인 · 체크아웃

체크인·체크아웃 이렇게 하세요

호텔에서 체크인할 때 보증금으로 현금을 지불하거나 신용카드 번호를 알려 줘야 하는 경우가 있어요. 보증금은 체크아웃할 때 찾을 수 있는 예치금인데요, 추가 서비스를 이용하지 않았다면 그대로 돌려받을 수 있지만 미니바나 다른 서비스를 이용한 경우 그만큼 차감됩니다. 호텔에 따라 정책이 다를 수 있으니, 체크인할 때 음료 등이 무료인지 미리 확인하세요.

① 체크인

필요한 문장에
표시해 보세요!

체크인[체크아웃] 시간이 몇 시죠?
チェックイン[チェックアウト]時間は 何時でしょうか。
첵쿠인[첵쿠아우토]지캉와 난지데쇼-까?

늦은 시간에 체크인이 가능한가요?
遅い時間に チェックインが できますか。
오소이지칸니 첵쿠잉가 데키마스까?

김민으로 예약했어요.
キムミンで 予約しました。
키무민데 요야쿠시마시타.

아침 식사는 몇 시 부터죠?
朝食は 何時からですか。
쵸-쇼쿠와 난지카라데스까?

방을 먼저 볼 수 있을까요?
部屋を 事前に 見てみることは できますか。
헤야오 지젠니 미테 미루코토와 데키마스까?

이 방은 좀 그런데… 다른 방 있어요?
この部屋はちょっと…他の部屋はありませんか。

코노 헤야와 춋토… 호카노 헤야와 아리마셍까?

좋군요. 이 방으로 할게요.
いいですね。この部屋にします。

이-데스네. 코노 헤야니 시마스.

여권과 신용카드 부탁드립니다.
パスポートとクレジットカードをお見せください。

파스포-토토 쿠레짓토카-도오 오미세쿠다사이.

여기에 이름과 주소를 적어 주십시오.
こちらにお名前とご住所をお書きください。

코치라니 오나마에토 고쥬-쇼오 오카키쿠다사이.

10호실 키 여기 있습니다.
どうぞ、10号室のかぎです。

도-조, 쥬-고-시츠노 카기데스.

---

2 체크아웃·계산

체크아웃 할게요.
チェックアウトします。

첵쿠아우토시마스.

체크아웃은 몇 시죠?
チェックアウトは何時ですか。

첵쿠아우토와 난지데스까?

예정보다 일찍 체크아웃하고 싶습니다.
予定より 早めに チェックアウト したいんです。

요테-요리 하야메니 첵쿠아우토 시타인데스.

신용카드로 계산해도 되나요?
カード 使えますか。

카-도 츠카에마스까?

현금으로 지불하겠습니다.
現金で 払います。

겡킨데 하라이마스.

영수증 주세요.
領収書 お願いします。

료-슈-쇼 오네가이시마스.

③ 체크아웃 시 서비스 요청하기

하루 더 연장하고 싶어요.
もう1日 伸ばしたいです。

모-이치니치 노바시타이데스.

죄송합니다만, 오늘 늦게 퇴실하려는데요.
すみませんが、今日 遅く チェックアウト したいんですが。

스미마셍가, 쿄- 오소쿠 첵쿠아우토 시타인데스가.

짐을 맡겨 놓을 수 있을까요?
荷物を 預けて おくことが できますか。

니모츠오 아즈케테 오쿠코토가 데키마스까?

잠시 여기에 짐을 맡겨도 되나요?
少しここに荷物を預けてもいいですか。

스코시 코코니 니모츠오 아즈케테모 이-데스까?

짐 찾으러 왔어요.
荷物を受け取りに来ました。

니모츠오 우케토리니 키마시타.

괜찮습니다. 추가 요금을 청구하지 않겠습니다.
かしこまりました。追加料金はかかりません。

카시코마리마시타. 츠이카료-킹와 카카리마셍.

DIALOG 2

체크인 문의

나 예정보다 일찍 체크인해도 되나요?

予定より 早めに チェックイン できますか。
요테-요리 하야메니 첵쿠인데키마스까?

직원 확인해 볼테니 잠시만 기다려 주세요.

ご確認 いたしますので、少々 お待ちください。
고카쿠닌 이타시마스노데, 쇼-쇼- 오마치쿠다사이.

나 계획이 변경되면 예약 취소할 수 있나요?

旅行の 計画が 変わったら、予約を 取り消すことが できますか。
료코-노 케-카쿠가 카왓타라, 요야쿠오 토리케스코토가 데키마스까?

직원 하루[24시간!] 전에 예약 취소가 가능합니다.

1日[24時間]前まで 予約 キャンセルが 可能です。
이치니치[니쥬-요지캉]마에마데 요야쿠 캰세루가 카노-데스.

CHECK IT OUT | 일본의 료칸

한국에 한옥 형태의 숙소(호텔)가 있듯이 일본을 대표하는 전통 숙박 시설은 바로 '료칸(旅館)'입니다. 일본 에도 시대부터 내려오는 전통 숙박 형태로 다다미, 욕실(온천), 유카타(浴衣 목욕 가운), 다도 등이 제공되며 색다른 일본 전통을 즐기려는 여행객들에게 인기가 높습니다. 또한 옵션에 따라 전통 일본식 요리(懐石 料理 가이세키 요리)로 코스별 정갈한 식사가 제공됩니다. 대부분의 료칸은 오랜 전통에 대한 자부심으로 깍듯한 예의와 최상의 서비스를 제공하며, 손님 또한 그 곳의 예절을 지켜야 하는 게 도리입니다. 료칸은 일반 숙소에 비해 가격이 높은 편이나 식사가 포함되지 않는 무난한 가격대도 있으니 검색을 통해 잘 살펴보시기 바랍니다. 신용카드가 아닌 현금만 받는 료칸도 많으니 사전 확인이 필요하며 예약은 필수입니다.

일본 지역별 대표 온천 료칸

도쿄 근교 (쿠사츠, 하코네)
도쿄에서 가까운 마을로 1,000년 이상의 역사와 아름다운 풍경으로 인기가 높습니다. 특히 쿠사츠 온천은 최대 용출량을 자랑합니다.

규슈 (유후인, 우레시노)
유후인 또한 전국에서 손에 꼽히는 용출량을 자랑합니다. 유황 등 광물질을 함유하여 피부병과 신경통에도 효과적이라고 알려져 있습니다. 우레시노 또한 오랜 역사를 자랑하는 마을로 료칸이 밀집되어 있습니다.

니카타 (츠키오카)
온천 요양으로 유명한 마을로 온천수에 황화 수소가 함유되어 피부에 좋습니다.

KEY CHECK 3

1. 룸서비스 이용

방에서 편하게 먹고 싶다면? 룸서비스

호텔 방에서 식당까지 움직이는 것조차 귀찮다면 룸서비스를 이용해 보세요. 호텔에서 제공하는 최고급 서비스 중 하나죠. 호텔 내 레스토랑이 문을 닫은 늦은 시간에도 이용할 수 있지만 가격이 좀 높습니다.

❶ 룸서비스 이용

필요한 문장에
표시해 보세요!

룸서비스가 있습니까?
ルームサービスが ありますか。
루-무사-비스가 아리마스까?

룸서비스는 얼마죠?
ルームサービスは いくらですか。
루-무사-비스와 이쿠라데스까?

룸서비스는 몇 시에 끝납니까?
ルームサービスは 何時までですか。
루-무사-비스와 난지마데데스까?

얼음과 물을 갖다 주세요.
氷と 水を おねがいします。
코-리토 미즈오 오네가이시마스.

음료가 무료인가요?
飲み物は 無料ですか。
노미모노와 무료-데스까?

196

무료인 것이 있나요?
無料のものがありますか。

무료-노 모노가 아리마스까?

비용은 제 방으로 달아 주세요.
代金は私の部屋につけてください。

다이킹와 와타시노 헤야니 츠케테 쿠다사이.

제 방은 205호입니다.
私の部屋は205号室です。

와타시노 헤야와 니제로고고-시츠데스.

---

❷ 룸서비스가 왔을 때

누구세요?
どなたですか。

도나타데스까?

잠시만요.
ちょっと待ってください。

촛토 맛테 쿠다사이.

들어오세요.
どうぞ。お入りください。

도-조. 오하이리쿠다사이.

2. 서비스 요청

숙소 서비스 요청하기

호텔이나 게스트하우스 같은 숙소에는 다양한 서비스가 제공됩니다. 수건 등의 객실 물품부터 모닝콜, 와이파이 제공 등의 서비스가 있죠. 필요한 서비스가 있을 때는 당당하게 요청하고 편의를 최대한 누리시길 바랍니다.

❶ 물품 & 정보 요청하기

필요한 문장에 표시해 보세요!

🗨 목욕 타월이 더 필요해요.
バスタオルが もっと 必要です。
바스타오루가 못토 히츠요-데스.

담요 한 장만 더 부탁합니다.
ブランケットを もう1枚 お願いします。
부랑켓토오 모-이치마이 오네가이시마스.

방 청소가 되어 있지 않아요.
部屋の 掃除が できていません。
헤야노 소-지가 데키테이마셍.

방 청소해 주세요.
部屋を 掃除して ください。
헤야오 소-지시테 쿠다사이.

옷 세탁 장소는 어디예요?
ランドリールームは どこですか。
란도리-루-무와 도코데스까?

드라이크리닝 되나요?
ドライクリーニングお願いします。

도라이쿠리-닝구 오네가이시마스.

언제까지 되나요?
いつまで できますか。

이츠마데 데키마스까?

화장실[식당]이 어디예요?
トイレ[食堂]は どこですか。

토이레[쇼쿠도-]와 도코데스까?

방 번호를 확인하겠습니다.
部屋の 番号を 確認いたします。

헤야노 방고-오 카쿠닝이타시마스.

그 외에 (더 필요한 것은) 없습니까?
他には ありませんか。

호카니와 아리마셍까?

2 모닝콜/콜택시 요청하기

345호실인데요. 아침 6시에 모닝콜을 주셨으면 해서요.
345号室なんですが、朝6時に モーニングコールを お願いします。

상고-시츠난데스가, 아사 로쿠지니 모-닝구코-루오 오네가이시마스.

아침 5시 30분에 모닝콜 해 주실래요?
朝 5時 半に モーニングコールを お願いできますか。

아사 고지 한니 모-닝구코-루오 오네가이데키마스까?

CHAPTER 4 | しゅくはく 199

택시 타는 곳이 어디에 있죠?
タクシー乗り場はどこでしょうか。

탁시- 노리바와 도코데쇼-까?

택시를 불러 주시겠어요?
タクシーを呼んでいただけますか。

탁시-오 욘데 이타다케마스까?

공항으로 가는 9시 30분 버스를 타야 하거든요.
空港行きの9時半のバスに乗らなければならないんですが。

쿠-코-유키노 쿠지 한노 바스니 노라나케레바 나라나인데스가…

③ 인터넷/와이파이/전화 요청하기

프런트죠? 컨시어지로 연결해 주세요.
フロントですか。コンシェルジュに繋いでください。

후론토데스까? 콘셰루쥬니 츠나이데 쿠다사이.

로비에서 무선 인터넷을 쓸 수 있나요?
ロビーで無線インターネットが使えますか。

로비-데 무센인타-넷토가 츠카에마스까?

와이파이에 비밀번호가 있나요?
Wi-Fiのパスワードがありますか。

와이화이노 파스와-도가 아리마스까?

와이파이 비밀번호가 뭔가요?
Wi-Fiのパスワードは何ですか。

와이화이노 파스와-도와 난데스까?

외부와 통화하려면 몇 번을 눌러야 하죠?
外部通話を するには 何番を 押せば いいでしょうか。

가이부츠-와오 스루니와 남방오 오세바 이-데쇼-까?

외부 통화에 요금이 발생하나요?
外部通話は 料金が かかりますか。

가이부츠-와와 료-킹가 카카리마스까?

직통 연결이 됩니다. 전화를 끊으시고 07번을 누르세요.
直接 繋がります。電話を お切りに なって、07番を 押して ください。

쵸쿠세츠 츠나가리마스. 뎅와오 오키리니 낫테, 제로나나방오 오시테쿠다사이.

DIALOG 3

룸서비스 이용하기

룸서비스 네, 룸서비스입니다. 도와 드릴까요?

はい、ルームサービスでございます。どのような ご用件でしょうか。
하이, 루-무사-비스데 고자이마스. 도노요-나 고요-켄데쇼-까?

나 302호인데요. 지금 아침 식사를 주문해도 되나요?

302号室ですが、今、朝食を 注文しても いいですか。
삼제로니고-시츠데스가, 이마, 쵸-쇼쿠오 츄-몬시테모 이-데스까?

룸서비스 네, 물론이죠. 어떤 걸 드시겠어요?

はい、もちろんです。何に なさいますか。
하이, 모치론데스. 나니니 나사이마스까?

나 토스트와 우유, 그리고 베이컨도 주세요.

トーストと 牛乳、そして ベーコンも お願いします。
토-스토토 규-뉴-, 소시테 베-콤모 오네가이시마스.

룸서비스 네, 다른 것은 필요 없으세요?

はい、他には ありませんか。
하이, 호카니와 아리마셍까?

나 네, 얼마나 걸리나요?

はい、どのくらい かかりますか。
하이, 도노쿠라이 카카리마스까?

룸서비스 15분 정도입니다. 최대한 빨리 준비해서 올려 드리겠습니다.

15分ぐらい かかります。できるだけ はやく 準備して うかがいます。
쥬-고훙구라이 카카리마스. 데키루다케 하야쿠 쥼비시테 우카가이마스.

KEY CHECK 4

숙소 관련 요청·문의

해결 못하면 신경 쓰이는 문제들

숙소를 이용하다 보면 크고 작은 문제를 겪을 수 있습니다. 예를 들면 머무르는 방의 청결, 기기 고장 문제 등이 있겠죠. 비싼 돈을 지불하고 불편함을 감수할 것인가, 불편함을 명확하게 표현하고 합당한 서비스를 받을 것인가는 여러분의 선택입니다.

① 숙소에서 발생할 수 있는 각종 일들

필요한 문장에 표시해 보세요!

직원 좀 보내 주시겠어요? 345호실입니다.
どなたか お願いできますか。345号室です。
도나타까 오네가이데키마스까? 산뱌쿠고쥬-고고-시츠데스.

TV 작동법을 모르겠어요. 누가 시범 좀 보여 주실래요?
テレビの 使い方が わかりません。どなたか 来て いただけませんか。
테레비노 츠카이카타가 와카리마셍. 도나타카 키테 이타다케마셍까?

방 열쇠가 안 열려요.
部屋の 鍵が 開かないです。
헤야노 카기가 아카나이데스.

열쇠를 방 안에 두고 나왔습니다.
鍵を 部屋の 中に 置いたまま 出て しまいました。
카기오 헤야노 나카니 오이타마마 데테 시마이마시타.

방 밖에서 문이 잠겼어요.
部屋の 外で ドアを 閉めて しまいました。
헤야노 소토데 도아오 시메테 시마이마시타.

방에 물건을 놔두고 나온 것 같아요.
部屋に 荷物を 置いて 出たようです。

헤야니 니모츠오 오이테 데타요-데스.

창문이 안 열려요.
窓が 開きません。

마도가 아키마셍.

방이 따뜻하지 않아요.
部屋が 暖かく ないです。

헤야가 아타타카쿠 나이데스.

열쇠를 못 찾겠어요. 방에 열쇠를 두고 나왔나 봐요
鍵が 見つかりません。部屋に 鍵を 置いて 出てきたようです。

카기가 미츠카리마셍. 헤야니 카기오 오이테 데테키타요-데스.

옆방이 너무 시끄러워요.
となりの 部屋が うるさいです。

토나리노 헤야가 우루사이데스.

에어컨[난방]이 작동을 안 해요.
クーラー[暖房]が 効かないです。

쿠-라-[담보-]가 키카나이데스.

비상 열쇠로 문을 열어 주시겠어요?
マスターキーで ドアを 開けて いただけますか。

마스타-키-데 도아오 아케테 이타다케마스까?

네, 그러죠.
はい、かしこまりました。
하이, 카시코마리마시타.

② 욕실 문제

수도 꼭지에서 물이 새요.
水道の栓から水が漏れています。
수이도-노 센카라 미즈가 모레테 이마스.

욕실에 온수가 안 나와요.
バスルームでお湯が出ません。
바스루-무데 오유가 데마셍.

배수구가 막혔어요.
排水溝が詰まりました。
하이스이코-가 츠마리마시타.

변기 물이 내려가지 않아요.
便器の水が流れません。
벵키노 미즈가 나가레마셍.

변기가 더러워요.
便器が汚れています。
벵키가 요고레테 이마스.

DIALOG 4

숙소 문제 발생

나 실례합니다. 여기 407호인데요. 문제가 좀 있어요.

すみません。ここは 407号室ですが、ちょっと 問題が あります。
스미마셍. 코코와 욘제로나나고-시츠데스가, 촛토 몬다이가 아리마스.

직원 어떤 문제이신가요?

どんな 問題でしょうか。
돈나 몬다이데쇼-까?

나 에어컨이 작동을 안 해요. 너무 덥고요. 거기에다 창문은 열리지도 않네요.

クーラーが 効かないです。とても 暑いです。それに 窓も 開きません。
쿠-라-가 키카나이데스. 토테모 아츠이데스. 소레니 마도모 아키마셍.

직원 죄송합니다. 직원을 바로 보내겠습니다. *(잠시 후)*

申し訳ございません。すぐ うかがいます。
모-시와케고자이마셍. 스구 우카가이마스.

나 흠, 이 방에 문제가 많네요.

う〜ん、この 部屋には 問題が 多いですね。
음, 코노 헤야니와 몬다이가 오-이데스네.

직원 불편을 드려서 죄송합니다.

ご迷惑を おかけして、申し訳ございません。
고메-와쿠오 오카케시테, 모-시와케고자이마셍.

나 방을 바꿔 주실 수 있나요?

部屋を 変えて もらえますか。
헤야오 카에테 모라에마스까?

직원 바로 프런트에 확인해서 다른 방을 준비하도록 하겠습니다. 잠시만 기다려 주세요.

すぐ フロントに 確認して 別の お部屋を 準備させて いただきます。少々 お待ちください。
스구 후론토니 카쿠닌시테 베츠노 오헤야오 줌비사세테 이타다키마스. 쇼-쇼- 오마치쿠다사이.

체크아웃 계산서 문제 발생

나 체크아웃할게요. 키 여기 있어요.

チェックアウトします。
쳇쿠아우토시마스.

직원 감사합니다. 어떻게 계산하시겠어요?

ありがとうございます。お支払いは どのようになさいますか。
아리가토―고자이마스. 오시하라이와 도노요―니 나사이마스까?

나 비자 카드로 계산할게요.

ビザカードで 支払います。
비자카―도데 시하라이마스.

직원 네, 여기 서명해 주세요. 계산서 여기 있습니다.

はい、こちらに ご署名を お願いいたします。伝票は こちらです。
하이, 코치라니 고쇼메―오 오네가이이타시마스. 뎀뽀―와 코치라데스.

나 잠시만요, 계산서가 잘못된 것 같아요. 이 요금은 뭔가요?

すみません、伝票が 間違っているようです。この 料金は 何ですか。
스미마셍, 뎀뽀―가 마치갓테 이루요―데스. 코노 료―킹와 난데스까?

직원 잠시만요, 미니바의 맥주 값입니다.

すみません、ミニバーの ビール 料金です。
스미마셍, 미니바―노 비―루 료―킨데스.

나 저는 맥주 마시지 않았어요.

私、ビール 飲んでいません。
와타시, 비―루 논데 이마셍.

직원 다시 확인해 보겠습니다. 정말 죄송합니다. 실수했네요. 다시 계산해 드리죠.

もう一度 確認いたします。大変 申し訳ございません。間違いでした。もう一度 お会計 いたします。
모―이치도 카쿠닝이타시마스. 타이헨 모―시와케고자이마셍. 마치가이데시타. 모―이치도 오카이케―이타시마스.

나 이제 맞네요. 감사합니다.

今度は 合っていますね。ありがとうございます。
콘도와 앗테이마스네. 아리가토―고자이마스.

직원 다시 죄송한 말씀 드립니다.

重ねて おわび 申し上げます。
카사네테 오와비 모―시아게마스.

여행 안심 패스
VOCA BOX 4

숙소 관련 어휘

TV	てれび テレビ		테레비
계단	かいだん	階段	카이당
계산서	でんぴょう	伝票	뎀뾰ー
다리미	あいろん アイロン		아이롱
담요	もうふ	毛布	모ー후
더블룸	だぶるるーむ ダブルルーム		다부루루ー무
더블베드	だぶるべっど ダブルベッド		다부루벳도
라운지	らうんじ ラウンジ		라운지
레스토랑	れすとらん レストラン		레스토랑
룸서비스	るむさびす ルームサービス		루ー무사ー비스
매니저	まねじゃ マネージャー		마네ー쟈ー
바	ばー バー		바ー
발코니	ばるこにー バルコニー		바루코니ー
방	へや	部屋	헤야
베개	まくら	枕	마쿠라
변기	べんき	便器	벵키
비누	せっけん	石鹸	섹켕
비상계단	ひじょうかいだん	非常階段	히죠ー카이당
비상구	ひじょうぐち	非常口	히죠ー구치
샤워	しゃわー シャワー		샤와ー
샴푸	しゃんぷー シャンプー		샴뿌ー
선풍기	せんぷうき	扇風機	셈뿌ー키
세면기	せんめんじょ	洗面所	셈멘죠
세탁 서비스	せんたくさびす せんたくサービス	洗濯サービス	센타쿠사ー비스
수영장	ぷーる プール		푸ー루
숙박	しゅくはく	宿泊	슈쿠하쿠

CHAPTER 4 | しゅくはく **209**

슬리퍼	スリッパ		스립빠
싱글룸	シングルルーム		싱구루루-무
싱글베드	シングルベッド		싱구루벳도
씻다	あらう	洗う	아라우
안전	あんぜん	安全	안젠
에어컨	エアコン		에아콘
엘리베이터	エレベーター		에레베-타-
영수증	りょうしゅうしょ	領収書	료-슈-쇼
예약	よやく	予約	요야쿠
온수	おゆ	お湯	오유
욕실	よくしつ	浴室	요쿠시츠
욕조	よくそう	浴槽	욕소-
조식(아침식사)	ちょうしょく	朝食	쵸-쇼쿠
짐	にもつ	荷物	니모츠
창문	まど	窓	마도
치약	はみがきこ	歯磨き粉	하미가키코
침대 시트	ベッドシーツ		벳토시-츠
칫솔	はぶらし	歯ブラシ	하부라시
카드키	カードキー		카-도키-
키(열쇠)	キー / かぎ	鍵	키 / 카기
타월	タオル		타오루
트윈룸	ツインルーム		츠인루-무
헤어드라이어	ドライヤー		도라이야-
히터(난방)	だんぼう	暖房	담보-
체크인	チェックイン		첵쿠인
체크아웃	チェックアウト		첵쿠아우토
인터넷	インターネット		인타-넷토

청소	そうじ	掃除	소-지
모닝콜	モーニングコール		모-닝구코-루
개인금고	こじんきんこ	個人金庫	코징킹코
요금	りょうきん	料金	료-킹
추가	ついか	追加	츠이카
로비	ロビー		로비-

5
여행지에서 밥 먹기

일본 요리는 한국 음식 문화에도 깊숙이 들어와 있습니다. 거리가 가까운 만큼 서로의 음식 문화에 큰 교류와 영향이 있을 수밖에 없겠죠. 한국에서도 자주 접할 수 있는 일본 요리이지만 현지에서 직접 맛보는 것만큼 즐거운 경험은 없을 거예요. 현지 맛집에서의 한 끼, 여행의 또 다른 즐거움을 채워 주는 표현들을 알아봅시다.

しょくじ

KEY **CHECK** 1

식당 예약

잘 먹는 것도 여행의 일부

잘 먹은 한 끼가 여행을 더욱 만족스럽게 만들어 주는 법. 일본의 유명한 맛집을 찾아가 보는 것도 좋은 추억이 될 거예요. 일본에서 식당에 갈 때 예약 없이 오래 기다렸다가 들어갈 수도 있지만, 유명 맛집은 예약이 필수입니다. 예약에 필요한 표현을 익혀 볼까요.

① 식당 찾기

필요한 문장에 표시해 보세요!

레스토랑을 추천해 주시겠어요?
レストランを 紹介して もらえますか。
れすとらん　　しょうかい

레스토랑오 쇼-카이시테 모라에마스까?

▶ 카페 カフェ 카훼 / 바 バー 바-

가볍게[저렴하게] 먹을 수 있는 식당은 어디가 좋을까요?
かるく[やすく] 食べられる 食堂は どこが いいでしょうか。
た　　　　　　しょくどう

카루쿠[야스쿠] 타베라레루 쇼쿠도-와 도코가 이-데쇼-카.

근처에 채식주의 식당이 있나요?
近くに ベジタリアン 食堂が ありますか。
ちか　　べじたりあん　しょくどう

치카쿠니 베지타리안 쇼쿠도-가 아리마스까?

② 예약하기

5명입니다만, 자리 있나요?
5人ですが、席は ありますか。
にん　　　　　せき

고닌데스가, 세키와 아리마스까?

오늘 저녁 식사를 예약하려고요.
今夜、夕食を 予約したいです。

콩야, 유-쇼쿠오 요야쿠시타이데스.

내일 저녁 8시에 3명 자리를 예약하려고요.
明日の 夜 8時に 3人で 予約したいです。

아시타노 요루 하치지니 산닌데 요야쿠시타이데스.

김신이라는 이름으로 예약하고 싶어요.
名前は キムシンで 予約を お願いしたいです。

나마에와 키무신데 요야쿠오 오네가이시타이데스.

7시 예약을 8시로 바꿔 주세요.
7時の 予約を 8時に 変更して ください。

시치지노 요야쿠오 하치지니 헹코-시테 쿠다사이.

대기자 명단에 올려 주실래요?
ウェイティングリストに 名前を 書いて いただけますか。

웨이팅구리스토니 나마에오 카이테 이타다케마스까?

죄송하지만, 지금은 예약이 다 찼습니다.
すみませんが、今は 満席で ございます。

스미마셍가, 이마와 만세키데 고자이마스.

죄송하지만, 오늘은 예약이 다 찼습니다.
申し訳ございませんが、本日は 満席です。

모-시와케고자이마셍가, 혼지츠와 만세키데스.

몇 분입니까?
何名様ですか。
낭메-사마데스까?

몇 시 예약 원하시죠?
ご予約の時間はいつになさいますか。
고요야쿠노 지캉와 이츠니 나사이마스까?

성함이 어떻게 되시죠?
お名前をいただけますか。
오나마에오 이타다케마스까?

③ 식당에서 자리 안내 받기

김신이라는 이름으로 2명 예약했어요.
キムシンという名前で2名で予約しました。
키무신토이우 나마에데 니메-데 요야쿠시마시타.

혹시 자리가 있나요? 예약을 안 했습니다만.
席がありますか。予約をしていないんですが。
세키가 아리마스까? 요야쿠오 시테이나인데스가…

얼마나 기다려야 하나요?
どのくらい待ちますか。
도노쿠라이 마치마스까?

2명 자리 부탁합니다.
2名の席をお願いします。
니메-노 세키오 오네가이시마스.

창가에 앉아도 되나요?
窓側に 座っても いいですか。
마도가와니 스왓테모 이-데스까?

금연석인가요?
禁煙席ですか。
킹엔세키데스까?

세 사람이 더 올 건데, 다섯 사람 자리로 옮기면 좋겠어요.
あと 3人 来るので、5人座れる 席に 移動できれば いいんですが。
아토 산닌 쿠루노데, 고닌스와레루 세키니 이도-데키레바 이인데스가…

자리가 없습니다.
満席で ございます。
만세키데 고자이마스.

자리가 날 때까지 좀 기다려 주시겠어요?
お席を ご用意できるまで、しばらく お待ちいただけますか。
오세키오 고요-이데키루마데, 시바라쿠 오마치이타다케마스까?

20분 정도면 자리가 날 것 같습니다만.
20分ぐらいで 席が あきそうですが。
니쥬뿐구라이데 세키가 아키소-데스가.

(자리가 날 때까지) 기다리시겠어요?
お待ちに なりますか。
오마치니 나리마스까?

CHAPTER 5 | しょくじ **219**

이쪽으로 오세요.

どうぞ、こちらへ。

도-조, 코치라에.

TIP 일본 식당에서

- 일본 식당에 가면 우리나라에서처럼 빈자리에 마음대로 앉지 마세요. 입구에서 직원의 안내를 받고 이동하세요. 직원은 먼저 '어서 오세요(いらっしゃいませ 이랏샤이마세)' 인사한 후, '몇 분인가요?(何名様ですか 남메-사마데스까?)'라고 묻는답니다.
- 일본 대도시의 유명한 식당은 예약 없이는 입장하기 힘든 곳이 많아요. 그리고 식당마다 예약 규정이 달라서 미리 확인할 필요가 있습니다. 예약을 아예 받지 않는 곳, 당일 예약이 안 되는 곳, 몇 개월 전에 예약해야 하는 곳 등 다양합니다. 예약하고 가지 않는(노쇼) 고객이 많다 보니 호텔 컨시어지를 통해 예약해야 하는 경우도 있습니다. 일본어가 능숙하지 않아 전화로 예약하는 게 자신이 없다면 어플(Pocket concierge, Tripla)을 활용할 수도 있습니다.

DIALOG 1

식당 예약하기

❶

나 오늘 저녁 7시에 4명 식사 예약 가능한가요?

今晩 7時に 4人 予約できますか。
콤방 시치지니 요닌 요야쿠데키마스까?

직원 네, 가능합니다. 성함이 어떻게 되시죠?

はい、できます。お名前は。
하이, 데키마스. 오나마에와…?

나 김미나예요. K-I-M, M-I-N-A요.

キムミナです。K-I-M, M-I-N-Aです。
키무미나데스. 케-아이에무, 에무 아이 에누 에-데스.

---

❷

나 내일 저녁 8시에 2명 자리를 예약하고 싶어요.

明日の 夜 8時に 2人 予約したいんですが。
아시타노 요루 하치지니 후타리 요야쿠시타인데스가…

직원 죄송합니다. 내일 저녁에는 자리가 없습니다.

すみません。明日の夜は もう 満席に なって おります。
스미마셍. 아시타노 요루와 모- 만세키니 낫테 오리마스.

나 그런가요? 그럼 대기자 명단에 올려 주실래요?

そうですか。じゃ、順番待ちリストに 入れて もらえますか。
소-데스까? 쟈, 줌방마치리스토니 이레테 모라에마스까?

직원 알겠습니다. 성함이 어떻게 되시죠?

はい。わかりました。お名前を いただけますか。
하이, 와카리마시타. 오나마에오 이타다케마스까?

나 제 이름은 이지영이에요. 010-3322-5566으로 전화 주세요.

私の 名前は イジヨンです。010 - 3322 - 5566 に 連絡して ください。
와타시노 나마에와 이지욘데스. 제로이치제로 노 산산니니 노 고고로쿠로쿠니 렌라쿠시테 쿠다사이.

식당에서

직원 어서 오세요. 예약하셨어요?

いらっしゃいませ。ご予約はなさいましたか。
이랏샤이마세. 고요야쿠와 나사이마시타까?

나 아니요.

いいえ。
이—에.

직원 몇 분이세요?

何名様ですか。
남메—사마데스까?

나 2명이요. 창가 자리 부탁합니다.

2人です。窓側の席にお願いします。
후타리데스. 마도가와노 세키니 오네가이시마스.

직원 네, 이쪽으로 오세요. 이 자리 괜찮으세요?

はい、こちらへどうぞ。こちらの席はいかがでしょうか。
하이, 코치라에 도—조. 코치라노세키와 이카가데쇼—까?

나 네, 좋아요.

はい、いいですね。
하이, 이—데스네.

CHECK IT OUT | 일본의 음식 이름

일본어와 한자가 가득한 메뉴판을 읽는 것은 우리로서는 매우 힘든 일이 아닐 수 없죠! 세부적인 메뉴와 요리 재료 등등 깨알같이 쓰여있는 단어들 속에서 정작 우리가 알아야 할 것은 아래의 기본적인 단어입니다. 입맛대로 골라 먹는 메뉴는 VOCA BOX에서 하나하나 짚어가며 주문해 보세요.

밥	ご飯 (ごはん)	고항	덮밥	丼 (どんぶり)	돔부리
초밥	お寿司 (おすし)	오스시	국수	そば	소바
우동	うどん	우동	라면	ラーメン (らーめん)	라―멘
국물 요리	吸い物 (すいもの)	스이모노	된장국	味噌汁 (みそしる)	미소시루
반찬	おかず	오카즈	음료	飲み物 (のみもの)	노미모노
물	お水 (おみず)	오미즈	따뜻한 물	お湯 (おゆ)	오유
찬물	お冷 (おひや)	오히야	술	お酒 (おさけ)	오사케

KEY CHECK 2

음식 주문하기

음식 주문하기

일본 식당에는 식권 발매기가 많습니다. 즉, 직원과 대화 없이 자판기에서 간단히 주문할 수도 있지요. 하지만 직원이 직접 주문을 받는 경우도 많으니 다음 표현들을 잘 익혀 두세요. 어떤 재료를 사용하고 어떻게 조리했는지 대화까지 나누면 일본어 실력 업그레이드!

1 메뉴 고르기

필요한 문장에
표시해 보세요!

뭘 추천해 주시겠어요?
何か お勧めして いただけませんか。
나니카 오스스메시테 이타다케마셍까?

오늘의 특선 요리는 뭔가요?
今日の お勧めは 何ですか。
쿄-노 오스스메와 난데스까?

이 지방 명물 음식이 뭐예요?
この 地方の 名物料理は 何ですか。
코노 치호-노 메-브츠료-리와 난데스까?

이 지방 명물 음식을 먹고 싶어요.
この 地方の 名物料理が 食べたいです。
코노 치호-노 메-브츠료-리가 타베타이데스.

가장 빨리 되는 요리는 뭔가요?
一番 早く できる 料理は 何ですか。
이치방 하야쿠데키루 료-리와 난데스까?

메뉴판 부탁합니다.
メニューを ください。

메뉴-오 쿠다사이.

한국어[영어]로 된 메뉴판 있나요?
韓国語[英語]で 書いてある メニューは ありませんか。

캉코쿠고[에-고]데 카이테아루 메뉴-와 아리마셍까?

(메뉴를 가리키며) 이거 주세요.
これを ください。

코레오 쿠다사이.

이건 어떤 요리예요?
これは どんな 料理ですか。

코레와 돈나 료-리데스까?

잠시만요. (조금만 기다려 주세요.)
ちょっと 待って ください。

춋토 맛테 쿠다사이.

아직 못 정했어요.
まだ 決めて いません。

마다 키메테 이마셍.

여기요. 주문할게요. (주문할 준비됐어요.)
すみません。注文します。

스미마셍. 츄-몬시마스.

무엇을 드시겠어요?
何に なさいますか。

나니니 나사이마스까?

무슨 음료 드시겠어요?
飲み物は 何に なさいますか。

노미모노와 나니니 나사이마스까?

주문하시겠어요?
ご注文 なさいますか。

고츄-몽 나사이마스까?

이걸로 다 정하셨습니까?
これで お決まりですか。

코레데 오키마리데스까?

식사 맛있게 하세요.
おいしく 召し上がって ください。

오이시쿠 메시아갓테 쿠다사이.

2 이것저것 요청하기

죄송하지만, 주문을 지금 바꿀 수 있나요?
すみませんが、注文を 今、変更できますか。

스미마셍가, 츄-몽오 이마, 헹코-데키마스까?

지금 요리를 추가해도 되나요?
いま、料理を 追加しても いいですか。

이마, 료-리오 츠이카시테모 이-데스까?

메뉴판을 보여 주실래요?
メニューを 見せて いただけますか。

메뉴-오 미세테 이타다케마스까?

셀프서비스인가요?
セルフサービスですか。

세루후사ー비스데스까?

와사비(고추냉이) 좀 더 주시겠어요?
わさびを もう少し いただけますか。

와사비오 모ー스코시 이타다케마스까?

여기요, 락교 좀 더 주실래요?
すみませんが、らっきょうを もう少し いただけますか。

스미마셍가, 락쿄ー오 모ー스코시 이타다케마스까?

음료만 주문할게요.
飲み物だけ 注文します。

노미모노다케 츄ー몬시마스.

이것은 주문하지 않았어요.
これは 注文して いません。

코레와 츄ー몬시테 이마셍.

새 컵 가져다 주세요.
新しい コップを ください。

아타라시ー 콥뿌오 쿠다사이.

이거 데워 주시면 좋겠어요.
これ 温めて いただけますか。

코레 아타타메테 이타다케마스까?

남은 것은 싸 주실 수 있나요?
残りは 持ち帰りに して ください。

노코리와 모치카에리니 시테 쿠다사이.

CHAPTER 5 | しょくじ **227**

후추 있나요?
胡椒 ありますか。

코쇼- 아리마스까?

▶ 소금 塩 시오 / 케첩(토마토 소스) ケチャップ 케챱뿌 / 소스 ソース 소-스

식사 어떠세요? (괜찮으세요?)
食事はいかがでしたか。

쇼쿠지와 이카가데시타까?

음료 더 드릴까요?
飲み物は お代わり いかがですか。

노미모노와 오카와리 이카가데스까?

③ 음식에 대해 묻기

이건 무슨 요리예요?
これは どんな 料理ですか。

코레와 돈나 료-리데스까?

주재료가 뭐예요?
メインの 材料は 何ですか。

메인노 자이료-와 난데스까?

어떤 재료가 들어가요?
どんな 材料が 入っていますか。

돈나 자이료-가 하잇테 이마스까?

어떤 요리든 다 좋은데 단, 고기가 들어가면 안 돼요.
どんな 料理でも いいんですが、ただ、肉が 入っている もの は だめです。

돈나 료-리데모 이인데스가, 타다, 니쿠가 하잇테이루 모노와 다메데스.

이 요리는 어떻게 만들어요?
この 料理は どうやって 作りますか。

코노 료-리와 도-얏테 츠쿠리마스까?

기름에 튀기나요, 석쇠에 굽나요, 찌나요?
油で 揚げますか。焼きますか。蒸しますか。

아부라데 아게마스까? 야키마스까? 무시마스까?

저분이 먹고 있는 것이 무슨 요리지요?
あの 人が 食べて いる 料理は 何ですか。

아노히토가 타베테 이루 료-리와 난데스까?

이 요리는 어떻게 먹는 거죠?
この 料理は どうやって 食べますか。

코노 료-리와 도-얏테 타베마스까?

이 요리와 어울리는 일본술은 어떤 게 있나요?
この 料理に 合う 日本酒は 何が ありますか。

코노 료-리니 아우 니혼슈와 나니가 아리마스까?

이것은 돼지고기와 채소를 다져서 튀긴 거예요.
これは 豚肉と 野菜を 刻んで 揚げた ものです。

코레와 부타니쿠토 야사이오 키잔데 아게타 모노데스.

이 소스에 찍어 드세요.
この ソースを つけて お召し上がりください。

코노 소-스오 츠케테 오메시아가리쿠다사이.

이 요리는 참치를 구워서 만듭니다.
この料理はまぐろを焼いて作ります。

코노 료-리와 마구로오 야이테 츠쿠리마스.

이 요리는 특이한 맛과 질감을 함께 느낄 수 있어요.
この料理は特別な味と食感を一度に味わえます。

코노 료-리와 토쿠베츠나 아지토 쇽캉오 이치도니 아지와에마스.

이 요리는 이 자체로만 먹기도 하고, 곁들이는 요리로 같이 먹기도 해요.
この料理はこのまま食べたり、添えられた料理と一緒に食べたりします。

코노 료-리와 코노마마 타베타리, 소에라레타 료-리토 잇쇼니 타베타리 시마스.

이 요리는 정종(일본술)과 잘 어울려요.
この料理は日本酒とよく合います。

코노 료-리와 니혼슈토 요쿠 아이마스.

이 요리는 단맛은 거의 없지만 맛이 있어요.
この料理は、甘さはほとんどありませんが、おいしいです。

코노 료-리와, 아마사와 호톤도 아리마셍가, 오이시-데스.

④ 맛 평가하기

이 요리 정말 맛있네요.
この料理本当においしいですね。

코노 료-리 혼토-니 오이시-데스네.

최고예요.
最高です。

사이코-데스.

배부르네요.

お腹いっぱいです。

오나카 입빠이데스.

그냥 그랬어요.

まあまあでした。

마ー마ー데시타.

DIALOG 2

음식 주문하기

1

웨이터 주문하시겠어요?

ご注文 なさいますか。
고츄―몽 나사이마스까?

나 네, 규카츠 정식 하나와 굴 튀김 주세요. 아 그리고, 게살 샐러드도 부탁합니다.

はい、牛カツ定食1つと かきの 天ぷら ください。あっ、そして カニサラダも ください。
하이, 규―카츠테―쇼쿠 히토츠토, 카키노 템뿌라 쿠다사이. 앗, 소시테 카니사라다모 쿠다사이.

웨이터 요리 주문은 이것으로 다 되셨나요? 음료는 뭐로 하시겠어요?

お料理の ご注文は 以上で よろしいでしょうか。お飲み物は 何に なさいますか。
오료―리노 고츄―몽와 이죠―데 요로시―데쇼―까? 오노미모노와 나니니 나사이마스까?

나 생맥주 주문할 수 있나요?

生ビール 注文できますか。
나마비―루 츄―몬데키마스까?

웨이터 네, 에비스와 기린이 있습니다.

はい、エビスと キリンが ございます。
하이, 에비스토 키린가 고자이마스.

나 에비스로 두 잔 주세요.

エビスを 2杯 ください。
에비스오 니하이 쿠다사이.

232

❷

웨이터	식사 어떠세요?	食事はいかがですか。
		쇼쿠지와 이카가데스카.
나	정말 맛있네요. 소문대로예요.	本当においしいです。うわさどおりですね。
		혼토-니 오이사-데스. 우와사도-리데스네.
웨이터	감사합니다. 더 필요한 것 없으세요?	ありがとうございます。他に必要なものはありませんか。
		아리가토-고자이마스. 호카니 히츠요-나 모노와 아리마셍까?
나	미소국 더 주시겠어요?	味噌汁、おかわりできますか。
		미소시루, 오카와리 데키마스까?

TIP 일본의 혼밥족

혼밥, 혼술은 이제 한국에서도 익숙한 문화가 되었습니다. 오래전부터 일본에는 혼밥족들을 위한 식당이 많았습니다. 식권도 발매기에서 뽑고 독서실처럼 칸막이가 있는 자리에서 혼자 편하게 식사할 수 있습니다. 음식 옵션(양/소스 추가, 간 조절 등)은 테이블에 놓인 종이에 표시해서 직원에게 요청하면 자기 입맛·취향에 맞춰 요리가 제공됩니다.

CHECK IT OUT | 일본의 인기 요리

일본 음식 하면 먼저 정갈함을 꼽을 수 있습니다. 맛도 좋지만, 눈으로 보기에도 좋게 깔끔하고 예쁘게 담아내는 게 특징이죠. 섬나라이니만큼 해산물 요리가 발달했지만 쌀, 면, 소고기 등의 다양한 재료를 이용한 요리도 인기가 높습니다. 일본 미식 여행, 떠나볼까요?

스시 (寿司(寿し))

스시는 식초와 소금, 설탕을 섞은 초밥에 신선한 생선을 얹어 와사비 간장에 찍어 먹는 일본의 대표 음식입니다. 예전에야 비싸고 고급 요리로 취급됐지만, 요즘은 회전 초밥 식당도 많고 대형 마트에서 초밥 도시락 판매도 하고 있어 대중적으로도 인기가 높습니다. 생선 외에 다양한 채소, 달걀 등을 얹어 즐기기도 합니다.

오코노미야끼 (お好み焼き)

밀가루 반죽에 고기, 해물류, 채소와 달걀 등 다양한 재료를 섞어 철판에서 구운 요리로 한국의 전과 비슷합니다. 짭짤한 간장 소스와 마요네즈, 가츠오부시를 뿌려 먹고 술안주로도 인기가 높죠. 오코노미(お好み)는 '좋아하다, 기호'를 뜻하고, 야키(焼き)는 '굽다'라는 뜻입니다.

타코야끼 (たこ焼き)

밀가루 반죽에 작게 자른 문어와 채소 등을 넣고 동그란 틀에 넣어 구워 먹습니다. 한국에서도 길거리 간식으로 인기가 높습니다. 타코(蛸)는 문어를 뜻합니다.

돈가츠 (トンカツ)

학창 시절 인기 반찬이었던 돈가스는 두툼한 돼지고기에 밀가루, 달걀, 빵가루를 입혀 튀긴 요리입니다. 서양의 커틀릿이 전해지면서 일본식으로 변형되어 일본을 대표하는 요리가 되었습니다. 돈(豚)은 돼지고기를 나타내고 가츠레츠(カツレツ)는 커틀릿의 가타카나 표기로 현재 '돈가츠'라고 불리게 되었습니다. 참고로 소고기에 튀김 옷을 입혀 튀긴 것은 '규카츠'라고 하는데 돈가츠만큼이나 인기가 높습니다.

우동 (うどん)

밀가루 반죽으로 통통한 면을 삶고 다양한 고명을 얹어 먹습니다. 지역에 따라 면 반죽 방법과 고명의 종류, 국물 내는 방법 등이 다양하며 우동 전문점과 편의점에서도 간편히 먹을 수 있는 대중적인 음식입니다.

라멘 (ラーメン)

일본 라멘은 한국의 그것과 약간 다릅니다. 돼지 뼈를 삶은 국물로 진하고 처음 먹는 사람은 약간 짜고 느끼하게 느낄 수도 있습니다. 미소라멘, 시오라멘, 쇼유라멘, 톤코츠라멘 등 종류가 다양하니 취향 따라 골라 먹을 수 있습니다. 사진에서처럼 면과 소스(국물)가 분리되어 면을 찍어 먹는 라멘은 쯔케멘(つけめん)이라고 합니다.

KEY **CHECK 3**

취향 따라 음식 주문하기

취향 따라 입맛 따라

개인 취향이나 건강 등의 이유로 특정 음식을 빼거나 재료를 확인해야 할 경우에 필요한 일본어 표현입니다. 특히 일본 라멘의 경우 한국인 입맛에 국물이 약간 진하게(짜게) 느껴질 수도 있으니 짠 것을 싫어하시는 분들은 미리 말해 두세요.

---

① 먹기 싫은 재료 빼기

필요한 문장에 표시해 보세요!

🗨 이걸로 주시되 와사비는 빼 주세요.
これを わさび抜きで ください。
코레오 와사비누키데 쿠다사이.

계란은 빼고 주세요.
卵は 抜いて ください。
타마고와 누이테 쿠다사이.

▶ 생선 魚 사카나 / 소고기 牛肉 규-니쿠 /
돼지고기 豚肉 부타니쿠 / 닭 鶏肉 토리니쿠

설탕 대신 시럽을 넣어 주실래요?
砂糖の 代わりに シロップを いただけますか。
사토-노 카와리니 시롭뿌오 이타다케마스까?

전 계란이 든 음식은 못 먹어요.
私は 卵が 入った 料理が 食べられません。
와타시와 타마고가 하잇타 료-리가 타베라레마셍.

오믈렛같은 계란이 든 음식은 피해야 해요.
オムレツのような、卵が入った料理は避けなければなりません。
오무레츠노 요-나, 타마고가 하잇타 료-리와 사케나케레바 나리마셍.

저녁으로는, 단것을 잘 안 먹어요.
夕食には、甘いものはあまり食べません。
유-쇼쿠니와, 아마이모노와 아마리 타베마셍.

전 소고기를 잘 안 먹어요.
私は牛肉はあまり食べません。
와타시와 규-니쿠와 아마리 타베마셍.

▶ 계란 卵 타마고 / 견과류 ナッツ類 낫츠루이 /
유제품 乳製品 뉴-세-힝 / 저당 低糖 테-토- /
저지방 低脂肪 테-시보- (ローファット 로-핫토) /
유기농 オーガニック 오-가닉쿠 / 무염 無塩 무엔

단것을 별로 안 좋아해요.
甘いものはあまり好きじゃないです。
아마이모노와 아마리 스키쟈 나이데스.

2 체질/취향에 맞춰 확인하기

저는 견과류에 알레르기가 있어요.
私はナッツ類にアレルギーがあります。
와타시와 낫츠루이니 아레루기-가 아리마스.

▶ 유제품 乳製品 뉴-세-힝 / 꿀 はちみつ 하치미츠 /
해산물 海産物 카이산브츠 / 어패류 魚貝類 교카이루이

이건 어떻게 먹는 거죠?
これはどうやって食べますか。
코레와 도-얏테 타베마스까?

먹는 법 좀 알려 주세요.
食べ方を 教えて ください。

타베카타오 오시에테 쿠다사이.

이것은 어떤 요리예요?
これは どんな 料理ですか。

코레와 돈나 료-리데스까?

이것은 어떤 맛인가요?
これは どんな 味ですか。

코레와 돈나 아지데스까?

조금 더 맵게 해 주시겠어요?
もう少し 辛くして いただけますか。

모-스코시 카라쿠 시테 이타다케마스까?
▶ 싱겁게 薄く 우스쿠 / 달게 甘く 아마쿠

맵지 않게 해 주세요.
辛く ないように して いただけますか。

카라쿠 나이요-니 시테 이타다케마스까?
▶ 달지 않게 甘くないように 아마쿠 나이요-니 /
짜지 않게 しょっぱくないように 숩빠쿠 나이요-니

당뇨 환자용 메뉴가 있나요?
糖尿病 患者用のメニューが ありますか。

토-뇨-뵤- 칸쟈요-노 메뉴-가 아리마스까?

글루텐이 들어 있나요? 알레르기가 있어서요.
グルテンが 入っていますか。アレルギーが あるので。

구루텡가 하잇테 이마스까? 아레루기-가 아루노데…

전 매운 음식을 별로 좋아하지 않아요.
私は辛い料理はあまり好きではありません。

와타시와 카라이 료-리와 아마리 스키데와 아리마셍.

어서 오세요. 주문은 무엇으로 하시겠습니까?
いらっしゃいませ。ご注文は何になさいますか。

이랏샤이마세. 고츄-몽와 나니니 나사이마스까?

조금 달지만, 맛있습니다.
ちょっと甘いけど、おいしいです。

춋토 아마이케도, 오이시-데스.

무엇으로 드시겠습니까?
何を召し上がりますか。/ 何になさいますか。

나니오 메시아가리마스까? / 나니니 나사이마스까?

③ 스테이크 주문하기

미디엄으로 해 주세요.
ミディアムでおねがいします。

미디아무데 오네가이시마스.
▶ 웰던 ウエルダン 웨루단 / 미디엄 ミディアム 미디아무 / 레어 レア 레아

너무 바싹 구운 것 같아요. (좀 탄 것 같아요.)
ちょっと焦げています。

춋토 코게테 이마스.

좀 더 익혀 주세요.
もう少し煮てください。

모-스코시 니테 쿠다사이.

스테이크는 어떻게 구워 드릴까요?
ステーキの 焼き加減はいかがいたしましょうか。
스테-키노 야키카겡와 이카가이타시마쇼-까?

곧 바꿔 드리겠습니다.
すぐ お取り換え いたします。
스구 오토리카에 이타시마스.

TIP 일본의 3대 소고기(와규) (和牛)

- '일본' 하면 대표 음식으로 '스시'를 떠올리지만, 일본의 와규 또한 최고급 품질로 유명합니다. 크게 '고베규, 오우미규, 마츠자카규'로 나뉘는데 소가 곡물과 맥주를 먹고 심지어 마사지까지 받으며 부드러운 육질을 만들어 낸다고 합니다.
- 야끼니쿠(やきにく)는 구운(야끼)+고기(니쿠)라는 한국식 불고기입니다. 일본에서는 혼자 구워 먹을 수 있는 작은 화로를 많이 사용합니다.

DIALOG 3

입맛대로 주문하기

| 나 | 실례합니다. 튀김(덴푸라) 정식에서 새우는 빼 주시겠어요? |

あの、すみません。天ぷら定食の 海老は 抜きにして いただけますか。
아노, 스미마셍. 템뿌라테-쇼쿠노 에비와 누키니시테 이타다케마스까?

| 직원 | 네, 무슨 문제라도? |

はい、なにか 問題でも。
하이, 나니까 몬다이데모…

| 나 | 새우 알레르기가 있어서요. |

海老に アレルギーが あります。
에비니 아레루기-가 아리마스.

| 직원 | 아, 네. 그러시군요. 그러겠습니다. |

あ、そうですか。かしこまりました。
아, 소-데스까. 카시코마리마시타.

| 나 | 그리고 간장 좀 더 주시겠어요? |

それから、しょうゆも もう少し おねがいします。
소레까라, 쇼-유모 모-스코시 오네가이시마스.

| 직원 | 네, 바로 갖다 드리겠습니다. |

はい、すぐ お持ちいたします。
하이, 스구 오모치이타시마스.

❷

나 실례합니다. 오코노미야끼에 양파가 들어가나요?

직원 네, 들어갑니다.

나 죄송하지만 양파를 빼 주시겠어요? 양파를 싫어해서요.

직원 네. 주방장(셰프)에게 그리 요청할게요.

나 감사합니다.

すみません。お好み焼きに 玉ねぎが 入っていますか。
스미마셍. 오코노미야키니 타마네기가 하잇테 이마스까?

はい、入っています。
하이, 하잇테 이마스.

すみませんが、玉ねぎは 抜きにして ください。玉ねぎが 苦手なんで。
스미마셍가, 타마네기와 누키니시테 쿠다사이. 타마네기가 니가테난데…

はい、シェフに そう お伝えします。
하이, 세후니 소- 오츠타에시마스.

ありがとうございます。
아리가토-고자이마스.

CHECK IT OUT | 일본의 식사 예절

일본은 한국과 비슷한 식문화를 가졌지만 약간의 차이점도 있습니다. 일본의 식사 문화는 다소 엄격할 정도로 예의를 중시합니다. 비즈니스 미팅이나 현지 일본인 집에 초대받았을 경우 아래 사항을 잘 염두에 두시길 바랍니다.

– 한국과 같이 밥, 국, 반찬 등으로 구성되나 숟가락 없이 젓가락만 사용합니다(숟가락은 카레, 오므라이스, 죽 등을 먹을 때만 사용). 국그릇을 손에 들고 입에 대고 마실 수 있습니다. 왼손 위에 (손가락을 벌리지 말고) 그릇을 놓고 먹습니다. 일본에서는 가능한 한 국과 밥을 먹을 때 고개를 숙이지 말고 그릇을 들고 드세요. 함께 먹는 주요리(국, 전골)는 개인 접시에 먹을 만큼 덜어서 먹습니다. 식사할 때는 그릇 놓는 소리, 국물 마시는 소리, 음식 씹는 소리를 내지 않는 것이 예의입니다(면은 후루룩 소리를 크게 내며 먹어도 좋습니다).

– 한국에선 젓가락을 맞은 편 사람을 향해 세로로 놓지만, 일본은 가로로 놓습니다. 한국인도 젓가락 사용은 익숙하지만 메추리알같이 집기 힘든 요리를 포크처럼 푹 찍어 먹는 행동은 하지 마세요. 자기가 쓰던 젓가락으로 다른 사람에게 음식을 전달하지 마세요.

– 식사 전후에 인사말은, 식사를 대접하는 주인은 'どうぞ、めしあがってください (도-조 메시아갓테쿠다사이, 맛있게 드세요)' 혹은 'どうぞ (도-조, 어서 드시죠)'라고 하면 손님은 'いただきます (이타다키마스, 잘 먹겠습니다)'라고 말하며 식사를 합니다. 식사 후에는 잘 먹었다는 의미로 'ごちそうさま / ごちそうさまでした (고치소-사마/고치소-사마데시타)' 인사를 꼭 하세요.

KEY CHECK 4

초밥집에서

초밥집에서 주문하기

한국에서도 쉽게 초밥을 즐길 수 있지만, 일본에 가서 초밥집을 빼놓으면 서운하죠. 일본은 초밥에 대한 자부심이 워낙 강하고 장인정신을 갖고 정성껏 초밥을 만드는지라 재료에 대해서 물으면 친절하게 잘 대답해 줄 것입니다.

1 요청하기

필요한 문장에 표시해 보세요!

광어 지느러미 한 접시 만들어 주세요.
平目の えんがわを 1皿 お願いします。
히라메노 엥가와오 히토사라 오네가이시마스.

미소국 좀 더 주세요.
味噌汁を もう少し お願いします。
미소시루오 모-스코시 오네가이시마스.

와사비를 조금만 넣어 주세요.
わさびは 少しだけ 入れて ください。
와사비와 스코시다케 이레테 쿠다사이.

2 질문하기

이 초밥은 무슨 생선인가요?
この寿司は、どんな魚でしょうか。
코노 스시와, 돈나 사카나데쇼-까?

(레일 위에) 돌고 있는 초밥 외에 다른 것도 주문할 수 있나요?
回っている 寿司以外に 他の ものも 注文できますか。
마왓테이루 스시이가이니 호카노 모노모 츄-몬데키마스까?

요즘 계절엔 어느 생선이 맛있어요?
今の季節はどんな魚がおいしいですか。

이마노 키세츠와 돈나 사카나가 오이시-데스까?

일본인들이 잘 먹는 초밥은 어떤 거예요?
日本人がよく食べる寿司は何ですか。

니혼징가 요쿠 타베루 스시와 난데스까?

뭔가 특별한 초밥도 있나요?
何か特別な寿司もありますか。

나니까 토쿠베츠나 스시모 아리마스까?

이 참치 초밥은 (참치의) 어느 부위인가요?
このまぐろの寿司は（まぐろの）どの部分でしょうか。

코노 마구로노 스시와 (마구로노) 도노 부분데쇼-까?

방금 전에 집은 접시의 초밥이 너무 말라(건조되어) 있어요. 다시 만들어 주실 수 있나요?
さっき取った皿の寿司がとても乾燥しています。もう一度作っていただけますか。

삭키 톳타 사라노 스시가 토테모 칸소-시테이마스. 모-이치도 츠쿳테 이타다케마스까?

여기요. 생강 초절임[락교]이 다 떨어졌어요.
すみません。ガリ[らっきょう]がなくなりました。

스미마셍. 가리[락쿄-]가 나쿠나리마시타.

이 접시, 다시 올려놔도 되나요?
この皿、もう一度上に載せてもいいですか。

코노 사라, 모-이치도 우에니 노세테모 이-데스까?

아무 데나 앉아도 되나요?
好きなところに座ってもいいですか。

스키나 토코로니 스왓테모 이-데스까?

DIALOG 4

초밥집에서

나 실례합니다. 참치와 광어 한 접시씩 주세요.

직원 네, 잠시만 기다려 주세요.
(잠시 후)

직원 많이 기다리셨습니다. 맛있게 드세요.

나 아, 감사합니다. 미소국도 좀 더 주세요. 고등어 초밥은 먹어본 적이 없습니다만, 비리지 않나요?

직원 항상, 매우 신선한 고등어를 준비하고 있으니까요, 전혀 비리지 않습니다.

나 맛있겠네요. 그럼 고등어도 하나 추가요.

すみません。まぐろとひらめ、1皿ずつ おねがいします。
스미마셍. 마구로토 히라메, 히토사라즈츠 오네가이시마스.

はい、少々 お待ちください。
하이, 쇼-쇼- 오마치쿠다사이.

お待たせしました。どうぞ。
오마타세시마시타. 도-조.

あ、ありがとうございます。味噌汁も もう少し おねがいします。さばは 食べたこと ないんですが、なまぐさく ないですか。
아, 아리가토-고자이마스. 미소시루모 모-스코시 오네가이시마스. 사바와 타베타코토 나인데스가, 나마구사쿠 나이데스까?

いつも、とても 新鮮な さばを 準備しておりますので、ぜんぜん なまぐさく ありません。
이츠모, 토테모 신센나 사바오 쥼비시테 오리마스노데, 젠젠 나마구사쿠 아리마셍.

おいしそうですね。じゃ、さばも 1皿 おねがいします。
오이시소-데스네. 쟈, 사바모 히토사라 오네가이시마스.

CHECK IT OUT | 초밥의 종류

여러분은 무슨 초밥을 가장 좋아하시나요? 회전 초밥집에서는 내 눈으로 보고 먹고 싶은 초밥을 골라 먹을 수 있고 메뉴판에 이미지와 영어 혹은 한글 메뉴로 잘 소개되어 있어서 주문하는 데 부담은 적습니다. 그래도 인기 있는 초밥 메뉴(생선 이름) 몇 가지 알아 두면 좋겠죠?

초밥의 종류

참치 鮪 마구로
참치 뱃살 本まぐろおおとろ 홈마구로오-토로
구운 참치뱃살 本まぐろ炙りおおとろ
홈마구로아부리오-토로
참치 중뱃살 本まぐろ中とろ 홈마구로츄-토로
연어 鮭(サーモン) 사케(사-몬)
구운 치즈 연어 炙りチーズサーモン 아부리 차-즈사-몬
구운 연어 炙りサーモン 아부리사-몬
광어 平目 히라메
참돔 真だい 마다이
쥐치 かわはぎ 카와하기
지느러미살 えんがわ 엥가와
구운 지느러미살 炙りえんがわ 아부리엥가와
정어리 いわし 이와시
고등어 鯖 사바
소금 식초 간한 고등어 しめ鯖 시메사바
새우 海老 에비
단새우 甘えび 아마에비
보리새우 車えび 쿠루마에비
갯가재 しゃこ 샤코
바다참게 ずわいがに 즈와이가니

청어알 数の子 카즈노코
장어 うなぎ 우나기
붕장어 穴子 아나고
전어 小肌 코하다
오징어 イカ 이카
오징어 다리 げそ 게소
문어 たこ 타코
생문어 生たこ 나마타코
가리비 ほたて 호타테
새조개 とり貝 토리가이
피조개 赤貝 아카가이
고동 つぶがい 츠부가이
군함 軍艦 궁캉
연어알 イクラ 이쿠라
성게알 うに 우니
명란 明太子 멘타이코
날치알 とび子 토비코
생김 生のり 나마노리
타코와사비 たこわさび 타코와사비
달걀 卵 타마고

초밥 먹는 방법

초밥을 먹을 때 대부분 밥에 간장을 찍어 먹곤 하는데, 생선 살에 간장을 찍어 먹는 게 정석이랍니다. 약간 익숙하지 않을 수도 있지만, 초밥을 옆으로 뉘어서 찍으면 한결 편합니다. 젓가락이 아닌 맨손으로 먹는 것도 방법입니다. 초밥은 흰살 생선에서 붉은살 생선 그리고 조개류, 양념이 된 초밥 순으로 가볍고 향이 약한 재료에서 강한 맛으로 가면 좋습니다.

KEY CHECK 5

음식 불만 제기

음식이 불만스러워요

식당에서 음식을 먹을 때 완전 만족할 수도 있지만 음식이 입에 안 맞거나 문제가 발생하는 경우가 종종 생기기도 합니다. 제 값을 지불하고 그에 정당한 서비스를 받으려면 그냥 넘어가지 마시고 바로 문제 제기를 하는 게 좋겠죠. 다음과 같은 표현이 도움될 거예요.

① 음식에 불만 있어요

필요한 문장에 표시해 보세요!

메인 코스에 문제가 있어요.
メインコースに 問題が あります。
메잉코-스니 몬다이가 아리마스.

감자가 거의 안 익었어요.
ポテトに 火が 通っていません。
포테토니 히가 토옷테 이마셍.

고기가 덜 익었어요.
肉が 焼けていません。
니쿠가 야케테 이마셍.

음식이 덜 익었네요.
料理に 火が 通っていませんね。
료-리니 히가 토옷테 이마센네.

채소가 너무 익어서 물컹거려요.
野菜に 火が 通りすぎて、ぐにゃぐにゃです。
야사이니 히가 토오리스기테, 구냐구냐데스.

구운 치킨은 좋은데 당근은 너무 익었어요.
ローストチキンはいいんですが、人参に火が通りすぎています。
로-스토치킹와 이인데스가, 닌진니 히가 토오리스기테 이마스.

국물에서 머리카락이 나왔어요.
スープに髪の毛が入っていました。
스-프니 카미노케가 하잇테 이마시타.

주문한 음식이 아니네요. 전 오야코동을 주문했어요.
注文した料理じゃありませんね。私は親子丼を注文しました。
츄-몬시타 료-리쟈 아리마센네. 와타시와 오야코동오 츄-몬시마시타.

스테이크를 웰던으로 주문했는데, 레어로 나왔어요.
ステーキをウェルダンで注文したんですが、レアで出てきました。
스테-키오 웨루단데 츄-몬시탄데스가, 레아데 데테 키마시타.

너무 짜요.
とても塩辛いです。／しょっぱいです。
토테모 시오카라이데스. / 숍빠이데스.

음식이 식었어요.
料理が冷めました。
료-리가 사메마시타.

다시 데워 주실래요?
もう一度温めていただけませんか。
모-이치도 아타타메테 이타다케마셍까?

이게 조금 짜네요.

これ、ちょっと しょっぱいですね。

코레, 촛토 숍빠이데스네.

▶ 느끼하다(기름지다) あぶらっこいです 아부락코이데스 / 차다 冷たい 츠메타이데스 /
시다 すっぱいです 습빠이데스 / 맵다 辛いです 카라이데스 /
싱겁다 うすいです 우스이데스 / 떫다 しぶいです 시부이데스

무슨 일이신가요? (무슨 문제인가요?)

どうか されましたか。

도-카 사레마시타카?

❷ 바꿔 주세요

새로 가져다주실래요?

新しい ものに 変えて いただけますか。

아타라시- 모노니 카에테 이타다케마스까?

잘 익은 것으로 바꿔 주시면 고맙겠어요.

よく 火が 通っている ものに 変えて いただけると ありがたいです。

요쿠 히가 토옷테이루 모노니 카에테 이타다케루토 아리가타이데스.

미소국이 너무 식었어요. 다시 가져다주실 수 있나요?

味噌汁が 冷めて います。もう一度 いただけますか。

미소시루가 사메테 이마스. 모-이치도 이타다케마스까?

정말 죄송합니다. 더 좋은 것으로 다시 가져다 드릴게요.

まことに 申し訳 ございません。もっと いい ものを お持ちします。

마코토니 모-시와케고자이마셍. 못토 이-모노오 오모치시마스.

DIALOG 5

요리에 문제가 있을 때

1

나	실례합니다!	あの、すみません。 아노, 스미마셍.
직원	네, 손님. 어떻게 도와 드릴까요?	はい、お客様、どのようなご用件でしょうか。 하이, 오캬쿠사마, 도노요-나 고요-켄데쇼-까?
나	닭날개 구이를 주문했는데 너무 안 익었어요. 게다가 맥주도 시원하지 않아요.	焼き手羽先を注文したんですけど、火が通っていませんね。それにビールも冷たくないです。 야키테바사키오 츄-몬시탄데스케도, 히가 토옷테 이마셍네. 소레니 비-루모 츠메타쿠 나이데스.
직원	죄송합니다. 바로 바꿔 드리겠습니다. *(잠시 후)*	申し訳ございません。すぐにお取替えいたします。 모-시와케고자이마셍. 스구니 오토리카에 이타시마스.
직원	여기 있습니다. 사과의 의미로 생맥주는 서비스로 드리겠습니다.	どうぞ。この生ビールはお詫びにサービスさせていただきます。 도-조. 코노 나마비-루와 오와비니 사-비스사세테 이타다키마스.
나	감사합니다.	ありがとうございます。 아리가토-고자이마스.

②

나	여기요.	あの、すみません。
		아노, 스미마셍.
직원	네, 무슨 일이시죠?	はい、何でしょうか。
		하이, 난데쇼-카?
나	이 달걀 부침에 껍질이 들어 있는 것 같아요. 딱딱한 것이 자꾸 씹히네요.	この卵焼きに殻が入っているようです。固いものを かみました。
		코노 타마고야키니 카라가 하잇테이루요-데스. 카타이모노오 카미마시타.
직원	아, 죄송합니다. 곧 새것으로 바꾸어 드릴게요.	あ、すみません。すぐ新しいものに お取替えいたします。
		아, 스미마셍. 스구 아타라시-모노니 오토리카에이타시마스.
나	감사합니다. 미소국도 더 주실 수 있나요?	ありがとうございます。味噌汁も おかわりできますか。
		아리가토-고자이마스. 미소시루모 오카와리데키마스까?
직원	네, 그럼요. 금방 가져다드릴게요.	もちろんです。すぐ お持ちいたします。
		모치론데스. 스구 오모치이타시마스.

252

KEY **CHECK** 6

1. 계산하기

계산서 요청하기

식사 맛있게 하셨나요? 식사가 끝나면 손을 들어 직원과 눈을 맞추세요. 그러면 다가올 거예요. 그리고 계산서를 달라고 말하세요. 시간이 넉넉하다면 디저트를 주문해서 여유롭게 더 즐겨도 좋겠습니다.

❶ 계산서 및 정리 요청하기

필요한 문장에
표시해 보세요!

🗨 계산서 주세요.
伝票を お願いします。
뎀뾰―오 오네가이시마스.

이것 좀 싸 주시겠어요?
これを 包んで いただけますか。
코레오 츠츤데 이타다케마스까?

테이블 좀 정리해 주실래요?
テーブルを 少し きれいに して いただけますか。
테―부루오 스코시 키레―니 시테 이타다케마스까?

한꺼번에 계산해 주세요.
まとめて 会計して ください。
마토메테 카이케―시테 쿠다사이.

따로 계산해 주세요.
別々に して ください。
베츠베츠니 시테 쿠다사이.

화장실이 어디 있죠?
トイレは どこに ありますか。
토이레와 도코니 아리마스까?

CHAPTER 5 | しょくじ **253**

② 계산서 관련 문의하기

🗨️ 계산서가 잘못된 것 같아요.
伝票が間違っているようです。

뎀뾰-가 마치갓테 이루요-데스.

여기 세금이 포함되나요?
ここに税金が含まれていますか。

코코니 제-킹가 후쿠마레테 이마스까?

영수증도 주세요.
領収書もください。

료-슈-쇼모 쿠다사이.

잔돈을 잘못 받았는데요.
おつりを間違って受け取ったようです。

오츠리오 마치갓테 우케톳타 요-데스.

450엔을 받아야 하는데 400엔을 주셨네요.
450円を受け取らなければならないんですが、400円をいただきました。

용햐쿠고쥬-엥오 우케토라나케레바 나라나인데스가, 용햐쿠엥오 이타다키마시타.

이건 주문하지 않았어요.
これは注文していません。

코레와 츄-몬시테 이마셍.

2. 식당 리뷰

이 식당은 몇 점!

맛집을 찾을 때 많은 사람이 블로그 검색을 하거나 그 식당을 경험한 사람들의 리뷰를 보고 판단합니다. 외국에 나가서도 마찬가지죠. 현지인들과 세계 여행객들의 맛집 리뷰를 살펴보고 식당에 가면 후회할 일 없을 겁니다.

1 여기 음식이 맛있어요

필요한 문장에
표시해 보세요!

이 집은 모든 메뉴가 맛있어.
この店はすべてのメニューがおいしいよ。

코노 미세와 스베테노 메뉴-가 오이시-요.

와규는 이 집이 제일이야!
和牛はこの店が一番だね。

와규-와 코노 미세가 이치반다네!

지금까지 먹어 본 것 중에 가장 맛있었어.
今まで食べてみたものの中で一番おいしかった。

이마마데 타베테 미타모노노 나카데 이치방 오이시캇타.

생선도 신선하고, 샐러드도 맛있었어.
魚も新鮮で、サラダもおいしかった。

사카나모 신센데, 사라다모 오이시캇타.

거기다 디저트 종류도 많아!
それにデザートの種類も多いよ。

소레니 데자-토노 슈루이모 오-이요!

DIALOG 6

계산하기

①

| 직원 | 식사는 어떠셨어요? | 食事はいかがでしたか。
쇼쿠지와 이카가데시타까? |

나　정말로 맛있었어요.　とても、おいしかったです。
　　　　　　　　　　　　토테모 오이시캇타데스.

직원　디저트 드시겠어요?　デザート いかがですか。
　　　　　　　　　　　　데자―토 이카가데스까?

나　아니요, 괜찮습니다. 계산서 주세요. (잠시 후)　いいえ、けっこうです。伝票をお願いします。
　　　　　　　　　　　　이―에, 켁코―데스. 뎀뾰―오 오네가이시마스.

직원　오래 기다리셨습니다. 여기 있습니다.　お待たせいたしました。どうぞ。
　　　　　　　　　　　　오마타세이타시마시타. 도―조.

나　세금이 포함됐나요?　税込みですか。
　　　　　　　　　　　　제―코미데스까?

직원　네, 그렇습니다. (잠시 후)　はい、そうです。
　　　　　　　　　　　　하이, 소―데스.

직원　여기 카드와 영수증 있습니다. 다음에 또 오세요.　どうぞ、カードと 領収書で ございます。またお越しください。
　　　　　　　　　　　　도―조, 카―도토 료―슈―쇼데 고자이마스. 마타 오코시쿠다사이.

나　감사합니다!　ありがとうございます。
　　　　　　　　　　　　아리가토―고자이마스!

②

직원　무슨 문제가 있나요?

나　계산서에 실수가 있는 것 같아요. 콜라가 계산서에 있는데 먹지도 않았고 주문하지도 않았어요. 그리고 제 아내가 먹은 샐러드는 매니저한테 서비스라고 들었습니다만…

직원　죄송합니다. 계산서를 다시 가져 드리겠습니다.

何か 問題が ございましたか。
나니카 몬다이가 고자이마시타까?

伝票に 間違いが あるようです。コーラが 伝票に あるんですけど 飲みませんでしたし、注文も しませんでした。それから、妻が 食べた サラダは マネージャーから サービスだと 聞きましたけど。
덴뾰-니 마치가이가 아루요-데스. 코-라가 덴뾰-니 아룬데스케도, 노미마셍데시타시, 츄-몬모 시마셍데시타. 소레카라, 츠마가 타베타사라다와 마네-쟈-카라 사-비스다토 키키마시타케도…

申し訳ございません。伝票を もう一度 お持ちいたします。
모-시와케고자이마셍. 덴뾰-오 모-이치도 오모치이타시마스.

CHECK IT OUT | 일본의 도시락과 에키벤

미식 천국인 일본의 먹거리 중 눈에 띄는 것은 단연 '도시락'입니다. 특히 역에서 파는 도시락인 '에키벤(駅弁)'의 인기는 매우 높습니다. 전국 맛집을 담아낸 한국 만화 '식객'처럼 일본 전국을 철도여행하며 다양한 지역 특산물이 담긴 도시락 체험을 그린 '에키벤' 만화 시리즈와 에키벤을 먹으며 여행하는 TV 프로그램이 인기를 얻었던 것을 보면 그만큼 에키벤의 명성을 알 수 있습니다. 에키벤 여행을 떠나 볼까요?

- 일본의 1인 가구 증가와 빠른 트렌드 변화, 잘 갖춰진 물류 시스템(배송)으로 일본의 도시락 문화는 다른 나라에 비해 월등히 발달했습니다. 일본 전국에 2천여 종 이상의 에키벤이 판매되고 있는데 이외에도 편의점, 프랜차이즈, 도시락 전문점 등 그 종류는 어마어마합니다.
- 한국에서 전국 휴게소 식당 음식 경연대회가 개최되는 것처럼 일본에서도 매년 에키벤 경연대회를 열고 상을 탄 에키벤의 기차역은 또 다른 명소가 되는 영광을 누릴 수 있습니다.
- 에키벤은 일반 편의점 도시락 가격에 비해 비싼 편인데, 저렴한 것은 한화 3천 원대부터 비싼 것은 수백만 원을 호가하는 도시락도 있습니다. 지역 특산품으로 요리하기 때문에 유명한 에키벤은 사전예약을 하거나 한정 수량이라 금방 품절되는 경우도 많습니다.
- 상업적인 도시락뿐만 아니라 도시락 문화는 일본의 일반 가정집에서도 깊게 스며들어 일상화되었습니다. 캐릭터 천국 일본답게 다양한 캐릭터 모양의 도시락 꾸미기부터 도시락 용품 또한 아기자기하게 많습니다. 도시락 꾸미기 관련 잡지나 책도 많이 출간됐고 캐릭터 도시락 꾸미기 강의도 인기가 높습니다.
- 간단한 한국의 삼각김밥 같은 주먹밥부터 반찬이 9개 이상 되는 도시락도 있는데, 우메보시(梅干)와 후리카케(ふりかけ)도 더불어 인기 있는 식품입니다. 우메보시는 소금에 절여 만든 매실절임으로 시큼 짭조름해서 호불호가 갈리지만 소화가 잘 되고 특히 상하기 쉬운 도시락에 방부제 역할을 하기도 한답니다. 후리카케는 밥 위에 뿌려 먹는 혼합분말 조미료로 일본어로 '뿌리다'라는 의미입니다. 잔멸치, 김, 깨 등을 밥에 섞어서 주먹밥을 만들거나 볶음밥 등에도 양념으로 뿌려 먹을 수 있습니다.
- 에키벤 공식 사이트(www.ekiben.or.jp)에 들어가면 지역별 에키벤과 경연대회 우승 에키벤 등의 다양한 정보를 얻을 수 있습니다. 에키벤 마크가 붙어 있는 것이 인증된 에키벤이지만 마크가 없는 일반 에키벤도 인기 있습니다.

KEY CHECK 7

1. 패스트푸드점

어딜 가나 만만한 패스트푸드

오래 여행을 다니다 보면 끼니마다 식당 찾아 들어가는 것도 귀찮아지는 때가 있어요. 그럴 땐 익숙해서 만만한 패스트푸드점으로 고고! 패스트푸드점에서도 좋아하는 건 추가하고 싫은 건 빼달라고 할 수 있어요. 그때 쓰는 표현을 알아보세요.

1 패스트푸드 주문하기

필요한 문장에
표시해 보세요!

케첩은 넣지 말고 1번으로 주세요.
ケチャップは かけないで、1番で お願いします。
케챱뿌와 카케나이데, 이치반데 오네가이시마스.

음료는 콜라로 주세요.
飲み物は コーラを お願いします。
노미모노와 코-라오 오네가이시마스.

빅맥이랑 코카콜라 큰 거 하나 주세요.
ビッグマックと ラージサイズの コーラを 1つ ください。
빅구막쿠토 라-지사이즈노 코-라오 히토츠 쿠다사이.

햄버거에 마요네즈를 빼 주세요.
ハンバーガーは マヨネーズ 抜きに してください。
함바-가-와 마요네-즈 누키니 시테 쿠다사이.

양파는 빼고 주시겠어요?
玉ねぎは 抜いて いただけますか。
타마네기와 누이테 이타다케마스까?

리필 되나요?
お代(か)わりができますか。

오카와리가 데키마스까?

▶ 참고로 일본 패스트푸드점에서 리필은 안 되고 추가 요금을 내야 합니다.

피자에 소시지 말고 치즈를 추가로 넣어 주시겠어요?
ピザ(ぴざ)にソーセージ(そーせーじ)じゃなくて、チーズ(ちーず)を追加(ついか)でのせていただけますか。

피자니 소-세-지쟈 나쿠테, 치-즈오 츠이카데 노세테 이타다케마스까?

가져갈 거예요. (포장해 주세요.)
持(も)ち帰(かえ)りです。

모치카에리데스.

여기서 먹을게요.
ここで食(た)べます。

코코데 타베마스.

빨대도 부탁합니다.
ストロー(すとろー) お願(ねが)いします。

스토로- 오네가이시마스.

여기서 드시나요? 가져가시나요?
お召(め)し上(あ)がりですか、お持(も)ち帰(かえ)りですか。

오메시아가리데스까, 오모치카에리데스까?

콜라 사이즈는 어떤 것으로 드릴까요?
コーラ(こーら)はどのサイズ(さいず)にしましょうか。

코-라와 도노 사이즈니 시마쇼-까?

2. 커피 주문하기

커피 한 잔, 여행의 여유

일본 여행에서 쇼핑이나 미술관 관람 후 약간 피로가 쌓일 때쯤 커피 한 잔의 여유가 그리워질 거예요. 도쿄는 커피의 천국이라고 할 만큼 전 세계 유명 커피 전문점들이 다 모여 있답니다. 일본의 커피 문화에 흠뻑 빠져 볼까요.

1 커피 주문하기

필요한 문장에
표시해 보세요!

카페라떼 스몰사이즈 한 잔 주세요.
カフェラテ、スモールサイズで1杯ください。
카훼라테, 스모-루사이즈데 입빠이 쿠다사이.

카페인 없는 라떼에 거품 조금만 얹어 주세요.
カフェインなしのラテに泡を少しのせてください。
카훼인 나시노 라테니 아와오 스코시 노세테 쿠다사이.

커피에 우유 조금만 더 넣어 주시겠어요?
コーヒーにミルクを少し入れていただけますか。
코-히-니 미루쿠오 스코시 이레테 이타다케마스까?

시럽을 반만 넣은 바닐라 라떼 한 잔 주세요.
シロップを半分だけ入れたバニララテを1杯ください。
시롭뿌오 함분다케 이레타 바니라라테오 입빠이 쿠다사이.

탈지 우유로 만든 라떼 있나요?
スキムミルクで作るラテがありますか。
스키무미루쿠데 츠쿠루 라테가 아리마스까?

시럽 추가하면 얼마인가요?
シロップを 追加したら、いくらですか。
시롭뿌오 츠이카시타라 이쿠라데스까?

둘 다 주세요.
両方とも ください。
료-호-토모 쿠다사이.

아무것도 넣지 말고 주세요.
何も 入れないで ください。
나니모 이레나이데 쿠다사이.

카푸치노 한 잔 가지고 갈 거예요.
カプチーノ1杯、テイクアウトします。
카푸치-노 입빠이, 테이쿠아우토시마스.

휘핑크림 빼고 카페 모카 한 잔 주세요.
ホイップクリーム 抜きで カフェモカ1杯 ください。
호입뿌쿠리-무 누키데 카훼모카 입빠이 쿠다사이.

커피에 크림과 설탕을 넣어 주세요.
コーヒーに クリームと 砂糖を 入れて ください。
코-히-니 쿠리-무토 사토-오 이레테 쿠다사이.

크림과 설탕은 어디 있어요?
クリームと 砂糖は どこに ありますか。
쿠리-무토 사토-와 도코니 아리마스까?

뭘 주문하시겠어요? (뭘 드릴까요?)
何に なさいますか。
나니니 나사이마스까.

따뜻한 것으로 드릴까요, 차가운 것으로 드릴까요?
ホットになさいますか、アイスになさいますか。

홋토니 나사이마스까, 아이스니 나사이마스까?

사이즈는요?
どのサイズになさいますか。

도노사이즈니 나사이마스까?

뜨거우니 조심하세요.
熱いですので、お気を付けください。

아츠이데스노데, 오키오츠케쿠다사이.

카페모카는 위에 휘핑크림이 올려져 나옵니다.
カフェモカは上にホイップクリームがのっています。

카훼모카와 우에니 호입뿌쿠리-무가 놋테 이마스.

DIALOG 7

패스트푸드 주문하기

나 1번 세트하고 음료는 오렌지 주스로 주세요.

1番のセットで飲み物はオレンジジュースをください。
이치반노 셋토데 노미모노와 오렌지쥬-스오 쿠다사이.

직원 사이즈는요?

どのサイズになさいますか。
도노사이즈니 나사이마스까?

나 큰 것으로 주세요.

大きいサイズでお願いします。
오-키이 사이즈데 오네가이시마스.

직원 여기서 드세요, 가져가세요?

お召し上がりですか、お持ち帰りですか。
오메시아가리데스까, 오모치카에리데스까?

나 여기서 먹을 거예요. 반으로 좀 잘라 주시겠어요? 아, 그리고 양파는 빼 주세요.

ここで食べます。半分にカットしてもらえますか？ あっ、それから玉ねぎは抜きにしてください。
코코데 타베마스. 함분니 캇토시테 모라에마스까? 앗, 소레카라 타마네기와 누키니 시테 쿠다사이.

직원 네, 알겠습니다.

はい、かしこまりました。
하이, 카시코마리마시타.

나 주스 리필되나요?

ジュースはおかわりできますか。
쥬-스와 오카와리데키마스까?

직원 죄송하지만, 리필은 안 됩니다.

申し訳ございませんが、おかわりはできません。
모-시와케고자이마셍가, 오카와리와 데키마셍.

커피 주문하기

직원 안녕하세요. 무엇을 드릴까요?

いらっしゃいませ。何になさいますか。
이랏샤이마세. 나니니 나사이마스까?

나 카페라떼 톨사이즈로 주세요.

カフェラテをトールサイズでお願いします。
카훼라테오 토-루사이즈데 오네가이시마스.

직원 따뜻한 걸로 드릴까요?

ホットになさいますか。
홋토니 나사이마스까?

나 네, 테이크아웃으로 할게요.

はい、テイクアウトでおねがいします。
하이, 테이쿠아우토데 오네가이시마스.

직원 네, 알겠습니다.

はい、かしこまりました。
하이, 카시코마리마시타.

CHECK IT OUT | 일본의 커피 문화

일본은 다도(茶) 문화로도 전통이 깊지만, 다른 나라에서 유입된 문화를 자국화시켜 원조를 능가하는 또 다른 거대 산업으로 키워내는 남다른 능력이 있습니다. 음식, 문화 등 산업 전반에서 말이죠. '커피'도 그중 하나인데, 커피는 18세기에 무역을 하러 들어온 외국인(네덜란드 상인)에 의해 일본에 들어왔습니다. 그 후 단순히 커피를 즐기는 선에서만 멈추지 않고 적극적으로 커피 연구를 시작했고 현재는 세계에서 생두를 가장 많이 수입하는 나라 중 하나로 소위 '커피 대국'으로 급성장했습니다.

- 커피 드리퍼는 독일에서 먼저 발명되었지만, 커피 관련 드립 도구의 상용·대중화에는 일본이 한발 앞섰습니다. 시중에서 쓰이는 도구들은 대부분 일본에서 만들어졌습니다.
- 일본의 커피 바리스타 교육 또한 유명합니다. 커피 유학과 연수를 위해 일본으로 가는 한국인들도 많습니다. 지리상 가깝고 훌륭한 커리큘럼을 갖춘 일본 커피 교육은 커피 바리스타 지망생들이나 현직 바리스타들이 꼭 경험하고 싶어 하는 과정이기도 합니다.
- 고베의 명소 중 하나인 'UCC 커피 박물관'은 일본 유일의 커피 박물관입니다. 세계 최초로 우유를 넣은 캔 커피를 만들어 보급한 '우에시마 타타오'가 건립한 이곳은 커피의 역사, 로스팅, 커피 문화 등 커피에 관한 모든 정보와 방대한 자료가 전시되어 커피 애호가뿐만 아니라 여행자들에게도 사랑받는 박물관입니다.
- 일본의 커피 시장 발달과 더불어 카페(커피 전문점), 디저트 산업도 자연스레 성장했습니다. 전 세계적으로 유명한 커피 브랜드가 도쿄에 모여 있어 해외 커피 시장 트렌드를 파악하려면 도쿄에 가라고 할 만큼 큰 영향력을 갖고 있습니다.

여행 안심 패스
VOCA BOX 5

음식·식재료 관련 어휘

맛

맛있다	おいしい / うまい		오이시ー / 우마이
맛없다	まずい		마즈이
짜다	しょっぱい		숍빠이
시다	すっぱい		숩빠이
맵다	からい	辛い	카라이
달다	あまい	甘い	아마이
쓰다	にがい	苦い	니가이
떫다	しぶい	渋い	시부이
싱겁다	うすい	薄い	우스이
진하다	こい	濃い	코이
기름지다	あぶらっこい	脂っこい	아부락코이
질기다	かたい	固い	카타이
연하다	やわらかい	柔らかい	야와라카이
뜨겁다	あつい	熱い	아츠이
차갑다	つめたい	冷たい	츠메타이
따뜻하다	あたたかい	温かい	아타타카이
미지근하다	ぬるい		누루이
담백하다	さっぱりする		삽빠리스루
데우다	あたためる	温める	아타타메루
차갑게 하다	ひやす	冷やす	히야스

일본 음식

회	さしみ	刺し身	사시미
정식	ていしょく	定食	테ー쇼쿠
메밀국수	そば		소바
삼각김밥	おにぎり		오니기리

초밥	すし	寿司	스시
(닭)꼬치구이	やきとり	焼き鳥	야키토리
샤부샤부	しゃぶしゃぶ		샤부샤부
오코노미야키	おこのみやき	お好み焼き	오코노미야키
낫또	なっとう	納豆	낫토−
불고기	やきにく	焼肉	야키니쿠
볶음국수	やきそば	焼きそば	야키소바
만두	ぎょうざ	餃子	교−자
경단	だんご	団子	당고
라면	ラーメン		라−멘
된장국	みそしる	味噌汁	미소시루
우동	うどん		우동
덮밥	どんぶり	丼	돈부리
돈가스 덮밥	かつどん	かつ丼	가츠동
튀김 덮밥	てんどん	天丼	텐동
타코야키	たこやき	たこ焼き	타코야키
어묵	おでん		오뎅
생선구이	やきざかな	焼き魚	야키자카나
쇠고기 전골	すきやき	すき焼き	스키야키
튀김	てんぷら	天ぷら	템뿌라
볶음밥	チャーハン		챠−항

생선 이름

장어	うなぎ		우나기
청어	にしん		니신
청어알	かずのこ		카즈노코

고등어	さば	鯖	사바
연어	さけ	鮭	사케
다랑어, 참치	まぐろ	鮪	마구로
갈치	たちうお		타치우오
복어	ふぐ		후구
게	かに		카니
굴	かき		카키
조개	かい	貝	카이
소라	さざえ		사자에
새우	えび	海老	에비
꽁치	さんま		삼마
대구	たら		타라
명란	たらこ		타라코
명태	めんたい	明太	멘타이
오징어	いか		이카
문어, 낙지	たこ		타코
넙치	ひらめ		히라메
상어	さめ		사메
고래	くじら		쿠지라
가자미	かれい		카레-

주류

술	さけ	酒	사케
주류판매소	さかや	酒屋	사카야
선술집	いざかや	居酒屋	이자카야
술집	のみや	飲み屋	노미야
포장마차	やたい	屋台	야타이

안주	さかな		사카나
마른안주	おつまみ		오츠마미
양주	ようしゅ	洋酒	요—슈
소주	しょうちゅう	焼酎	쇼—츄—
맥주	ビール		비—루
위스키	ウイスキー		우이스키—
와인	ワイン		와인
일본술	にほんしゅ	日本酒	니혼슈
칵테일	カクテル		카쿠테루
막걸리, 탁주	にごりざけ	濁り酒	니고리자케
마시다	のむ	飲む	노무
과음하다	のみすぎる	飲み過ぎる	노미스기루
취하다	よう	酔う	요우
숙취	ふつかよい	二日酔い	후츠카요이

채소, 과일

배추	はくさい	白菜	하쿠사이
무	だいこん	大根	다이콘
시금치	ほうれんそう		호—렌소—
양배추	キャベツ		캬베츠
미나리	せり		세리
당근	にんじん		닌진
고구마	さつまいも		사츠마이모
감자	じゃがいも		쟈가이모
토란	さといも	里芋	사토이모
고추	とうがらし	唐辛子	토—가라시
파	ねぎ		네기

양파	たまねぎ	玉ねぎ	타마네기
호박	かぼちゃ		카보챠
우엉	ごぼう		고보-
가지	なす	茄子	나스
오이	きゅうり		큐-리
부추	にら		니라
버섯	きのこ	茸	키노코
죽순	たけのこ		타케노코
송이버섯	まつたけ	松茸	마츠다케
마늘	にんにく		닌니쿠
겨자	からし		카라시
연근	れんこん	蓮根	렝콘
생강	しょうが	生姜	쇼-가
피망	ピーマン		파-망
사과	りんご		링고
배	なし	梨	나시
딸기	いちご	苺	이치고
감	かき		카키
복숭아	もも		모모
자두	すもも		스모모
귤	みかん		미캉
매실	うめ	梅	우메
살구	あんず		안즈
은행	ぎんなん	銀杏	긴낭
호두	くるみ		쿠루미
포도	ぶどう		부도-
밤	くり	栗	쿠리

대추	なつめ		나츠메
수박	すいか		스이카
유자	ゆず		유즈

요리 재료

요리	りょうり	料理	료―리
재료	ざいりょう	材料	자이료―
조미료	ちょうみりょう	調味料	쵸―미료―
냄비 요리	なべもの	鍋物	나베모노
우려낸 국물	だし	出汁	다시
설탕	さとう	砂糖	사토―
소금	しお	塩	시오
간장	しょうゆ	醤油	쇼―유
깨	ごま		고마
기름	あぶら	油	아부라
참기름	ごまあぶら	ごま油	고마아부라
식초	す	酢	스
후추	こしょう	胡椒	코쇼―
고추냉이	わさび		와사비
고기	にく	肉	니쿠
생선	さかな	魚	사카나
채소	やさい	野菜	야사이
계란	たまご	卵	타마고
밀가루	こむぎこ	小麦粉	코무기코
된장	みそ	味噌	미소
쌀	こめ	米	코메
접시	さら	皿	사라

젓가락	はし	箸	하시
스푼	スプーン		스푼 (스푸ーㄴ)
맛	あじ	味	아지
맛을 보다	あじを みる	味を 見る	아지오 미루

조리법

넣다	いれる	入れる	이레루
자르다, 썰다	きる	切る	키루
잘게 다지다	きざむ	刻む	키자무
삶다	にる	煮る	니루
굽다	やく	焼く	야쿠
튀기다	あげる	揚げる	아게루
(밥) 짓다	たく	炊く	타쿠
찌다	むす	蒸す	무스
데치다	ゆでる		유데루
버무리다	あえる	和える	아에루
볶다	いる		이루
기름에 지지다	いためる	炒める	이타메루
끓이다	わかす	沸かす	와카스
데우다	あたためる	温める	아타타메루
녹이다	とかす	溶かす	토카스
식히다	さます	冷ます	사마스

6

여행지에서 보고, 듣고, 놀기

일본 여행의 매력은 무엇일까요? 무엇보다 한국에서 가까워서 큰 부담 없이 갈 수 있다는 매력이 있죠. 또, 대도시의 화려함과 단아한 전통이 공존하는 곳이기도 합니다. 외곽으로 나가면 온천과 아름다운 풍광을 지닌 자연을 즐길 수도 있고요. 일본 여행에서 방울방울 추억을 만들 수 있게 도와줄 표현들을 알아봅시다.

たのしむ

KEY CHECK 1

관광 안내소

관광 안내소에서 알짜 정보 얻기

일본의 유명 관광지에는 여행자들을 위한 관광 안내소가 항상 있습니다. 그 도시의 관광 계획 준비를 제대로 못했다면 걱정하지 마세요. 안내소에 방문하면 다양한 관광 정보와 지도를 무료로 얻을 수 있고 숙소나 투어 예약도 가능합니다.

1 관광지 정보 얻기

필요한 문장에 표시해 보세요!

이 근처에 관광 안내소가 어디 있어요?
この 近くに 観光案内所が ありますか。 ✓
코노 치카쿠니 캉코-안나이쇼가 아리마스까?

꼭 가 봐야 할 곳은 어디예요?
必ず 行った 方がいい 場所は どこですか。
카나라즈 잇타 호-가 이-바쇼와 도코데스까?

역사 유적에 대한 정보 있나요?
歴史遺跡に ついての 情報 ありますか。
레키시이세키니 츠이테노 죠-호- 아리마스까?
▶ 문화 文化 붕까 / 역사 歴史 레키시 / 자연 自然 시젠

가장 인기 있는 관광지가 어디예요?
一番 人気が ある 観光地は どこですか。
이치방 닝키가 아루 캉코-치와 도코데스까?

이곳에 대해 좀 더 알려 주시겠어요?
この 場所に ついて 少し 教えて いただけますか。
코노 바쇼니 츠이테 스코시 오시에테 이타다케마스까?

길 좀 알려 주실래요?
道を 教えて いただけませんか。
미치오 오시에테 이타다케마셍까?

입장료 받아요?
入場料が 必要ですか。
뉴-죠-료-가 히츠요-데스까?

입장료가 얼마예요?
入場料は いくらですか。
뉴-죠-료-와 이쿠라데스까?

사진 찍어도 돼요?
写真を 撮っても いいですか。
샤싱오 톳테모 이-데스까?

② 관광지 지도와 안내 책자 얻기

이 지역 지도 있어요?
この 地域の 地図は ありますか。
코노 치이키노 치즈와 아리마스까?

무료 관광 책자 있어요?
無料の 観光ガイドブックは ありますか。
무료-노 캉코-가이도북쿠와 아리마스까?

한국어로 된 책자가 있어요?
韓国語の ガイドブックは ありますか。
캉코쿠고노 가이도북쿠와 아리마스까?

도쿄 전역에 대한 여행 정보가 있나요?
東京の 全域に ついての 旅行情報は ありますか。
토-쿄-노 젱이키니 츠이테노 료코-죠-호-와 아리마스까?

무료인가요?
無料ですか。
무료-데스까?

그것은 무료입니다.
それは 無料です。
소레와 무료-데스.

정보가 더 필요하시면 저쪽에 있는 무료 안내 책자를 가져가셔도 됩니다.
情報が もっと 必要でしたら、あちらの 無料案内ガイドブックを お持ちください。
죠-호-가 못토 히츠요-데시타라, 아치라노 무료-안나이가이도북쿠오 오모치쿠다사이.

3 길 묻기

이 근처에 은행이 있나요?
この 近くに 銀行が ありますか。
코노 치카쿠니 깅코-가 아리마스까?

은행은 어디에 있습니까?
銀行は どこに ありますか。
깅코-와 도코니 아리마스까?

환전소가 어디 있죠?
両替所は どこに ありますか。
료-가에쇼와 도코니 아리마스까?

이 호텔을 찾고 있어요.
この ホテルを 探しています。

코노 호테루오 사가시테 이마스.

길을 잃었어요.
道に 迷っています。

미치니 마욧테 이마스.

오른쪽으로 꺾으세요.
右に まがって ください。

미기니 마갓테 쿠다사이.

왼쪽으로 꺾으세요.
左に まがって ください。

히다리니 마갓테 쿠다사이.

직진하세요.
まっすぐ 行って ください。

맛스구 잇테 쿠다사이.

환전소는 2층에 있습니다.
両替所は 2階に あります。

료-가에쇼와 니카이니 아리마스.

TIP 관광 안내소의 또 다른 기능!

일본 여행 시 큰 사고가 아닌 불편한 점이나 부당한 일을 겪었을 때도 관광 안내소를 찾을 수 있습니다. 부당한 대우나 차별을 당했을 때 혼자만 삭히고 넘어갈 문제가 아니고 경우에 따라 공론화해서 다른 한국인에게 같은 피해가 가지 않도록 제동을 걸 필요가 있습니다. 이는 관광 안내소 혹은 일본 관광청, 영사콜센터를 통해 문의할 수 있습니다.

DIALOG 1

길 묻기

직원 안녕하세요.

こんにちは。
콘니치와.

나 네, 도시 지도 있나요?

こんにちは。市内地図 ありますか。
콘니치와. 시나이치즈 아리마스까?

직원 네, 여기 있습니다.

はい、あります。どうぞ。
하이, 아리마스. 도-조.

나 '아사쿠사'에 가고 싶은데, 여기서 먼가요?

浅草へ 行きたいんですが、ここから 遠いですか。
아사쿠사에 이키타인데스가, 코코카라 토-이데스까?

직원 아니요, 걸어서 10분밖에 안 걸려요.

いいえ、歩いて 10分しか かかりません。
이-에, 아루이테 쥽뿐시카 카카리마셍.

나 어떻게 가나요?

どうやって 行きますか。
도-얏테 이키마스까?

직원 호텔을 나와서 왼쪽으로 도세요. 그런 다음, 교통 신호등이 보일 때까지 약 200미터 직진하세요. 거기에 우체국이 있는데 그 앞의 횡단보도를 건너세요. 그곳을 오른쪽으로 돌면 곧 '아사쿠사'입니다.

ホテルから 出て、左に 曲がって ください。それから、信号が 見えるまで、約 200メートル まっすぐ 行って ください。そこに 郵便局が ありますが、その 前の 横断歩道を 渡って ください。そこを 右に 曲がると すぐ 浅草です。
호테루카라 데테, 히다리니 마갓테 쿠다사이. 소레카라 신고-가 미에루마데, 야쿠 니햐쿠메-토루 맛스구 잇테 쿠다사이. 소코니 유-빙쿄쿠가 아리마스가, 소노 마에노 오-단호도-오 와탓테 쿠다사이. 소코오 미기니 마가루토 스구 아사쿠사데스.

나 고맙습니다.

ありがとうございます。
아리가토-고자이마스.

CHAPTER 6 ｜たのしむ

CHECK IT OUT | 일본의 연중행사

한국과 일본은 지리적으로 역사적으로 서로 크고 작은 영향을 주고받은 터라 비슷한 연중행사가 많습니다. '마츠리(祭り)'의 유래는 신을 만나고 모신다는 것인데 현대로 와서 '축제'라는 의미로 쓰입니다. 한국에 지역마다 사과 축제, 고추 축제, 도자기 축제 등 수많은 축제가 있듯이 일본 또한 지역 특산물, 문화에 따라 다양한 축제가 있습니다. 그중 주요 몇 가지만 소개합니다.

월	축제
1월	오쇼-가츠 (お正月(しょうがつ)): 설날, 서로 새해 덕담 (あけましておめでとうございます: 아케마시테오메데토-고자이마스)을 나누며 세뱃돈도 주고받음
2월	세-진시키 (成人式(せいじんしき)): 매년 1월 두 번째 월요일, 성인식(20세), 전통복장을 입고 행렬 세츠분 (節分(せつぶん)): 입춘 전날(2월 3일), 밤에 집안 문을 열고 '鬼(おに)は外(そと)、福(ふく)は内(うち) (오니와 소토, 후쿠와 우치: 귀신은 집 밖으로, 복은 집 안으로)'라고 두 번 큰소리로 외치며 콩을 뿌리는 풍습 (豆(まめ)まき: 마메마키) 유키마츠리 (雪祭(ゆきまつ)り): 세계 3대 눈축제인 '삿포로 눈축제' 거대한 눈 조각 전시와 남녀노소 관광객들이 즐길 수 있는 다양한 겨울 놀 거리
3월	히나마츠리 (ひな祭(まつ)り): 3월 3일, 여자아이의 무병장수와 건강한 성장을 기원하는 날
4월	하나미 (花見(はなみ)): 벚꽃놀이, 벚꽃, 봄꽃을 구경하며 야외에서 도시락을 먹으며 즐김
5월	단고노 셋쿠 (端午(たんご)の節句(せっく)): 5월 5일, 어린이날(예전에는 남자아이 기념일)로 코이노보리 (こいのぼり; 천이나 종이로 만든 잉어)를 집밖에 장식하고 아이들의 건강과 입신양명을 기원 *4월 말부터 5월 초까지는 일본의 골든위크 (ゴールデンウィーク)
7월	타나바타 (七夕(たなばた)): 7월 7일, 한국과 같은 '견우와 직녀가 만난다'는 칠월칠석, 탄자쿠 (短冊(たんざく)) 대나무 가지 등에 소원을 적어 매달아 놓음
7, 8월	하나비 (花火(はなび)): 7, 8월 전국에 걸쳐 진행되는 일본 불꽃 축제, 지역별 축제 일정을 확인하려면 hanabi.walkerplus.com 검색
8월	오봉 (お盆(ぼん)): 8월 15일 전후, 추석, 지역마다 다양한 형태: 봉오도리 (盆踊(ぼんおど)り: 등불 장식을 둘러 춤추기), 봉쵸칭 (盆提灯(ぼんちょうちん): 묘소에 등을 달고 참배), 오쿠리비 (送(おく)り火(び): 오봉이 끝나는 날 영혼을 배웅하는 불 피우기 행사)
11월	시치고산 (七五三(しちごさん)): 11월 15일, 7세 여아, 5세 남아, 3세 남녀 아이가 가까운 절과 신사를 찾아 무사히 성장한 것을 조상에게 감사, 앞으로의 건강을 기원 (한국의 돌잔치와 유사), 기모노나 정장(드레스)을 입고 신사 방문, 가족과 사진 촬영을 하고 잔치를 염
12월	오오미소카 (大(おお)みそか): 12월 31일, 한 해 마무리와 새해 맞이 풍습, 제야의 타종 (한국의 섣달그믐과 유사), 밤참으로 가족들과 메밀국수를 먹으며(도시코시소바: 年越(としこ)しそば) 긴 국수 가락처럼 장수를 기원

일본의 신사 (神社)

일본의 '신사'는 신도의 신을 제사 지내는 곳을 말합니다. 신도는 일본의 고유 민족(토착) 신앙인데 2차 세계대전 후 일본의 종교가 국가에서 분리되면서 현재 신도 등 여러 종교는 별도 법인으로 운영되고 있습니다. 한국 곳곳에 절과 같은 종교 시설이 있듯이 일본의 신사도 전국에 8만여 개로 산재해 있습니다. 산책하기 좋은 주변 환경을 갖추고 일본 전통 문화를 느끼고 싶어하는 여행자들이 잘 들리는 곳이지만 껄끄러운 한일 역사에 있어 주의해야 할 신사도 있습니다.

– 신사 참배 순서는 표지판에 잘 안내되어 있습니다. 예를 들면, 입구 쪽에 우물처럼 되어 있는 곳에서 왼손을 먼저 씻고 다음 오른손을 씻고 하는 등의 순으로 참배 전 몸과 마음을 정갈하게 하는 행위를 합니다. 이때 유의할 점은 한국의 약수터처럼 물을 마시면 안 됩니다. 참배할 때도 종이 달린 줄 흔들기, 돈 넣기 등의 일정한 순서에 맞춰 진행합니다.

– 오미쿠지(おみくじ)는 신사나 절 등에서 운세 뽑기를 말합니다. 보통 100엔을 내고 뽑은 번호로 운세 쪽지를 받고(방법은 신사마다 다름, 자판기도 있음) 운세가 나쁘게 나온 경우 나쁜 운이 나오지 않게 접어 새끼줄에 묶어 두는데 운에 상관없이 묶어 두는 경우가 많습니다.

– 신사 마당에서 볼 수 있는 나무 또는 주황색 기둥은 일본 전통문으로 '도리이(鳥居)'라고 부릅니다. 불경한 곳(속세)과 신성한 곳(신사)을 구분하는 경계를 의미하기도 하며 기부로 세워져 기둥에는 기부자의 이름이 가득 쓰여 있는 경우가 많습니다.

KEY **CHECK** 2

현지 투어 문의

현지 투어를 해 볼까요?

교통편이 복잡하거나 어르신을 모시고 일본 여행을 할 때 투어는 여행자들에게 매력적인 선택입니다. 투어는 대개 여행사를 통해 한국인 가이드가 인솔해서 언어 걱정은 안 해도 되지만, 일본어를 어느 정도 하시거나 일본어 공부를 하시는 분들은 도전 삼아 일본인이 진행하는 투어를 해 보는 것도 좋은 경험이 될 수 있습니다.

1. 가격, 결제 방법 및 투어 포함 사항 문의

필요한 문장에 표시해 보세요!

투어 가격이 얼마예요?
ツアーの値段はいくらですか。
츠아-노 네당와 이쿠라데스까?

세금이 포함된 가격이에요?
税込みの値段ですか。
제-코미노 네당데스까?

투어에 뭐가 포함되죠?
ツアーに何が含まれていますか。
츠아-니 나니가 후쿠마레테 이마스까?

식사나 음료가 투어에 포함되나요?
食事や飲み物はツアーに含まれていますか。
쇼쿠지야 노미모노와 츠아-니 후쿠마레테 이마스까?

온라인 결제해도 돼요?
オンライン決済してもいいですか。
온라인 켓사이시테모 이-데스까?

만약의 경우 투어 비용을 환불받을 수 있어요?
万一の 場合、ツアー代金を 返金して もらえますか。

망이치노 바아-이, 츠아-다이킹오 헹킨시테 모라에마스까?

날씨가 안 좋아도 투어를 진행하나요?
天気が 良くなくても ツアーは 実施されますか。

텡키가 요쿠나쿠테모 츠아-와 짓시사레마스까?

2 관광 투어 상품 문의

투어 중에 자유 시간이 있어요?
ツアー中に 自由時間は ありますか。

츠아-츄-니 지유-지캉와 아리마스까?

투어는 얼마나 시간이 걸리죠?
ツアーは どのぐらい 時間かかりますか。

츠아-와 도노구라이 지캉카카리마스까?

아이들[어르신들]에게 맞는 투어예요?
子供たち[お年寄り]に 合う ツアーですか。

코도모타치[오토시요리]니 아우 츠아-데스까?

투어 중에 걸을 일이 많아요?
ツアー中に 歩くことが 多いですか。

츠아-츄-니 아루쿠코토가 오-이 데스까?

가져가야 할 것이 있어요?
持って 行かなければ ならないものが ありますか。

못테 이카나케레바 나라나이 모노가 아리마스까?

호텔에서 픽업해 줄 수 있어요?
ホテルで ピックアップして いただけますか。

호테루데 픽쿠압뿌시테 이타다케마스까?

만나는 장소가 어디예요?
集合場所は どこですか。

슈-고-바쇼와 도코데스까?

그곳에 몇 시에 가면 되죠?
そこに 何時に 行けば いいでしょうか。

소코니 난지니 이케바 이-데쇼-까?

투어는 몇 시에 시작해요[끝나요]?
ツアーは 何時に 始まりますか[終わりますか]。

츠아-와 난지니 하지마리마스까[오와리마스까]?

❸ 투어 중에

2시까지 식당 앞에 가면 되나요?
2時までに 食堂の 前に 行けば いいですか。

니지마데니 쇼쿠도-노 마에니 이케바 이-데스까?

천천히 말해 주세요.
ゆっくり 話して ください。

육쿠리 하나시테 쿠다사이.

좀 더 크게 말해 주세요.
もう ちょっと 大きな 声で 話して ください。

모- 춋토 오-키나 코에데 하나시테 쿠다사이.

다시 한 번 말씀해 주시겠어요?
もう一度話して くださいませんか。
모-이치도 하나시테 쿠다사이마셍까?

무리(그룹)를 잃었어요.
グループから離れて しまいました。
구루-뿌카라 하나레테 시마이마시타.

CHAPTER 6 | たのしむ

DIALOG 2

관광 투어

가이드 안녕하세요. 저는 가이드 야마모토입니다. 자, 이제 출발하겠습니다. 투어 중 궁금하신 점 있으시면 언제든지 물어보세요.

こんにちは。私はガイドの山本です。では出発いたします。ツアー中、気になる点がございましたら、いつでもお聞きください。

콘니치와. 와타쿠시와 가이도노 야마모토데스. 데와 슙빠츠이타시마스. 츠아-츄-, 키니나루 텡가 고자이마시타라, 이츠데모 오키키쿠다사이.

나 질문이 있는데요. 투어 중에 많이 걷나요?

質問があるんですが。ツアー中にたくさん歩きますか。

시츠몽가 아룬데스가… 츠아-츄-니 탁상 아르키마스까?

가이드 그리 많이 걷지는 않습니다. 공원에서는 틈틈이 휴식 시간이 있습니다.

それほどたくさんは歩きません。公園では時々休みの時間があります。

소레호도 탁상 아루키마셍. 코-엔데와 토키도키 야스미노 지캉가 아리마스.

나 그런가요? 다행이네요.

そうですか、よかったです。

소-데스까, 요캇타데스.

여행객 점심은 언제 먹나요?

お昼ご飯はいつ食べますか。

오히루고항와 이츠 타베마스까?

가이드 공원 투어를 마치고 그 근처 식당에서 1시쯤 먹을 거예요.

公園ツアーが終わってからその近所の食堂で1時ぐらいに食べる予定です。

코-엔츠아-가 오왓테카라 소노 킨죠노 쇼쿠도-데 이치지구라이니 타베루 요테-데스.

❷

가이드 모두 관람 잘 하셨나요? 알찬 시간 되셨길 바랍니다.

みなさん、楽しく観覧されましたか。充実した時間になりましたらいいのですが。
미나상, 타노시쿠 칸란사레마시타까? 쥬-지츠시타 지캉니 나리마시타라 이-노데스가…

나 덕분에 좋은 작품 잘 봤습니다. 친절한 설명 감사합니다.

おかげさまで、いい作品を楽しみました。親切に説明してくださってありがとうございます。
오카게사마데, 이-사쿠힝오 타노시미마시타. 신세츠니 세츠메-시테 쿠다삿테 아리가토-고자이마스.

가이드 감사합니다. 그럼 3시까지 선물 가게에서 필요하신 물건 살펴보시고 미술관 입구에서 3시에 뵙겠습니다.

ありがとうございます。では3時までお土産店で必要なものをご覧になって美術館の入り口で3時にお会いしましょう。
아리가토-고자이마스. 데와 산지마데 오미야게텐데 히츠요-나모노오 고란니낫테 비쥬츠칸노 이리구치데 산지니 오아이시마쇼-.

나 밖에서 쉬어도 되나요?

外で休憩してもいいですか。
소토데 큐-케-시테모 이-데스까?

가이드 물론입니다.

もちろんです。
모치론데스.

CHECK IT OUT | 일본 애니메이션 투어

여러분도 일본 애니메이션을 좋아하시나요? 일본 애니메이션은 가히 세계 최고라 할 만큼 높은 수준과 인기를 자랑합니다. 그래서 애니메이션 박물관도 덩달아 인기가 높답니다. 많은 일본 애니메이션이 실제 일본 도시 곳곳을 무대로 하고 있어서 소위 덕후들은 그 애니메이션 무대를 찾아 등장인물의 발자취를 더듬기도 한답니다. 일본 정부 또한 애니메이션 관광 사업에 큰 관심과 투자를 하고 있죠. 여러분도 유명 애니메이션의 무대로 떠나 보실래요?

'슬램덩크'의 에노시마, 가마쿠라
도쿄에서 그리 멀지 않은 지역으로 서태웅(루카와)과 강백호(사쿠라기)가 훈련했던 멋진 해변과 석양을 바라보며 예쁜 전차가 지나가는 것을 볼 수 있습니다.

'명탐정 코난'의 돗토리, 요나고
'명탐정 코난 미스터리 투어'로 각자 만화 주인공 '코난'이 되어 살인사건의 단서를 찾아다니며 여행을 즐길 수 있습니다. 투어 패스를 구입하면 교통뿐 아니라 박물관 등을 무료로 방문할 수 있습니다.

'원령공주'의 가고시마, 야쿠시마 섬
일본 남단에 위치, 유네스코 세계자연유산에 등재된 섬으로 대부분이 산으로 이루어져 있습니다. 시라타니운스이쿄(白谷雲水峽) 계곡은 지구상에서 이끼가 가장 많은 곳으로 신비한 분위기와 고목, 울창한 숲을 자랑합니다. 트레킹 코스로도 인기가 많습니다.

'너의 이름은'의 기후현, 다카야마
근래 인기를 끌었던 애니메이션으로 일본 정부에서 이 무대를 관광 사업으로 선정했습니다. 고즈넉하고 전통 있는 지역으로, 당장 여행을 떠나고 싶게 만드는 멋진 곳입니다.

KEY CHECK 3

1. 공연 보기

공연 보러 가요

일본에서 공연을 보는 것도 색다른 경험이 될 거예요. 인기 J-pop 가수 콘서트도 좋고, '가부키', '샤미센'같은 전통 공연도 의미 있겠죠. 언어가 짧다고 이런 경험을 포기하지 마세요. 공연 연출, 분위기, 무대 장치, 의상, 음악 등 말을 못 알아들어도 느낄 수 있는 건 많답니다.

1 공연 정보 묻기

필요한 문장에
표시해 보세요!

오늘 밤에 갈 만한 좋은 곳 좀 추천해 주실래요?
今晩 行くのに いい 場所を お勧めして いただけませんか。
콤방 이쿠노니 이-바쇼오 오스스메시테 이타다케마셍까?

밤에 할 만한 재미있는 것 좀 추천해 주실래요?
夜 するのに 楽しい ことを お勧めして いただけませんか。
요루 수루노니 타노시- 코토오 오스스메시테 이타다케마셍까?

기분 전환도 할 겸 색다른 것을 보고 싶어요.
気分転換に なる 少し 珍しい ものが 見たいです。
키분텐캉니 나루 스코시 메즈라시-모노가 미타이데스.

록콘서트에 가면 좋겠어요.
ロックコンサートに 行きたいです。
록쿠콘사-토니 이키타이데스.

이번[다음] 주에 어떤 행사가 있어요?
今週[来週]、どんな 行事が ありますか。
콘슈-[라이슈-], 돈나 교-지가 아리마스까?

오늘 밤에 상영하는 프로가 뭐예요?
今晩 上映されるのは 何ですか。

콤방 죠-에-사레루노와 난데스까?

오늘 밤에 오페라 공연 뭐 하나요?
今晩 オペラ公演は 何を しますか。

콤방 오페라코-엥와 나니오 시마스까?

현재 인기 있는 게 뭐예요?
今 人気が あるのは 何ですか。

이마 닝키가 아루노와 난데스까?

현재 가장 인기 있는 연극이 뭐예요?
今 一番 人気が ある 演劇は 何ですか。

이마 이치방 닝키가 아루 엥게키와 난데스까?

1층 앞 좌석 티켓이 남았어요?
1階の 前の 座席の チケットは 残っていますか。

익카이노 마에노 자세키노 치켓토와 노콧테 이마스까?

---

2 공연 내용 자세히 묻기

바로 여기 호텔에서 꽤 괜찮은 재즈 밴드 연주가 있다고 들었어요.
このホテルの すぐ 前で とても いい ジャズ・バンドの 演奏が あると 聞きました。

코노 호테루노 스구 마에데 토테모 이- 쟈즈반도노 엔소-가 아루토 키키마시타.

누가 출연하죠?
誰が 出演するんでしょうか。

다레가 슈츠엔수룬데쇼-까?

감독이 누구죠?
監督は どなたでしょうか。

칸토쿠와 도나타데쇼-까?

어디서 상연하고 있어요?
どこで 上映して いますか。

도코데 죠-에-시테 이마스까?

무슨 내용이에요?
どんな 内容ですか。

돈나 나이요-데스까?

누가 지휘해요?
指揮者は 誰ですか。

시키샤와 다레데스까?

축제 기간, 공원은 무료 개방합니다.
お祭りの 間、公園は 無料開放で ございます。

오마츠리노 아이다, 코-엥와 무료-카이호-데 고자이마스.

2. 공연장에서

공연장에서 필요한 일본어

공연 관람은 인터넷 예매가 일반적이지만 즉흥적으로 공연을 보게 될 경우 현장 구매를 해야 할 경우가 생깁니다. 더 좋은 좌석이 남아 있는지, 더 싼 티켓은 없는지 꼭 필요한 질문 정도는 확실히 챙기세요. 공연장 외에 박물관이나 유료 입장 관광지에서도 아래 표현이 유용하게 쓰일 겁니다.

❶ 표 구매(예약)하기

필요한 문장에
표시해 보세요!

표를 어디서 사죠?
チケットはどこで買えますか。
치켓토와 도코데 카에마스까?

김민 이름으로 표를 예약했어요.
キムミンという名前でチケットを予約しました。
키무민토 이우 나마에데 치켓토오 요야쿠시마시타.

매표소에서 표를 받으면 되나요?
チケット売り場でチケットを受け取ればいいですか。
치켓토우리바데 치켓토오 우케토레바 이-데스까?

공연 안내서가 있나요?
公演案内書がありますか。
코-엥 안나이쇼가 아리마스까?

입구[출구]는 어디예요?
入口[出口]はどこですか。
이리구치[데구치]와 도코데스까?

학생 할인이 있나요?
学生割引[学割]が ありますか。

각세-와리비키[가쿠와리]가 아리마스까?
▶ 노인 お年寄り 오토시요리 (老人 로-진) / 어린이 子供 코도모 / 단체 団体 단타이

한 자리만 예약해 주실래요?
席 1つだけ 予約して いただけますか。

세키 히토츠다케 요야쿠시테 이타다케마스까?

좌석 있어요?
席が 空いて いますか。

세키가 아이테 이마스까?

오늘 남아 있는 표 있어요?
今日 残っている チケットが ありますか。

쿄- 노콧테 이루 치켓토가 아리마스까?

입석 있어요?
立ち見席が ありますか。

타치미세키가 아리마스까?

5시 공연으로 2장 주세요.
5時の 公演を 2枚 ください。

고지노 코-엥오 니마이 쿠다사이.

가장 싼 좌석으로 2장 주세요.
一番 安い座席を 2枚 ください。

이치방 야스이 자세키오 니마이 쿠다사이.

가장 싼[비싼] 표는 얼마예요?
一番 安い[高い] チケットは いくらですか。

이치방 야스이[타카이] 치켓토와 이쿠라데스까?

일반석 3장 합쳐 얼마예요?
一般席 3枚でいくらですか。
입빤세키 삼마이데 이쿠라데스까?

더 싼 좌석은 없어요?
もっと 安い 席は ありませんか。
못토 야스이 세키와 아리마셍까?

지금 입장해도 됩니까?
今、入っても いいですか。
이마, 하잇테모 이-데스까?

매진입니다.
完売です。
캄바이데스.

저녁 7시 공연은 매진이고, 오후 4시 공연은 자리가 있습니다.
7時の 公演は 完売で、4時の 講演は 席が 空いています。
시치지노 코-엥와 캄바이데, 요지노 코-엥와 세키가 아이테이마스.

짐은 가지고 들어갈 수 없습니다.
手荷物は 持って 入れません。
테니모츠와 못테 하이레마셍.

성인 두 장해서 총 4,500엔입니다.
大人2枚、合わせて 4,500円です。
오토나 니마이, 아와세테 욘센고햐쿠엔데스.

10분 전에 입장해 주세요.
10分 前に 入場なさって ください。
즙뿐 마에니 뉴-죠-나삿테 쿠다사이.

❷ 이것저것 묻기

쇼는 몇 시에 시작되죠?
ショーは何時に始まりますか。
쇼-와 난지니 하지마리마스까?

미성년자 출입 금지인가요?
未成年者は入場禁止ですか。
미세-넨샤와 뉴-죠-킨시데스까?

한국어 팸플릿 있나요?
韓国語のパンフレットありますか。
캉코쿠고노 팜후렛토 아리마스까?

화장실 좀 쓸 수 있나요?
トイレを使うことができますか。
토이레오 츠카우코토가 데키마스까?

죄송하지만, 어린이들은 입장할 수 없습니다.
申し訳ございませんが、お子様は入場できません。
모-시와케고자이마셍가, 오코사마와 뉴-죠- 데키마셍.

네, 뒤쪽에 있어요.
はい、後方にあります。
하이, 코-호-니 아리마스.

TIP 일본의 클래식 공연

일본의 클래식 음악 산업은 아시아 최고이며, 클래식 음악의 본고장인 유럽과 어깨를 나란히 할 정도로 규모가 큽니다. 해외 문물을 받아들이고 그것을 적극 연구, 개발하는 일본 특유의 근력으로 악기, 음악 교육 프로그램, 음반, 공연, 오케스트라 등 전반적인 음악 산업이 최고 수준을 자랑합니다. 클래식이나 재즈에 관심 있는 분들은 일본의 클래식 공연을 보거나 악기 매장(쇼룸)을 방문해도 좋겠습니다.

DIALOG 3

공연 정보 얻기

❶

나 밤에 즐길 만한 재미난 것 좀 추천해 주세요.

夜、楽しめる おもしろいことを お勧めして いただけませんか。

요루, 타노시메루 오모시로이코토오 오스스메시테 이타다케마셍까.

직원 호텔 건너편 극장에서 일본 전통 인형극을 하는데, 관심 있으세요? 매일 밤 공연이 있어요.

ホテルの 向かい側の 劇場で 日本の 伝統人形劇が あるんですが、ご興味が ありますか。毎晩、公演が あります。

호테루노 무카이가와노 게키죠-데 니혼노 덴토-닝교-게키가 아룬데스가, 고쿄-미가 아리마스까? 마이방 코-엥가 아리마스.

나 어린이도 볼 수 있나요?

子供も 見ることが できますか。

코도모모 미루코토가 데키마스까?

직원 네, 그럼요. 가족들이 즐길 수 있는 공연이에요.

はい、もちろんです。家族で 楽しめる 公演です。

하이, 모치론데스. 카조쿠데 타노시메루 코-엔데스.

❷

나 일반석으로 두 장 주세요. 얼마죠?

一般席 2枚 お願いします。いくらですか。

입빤세키 니마이 오네가이시마스. 이쿠라데스까?

직원 일반석 2장 합쳐서 2,400엔이고 세금 포함 가격입니다.

合わせて 2,400円で、税込みの 値段です。

아와세테 니센용햐쿠엔데, 제-코미노 네단데스.

나 공연이 몇 시에 시작하죠?

公演は 何時に 始まりますか。

코-엥와 난지니 하지마리마스까?

직원 4시에 시작합니다.

4時に 始まります。

요지니 하지마리마스.

나 (공연 시간은) 얼마나 되나요?

どのくらい かかりますか。

도노쿠라이 카카리마스까?

직원 2시간 정도 해요.

2時間ぐらい かかります。

니지캉구라이 카카리마스.

CHECK IT OUT | 일본의 전통 공연

일본 문화에 관심이 많은 분이라면 일본 전통 공연 관람을 추천합니다. 아직 일본어가 능숙하지 않아서 공연을 이해할 자신이 없다면 '샤미센' 같은 전통 음악 공연도 괜찮고요. 요즘은 현대식으로 적절히 융합해서 외국인도 쉽게 접할 수 있는 크로스오버 공연이 많답니다. 일본 전통 공연에 뭐가 있는지 알아볼까요?

가부키 (歌舞伎)

일본 고전 연극 중 한 종류로 춤, 음악, 연기가 함께 어우러진 공연입니다. 현대식 가부키도 요즘 인기를 끌고 있는데 예를 들면, 유명 애니메이션 '원피스'를 가부키 스타일로 연출한 것입니다. 전통 색을 띠면서 뮤지컬처럼 화려한 군무와 무대 연출을 자랑합니다.

교켄 (狂言)

일본 전통 연극의 종류로 희극 장르입니다. 밝고 따뜻한 웃음을 주로 하여 가벼운 풍자를 다루기도 합니다. 참고로 노(能)는 교켄과는 달리 노래와 춤으로 구성되며, 다소 정적이고 비극적인 내용을 다루고 가면을 씁니다.

분라쿠 (文楽)

닝교죠루리(人形浄瑠璃)라고도 불리는 일본 전통 인형극입니다. 인형은 눈과 입, 눈썹까지 움직일 정도로 정교하게 만들어졌고 인형을 조종하는 공연자는 검정 옷과 두건을 쓰고 보이지 않게 하지만 유명한 공연자들은 얼굴을 보이고 화려한 의상을 입기도 합니다.

샤미센 (三味線)

일본의 발현 악기로 한국의 해금과 약간 비슷하나 샤미센은 활이 아닌 '발목'이라는 주걱 모양의 채로 켭니다. 일본 전통 공연 연주로 많이 쓰이며 현대에 와서 크로스오버 뮤직 등 현대 음악과 조화로 대중적인 인기를 끌고 있습니다. 별도 연주회도 자주 접할 수 있지만 고급 식당에서 식간에 연주하기도 합니다.

KEY CHECK 4

박물관과 미술관 방문

배울 거리, 감상 거리도 많아요

일본에는 도쿄에만 20개 이상의 박물관과 미술관이 있습니다. 유럽의 유명 미술 작품부터 일본 예술품과 (아쉽지만) 한국에서 유출된 유물까지 다양한 전시품이 있습니다. 작품 관람도 좋지만 전시관 건축물 또한 유명하니 그것도 관심 있게 살펴보시길 바랍니다.

① 전시에 대해 문의하기

필요한 문장에 표시해 보세요!

박물관 개장[폐장] 시간이 몇 시예요?
博物館の 開館[閉館]時間は 何時ですか。
하쿠브츠칸노 카이칸[헤–칸]지캉와 난지데스까?

박물관 안내 지도 있어요?
博物館の 案内図が ありますか。
하쿠브츠칸노 안나이즈가 아리마스까?

한국어로 진행되는 투어 있어요?
韓国語の ツアーが ありますか。
캉코쿠고노 츠아–가 아리마스까?

한국어 오디오 가이드를 이용할 수 있나요?
韓国語の オーディオガイドが 利用できますか。
캉코쿠고노 오–디오가이도가 리요–데키마스까?

가장 인기 있는 전시회가 뭐죠?
一番 人気が ある 展示会は 何でしょうか。
이치방 닝키가 아루 텐지카이와 난데쇼–까?

모네 전시회가 있나요?
モネの 展示会が あります か。
모네노 텐지카이가 아리마스까?

언제[며칠]까지 전시하죠?
いつ[何日]までですか。
이츠[난니치]마데데스까?

2 감정・상태 표현하기

대단해요!
すごいですね。
스고이데스네!

재미있네요.
おもしろいですね。
오모시로이데스네.

이상하네요.
おかしいですね。
오카시-데스네.

좀 지루하네요.
ちょっと たいくつですね。
춋토 타이쿠츠데스네.

발이 아파요!
足が 痛いです。
아시가 이타이데스!

③ 사진 촬영

여기서 사진 찍어도 돼요?
ここで写真を撮ってもいいですか。
코코데 샤싱오 톳테모 이-데스까?

박물관에서 사진 촬영이 가능한가요?
博物館で写真撮影ができますか。
하쿠브츠캉데 샤신사츠에-가 데키마스까?

'촬영 금지' 표시가 있는 장소에서는 카메라 사용이 금지되어 있습니다.
「撮影禁止」表示がある場所ではカメラの使用は禁止されています。
'사츠에-킨시'효-시가 아루 바쇼데와 카메라노 시요-와 킨시사레테 이마스.

미술관과 박물관 내부에서는 사진 촬영이 금지되어 있습니다.
美術館と博物館の中では写真撮影は禁止されています。
비쥬츠칸토 하쿠브츠칸노 나카데와 샤신사츠에-와 킨시사레테 이마스.

지하와 건물 밖에서는 찍을 수 있어요.
地下と建物の外では撮影可能です。
치카토 타테모노노 소토데와 사츠에-카노-데스.

④ 사진 촬영 부탁하기

사진 좀 찍어 주시겠어요?
写真を撮っていただけますか。
샤싱오 톳테 이타다케마스까?

이 버튼만 눌러 주시면 됩니다.
このボタンを押せばいいです。

코노 보탕오 오세바 이-데스.

함께 찍지 않을래요?
いっしょに撮りませんか。

잇쇼니 토리마셍까?

저 조각상 앞에서 저희들 사진 좀 찍어 주실래요?
あの彫刻の前で、私達の写真を撮っていただけませんか。

아노 쵸-코쿠노 마에데, 와타시타치노 샤싱오 톳테 이타다케마셍까?

저 건물이 보이도록 사진 좀 찍어 주실래요?
あのビルが見えるように撮っていただけませんか。

아노 비루가 미에루요-니 톳테 이타다케마셍까?

5 박물관 사물함 이용 문의

가방을 맡길 수 있나요?
かばんが預けられますか。

카방가 아즈케라레마스까?

박물관에 사물함이 있어요?
博物館にロッカーがありますか。

하쿠브츠칸니 록카-가 아리마스까?

DIALOG 4

박물관 관람

❶

직원 안녕하세요. 몇 장 드릴까요?

こんにちは。何枚でしょうか。
콘니치와. 남마이데쇼—까?

나 성인 둘에 어린이 둘이요.

大人 2人、子供 2人です。
오토나 후타리, 코도모 후타리데스.

직원 2,400엔입니다. 15분 후에 가이드 투어가 있는데 저쪽에서 기다리시면 됩니다.

2,400円です。15分後に ガイドツアーが あるので、あちらの方で お待ちください。
니셍용햐쿠엔데스. 쥬—고훙고니 가이도츠아—가 아루노데, 아치라노 호—데 오마치쿠다사이.

나 고마워요!

ありがとうございます。
아리가토—고자이마스!

직원 여기 안내 책자예요. 관람 즐겁게 하세요.

こちらは 案内ガイドブックです。お楽しみください。
코치라와 안나이가이도북쿠데스. 오타노시미쿠다사이.

---

❷

나 오디오 대여할게요. 한 개만 주세요.

オーディオレンタルします。1台お願いします。
오—디오 렌타루시마스. 이치다이 오네가이시마스.

직원 네, 무료로 이용 가능하십니다.

はい、無料で ご利用に なれます。
하이, 무료—데 고리요—니 나레마스.

나 한국어로도 있나요?

韓国語も ありますか。
캉코쿠고모 아리마스까?

직원 네, 이것이 언어 선택 버튼이고, 이것은 볼륨 조절기입니다. 다 쓰시고 반납해 주세요.

はい、こちらが 言語選択の ボタンで、こちらが 音量調節器です。ご利用後は ご返却ください。
하이, 코치라가 겡고센타쿠노 보탄데, 코치라가 온료—쵸—세츠키데스. 고리요—고와 고헹캬쿠 쿠다사이.

나 네, 감사합니다.

はい、ありがとうございます。
하이, 아리가토—고자이마스.

CHECK IT OUT | 일본의 박물관과 미술관

일본에는 다양한 박물관(미술관)이 있습니다. 예술품 전시관 외에도 애니메이션 박물관 등 이색 전시관도 많습니다. 박물관이나 미술 전시에 관심이 많으신 분들은 Internet Museum (www.museum.or.jp/modules/im_museum/)이라는 사이트에 들어가 보시면 일본 지역별 박물관(미술관) 소개와 개관 시간, 요금 등의 정보와 특별 전시 및 이벤트 안내가 잘 되어 있습니다. 이 사이트를 통해 일본 여행할 날짜와 방문할 도시를 검색해서 박물관(미술관) 방문을 해 보는 것도 좋은 방법입니다.

국립 서양 미술관 (国立西洋美術館)

도쿄 우에노 공원에 있는 국립 서양 미술관은 종교화부터 20세기까지의 서양 미술을 상설전으로 볼 수 있는 곳으로 로댕, 모네, 고흐 등 서양 최고 화가들의 작품으로 가득 채워져 있습니다. 작품을 관람하다 보면 이곳이 유럽인지 일본인지 모를 정도로 교과서에서 봄 직한 유명한 작품들이 많은데요, 이 미술관을 설립한 '마쓰카타 고지로'가 유럽에 건너가 1만여 점에 달하는 작품을 구입한 덕분이죠. 이곳은 '르 코르뷔지에'의 건축물로 일본 문화재 지정에 이어 2016년에는 유네스코 세계문화유산에도 등재되었습니다.

히로시마 평화 기념관 (広島平和記念館)

히로시마의 평화 기념 공원에 있는 전시관으로 1945년 8월 6일에 있었던 원폭 투하 관련 자료들이 전시되어 있습니다. 투하 후 사진 자료와 피해 건물 잔재물, 사고 후유증 기록 등 방대한 자료가 있습니다. 외부에 있는 원폭돔은 사고 당시 무너진 형태로 보존되어 있고, 공원 한쪽에는 한국인 원폭 피해자 추모탑도 세워져 있습니다.

하코네 조각의 숲 미술관 (箱根彫刻の森美術館)

일본 최초의 야외 미술관으로 아름다운 자연과 함께 예술 작품 관람이 가능한 곳입니다. 근현대 조각품 120여 점이 전시되어 있고 일본 최초로 피카소 미술관이 개관하기도 했습니다.

철도 박물관 (鉄道博物館)

일본의 철도가 세계적으로 유명하고 높은 기술력을 자랑하는 만큼 일본 전역에 철도 박물관이 여러 개 있습니다. 그중 사이타마 시의 철도 박물관은 일본의 철도 역사와 모형 야외 전시 및 놀이 공간 등이 전국 최대 규모를 자랑합니다.

KEY CHECK 5

1. 도쿄의 번화가

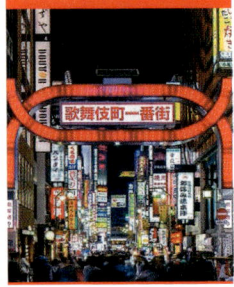

도쿄의 밤거리

도쿄의 대표적인 유흥가로는 신주쿠와 긴자를 꼽을 수 있어요. 신주쿠(가부키쵸)가 대중적인 술집, 꼬치구이, 식당이 즐비하다면 긴자는 고급 술집이 많습니다. 화려한 네온사인과 먹거리로 가득한 신주쿠 거리를 들여다볼까요?

① 펍 추천 받기

필요한 문장에
표시해 보세요!

이 근처에 괜찮은 펍 있어요?
この近くにいいパブが ありますか。
코노 치카쿠니 이-파부가 아리마스까?

라이브 밴드를 볼 수 있는 곳을 아세요?
ライブバンドが 見られる 所を ご存じですか。
라이부반도가 미라레루 토코로오 고존지데스까?

복장 규정이 있어요?
ドレスコードが ありますか。
도레스코-도가 아리마스까?

② 술/음료 주문

메뉴 먼저 볼 수 있을까요?
メニューを 先に 見ることが できますか。
메뉴-오 사키니 미루코토가 데키마스까?

여기서 음식 주문할 수 있어요?
ここで 食べ物が 注文できますか。
코코데 타베모노가 츄-몬데키마스까?

음료는 뭐로 하실래요?
お飲み物は 何に なさいますか。

오노미모노와 나니니 나사이마스까?

같은 거로 한 잔 더 주세요.
同じものを もう1杯 ください。

오나지모노오 모-입빠이 쿠다사이.

얼음 넣어서요[빼고요].
氷を 入れて ください[入れないで ください]。

코-리오 이레테 쿠다사이[이레나이데 쿠다사이].

어떤 종류의 생맥주가 있죠?
生ビールは 何が ありますか。

나마비-루와 나니가 아리마스까?

생맥주로 주세요.
生ビールを ください。

나마비-루오 쿠다사이.

에비스 주세요.
エビス ください。

에비스 쿠다사이.

기린 주실래요?
キリンを いただけますか。

키린오 이타다케마스까?

산토리 생맥주로 주세요.
サントリーの 生ビールを おねがいします。

산토리-노 나마비-루오 오네가이시마스.

감바레오토-짱 주세요. 얼음도 함께요.
「がんばれお父ちゃん」ください。氷も おねがいします。

'감바레오토-짱' 쿠다사이. 코-리모 오네가이시마스.

제가 대접할게요.
私が ごちそうします。

와타시가 고치소-시마스.

아뇨, 괜찮습니다. 운전해야 해서요.
いいえ、結構です。運転しなければ なりませんので。

이-에, 켁코-데스. 운텐시나케레바 나리마센노데.

③ 술을 마시면서

건배(합시다)!
かんぱい。/ かんぱいしましょう。

캄빠이! / 캄빠이시마쇼-!

이 술이 상당히 독하네요.
このお酒は かなり 強いですね。

코노 오사케와 카나리 츠요이데스네.

이 술은 그렇게 독하지는 않네요.
このお酒は そんなに 強く ないですね。

코노 오사케와 손나니 츠요쿠 나이데스네.

한 잔 더 주세요.
もう1杯 ください。

모-입빠이 쿠다사이.

한 잔 더 해요.
もう1杯飲みましょう。

모-입빠이 노미마쇼-.

나는 (이번엔 안 마시고) 건너 뛸게.
私はパスします。

와타시와 파스시마스.

원샷!
一気。

익키!

2. 클럽

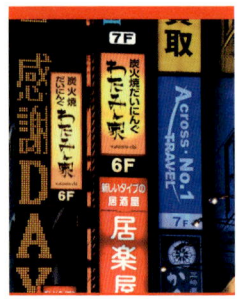

일본의 클럽

도쿄의 시부야, 롯폰기에 젊은이들에게 인기 있는 클럽들이 많습니다. 어떤 클럽은 층마다 장르가 정해져 있기도 하죠. 예를 들어, 2층은 힙합, 3층은 록처럼요. 골라서 즐길 수 있는 재미가 있죠. 일본 클럽의 색다른 즐거움과 활력을 즐겨 보세요.

① 클럽 추천받기

필요한 문장에 표시해 보세요!

괜찮은 클럽을 추천해 주실래요?
いい クラブを お勧めして いただけませんか。
이- 쿠라부오 오스스메시테 이타다케마셍까?

어떤 종류의 음악이 나와요?
どんな ジャンルの 音楽が 流れますか。
돈나 쟌루노 옹가쿠가 나가레마스까?

플로어 쇼 해요?
フロアショーが ありますか。
후로아쇼-가 아리마스까?

어떤 쇼를 해요?
どんな ショーを しますか。
돈나 쇼-오 시마스까?

젊은 사람들이 많아요?
若い 人が 多いですか。
와카이히토가 오-이데스까?

❷ 예약/요금/시간 문의/자리 잡기

예약해야 하나요?
予約しなければ なりませんか。
요야쿠시나케레바 나리마셍까?

여기서 예약할 수 있어요?
ここで予約できますか。
코코데 요야쿠데키마스까?

요금에 봉사료가 포함되어 있어요?
料金に サービス料が 含まれて いますか。
료-킨니 사-비스료-가 후쿠마레테 이마스까?

그 클럽에 복장 규정이 있어요?
その クラブには ドレスコードが ありますか。
소노 쿠라부니와 도레스코-도가 아리마스까?

어떤 옷을 입어야 할까요?
どんな 服を 着れば いいでしょうか。
돈나 후쿠오 키레바 이-데쇼-까?

쇼는 언제 시작하죠?
ショーは いつ 始まりますか。
쇼-와 이츠 하지마리마스까?

몇 시에 열어요?
何時に 開きますか。
난지니 아키마스까?

몇 시까지 열어요?
何時まで開いていますか。
난지마데 아이테 이마스까?

오늘 붐벼요?
今日は込んでいますか。
쿄-와 콘데 이마스까?

자리로 안내해 주실래요?
席に案内していただけますか。
세키니 안나이시테 이타다케마스까?

무대 근처 자리로 잡을 수 있어요?
ステージの近くの席が取れますか。
스테-지노 치카쿠노 세키가 토레마스까?

앞자리로 바꿀 수 있어요?
前の席に替われますか。
마에노 세키니 카와레마스까?

3. 파칭코

일본의 오락 문화, 파칭코

일본 대도시에 가면 한국의 노래방이나 PC방처럼 '파칭코'가 많은 것을 볼 수 있습니다. 꽤 넓은 규모에 대낮에도 사람들이 붐비는 것을 보고 깜짝 놀랐는데요. '도박'이라는 개념보다 남녀노소 국민 오락에 더 가까운 모습입니다. 경험 삼아 가볍게 해 보는 것은 좋지만 너무 빠지지는 마세요.

❶ 게임 종류 묻기

필요한 문장에 표시해 보세요!

아무나 들어갈 수 있어요?
誰でも 入場できますか。
다레데모 뉴-죠-데키마스까?

여기서는 어떤 게임을 할 수 있어요?
ここでは どんな ゲームが できますか。
코코데와 돈나 게-무가 데키마스까?

룰렛, 블랙잭, 바카라, 슬롯머신 등 뭐든지 할 수 있어요.
ルーレット、ブラックジャック、バカラ、スロットマシーンなど、何でも できます。
루-렛토, 부락쿠쟉쿠, 바카라, 스로토마신나도, 난데모 데키마스.

블랙잭 테이블이 어디예요?
ブラックジャックの テーブルは どこですか。
브락쿠쟉쿠노 테-브루와 도코데스까?

룰렛을 해 보고 싶어요.
ルーレットを して みたいです。
루-렛토오 시테 미타이데스.

여기서 구경해도 됩니까?
ここで 見ていてもいいですか。
코코데 미테 이테모 이-데스까?

② 플레이 방법 묻기

칩을 어디서 사죠?
チップは どこで 買えますか。
칩뿌와 도코데 카에마스까?

저기 환전 창구에서 하실 수 있습니다.
あちらの 両替窓口で できます。
아치라노 료-가에마도구치데 데키마스.

이건 어떻게 하죠?
これは どうやって するんでしょうか。
코레와 도-얏테 스룬데쇼-까?

걸고 싶은 번호에 칩을 놓으면 됩니다.
かけたい 番号に チップを 置けば いいです。
카케타이 방고-니 칩뿌오 오케바 이-데스.

③ Go? Stop? 멈출 때를 알아야 해요

2,000엔어치 칩 부탁해요.
2,000円分の チップ お願いします。
니셍엔분노 칩뿌 오네가이시마스.

계속 걸게요.
続けて かけます。
츠즈케테 카케마스.

그만둘래요.
辞めて おきます。
야메테 오키마스.

한 번 더 부탁해요.
もう1回 お願いします。
모-익카이 오네가이시마스.

현금으로 부탁해요.
現金で お願いします。
겡킨데 오네가이시마스.

파칭코를 하고 싶은데요.
パチンコが やりたいんですが。
파칭코가 야리타인데스가.

하는 방법 좀 가르쳐 주세요.
やり方を 教えて ください。
야리카타오 오시에테 쿠다사이.

구슬로 바꾼 후에 하세요.
玉に 取り換えてから お楽しみください。
타마니 토리카에테카라 오타노시미 쿠다사이.

TIP 일본의 인기 유흥, 가라오케

일본 대도시에 파칭코만큼 많이 보이는 것이 '가라오케'입니다. 가라오케는 '空(から) + orche(stra)'가 합쳐진 말로 노래 없는(비어 있는) 오케스트라 즉, 노래 없이 반주만 있는 테이프, 장치 등을 말합니다. 가라오케는 일본이 원조로 한국 이에 큰 영향을 받아 노래방 문화가 성황 중이죠. 식당처럼 다양한 요리를 주문해서 먹을 수 있고 인원수에 맞춰 비용을 지불하는 특징이 있죠. 평소 일본 노래를 좋아하는 분들은 경험해 봐도 좋겠습니다. 물론 한국 인기 가요도 부를 수 있답니다.

DIALOG 5

술집 추천 받기

| 나 | 호텔 근처에 술집이 있나요? |

ホテルの 近くに 飲み屋が ありますか。
호테루노 치카쿠니 노미야가 아리마스까?

| 직원 | 지하철을 타고 신주쿠역으로 가시면 유명한 가부키쵸가 있습니다. |

地下鉄に 乗って 新宿駅に 行くと 有名な 歌舞伎町が あります。
치카테츠니 놋테 신쥬쿠에키니 이쿠토 유―메―나 카부키쵸―가 아리마스.

| 나 | 들어봤는데, 좀 위험하지 않나요? |

聞いたことは ありますが、ちょっと 危なくないですか。
키이타코토와 아리마스가, 춋토 아부나쿠 나이데스까?

| 직원 | 뒷골목이나 호객꾼만 조심하시면 돼요. 간단하게 맥주와 꼬치구이를 드실 수 있어요. |

裏通りや 客引きにだけ 気を つければ いいです。簡単に ビールや くし焼きが 楽しめます。
우라도―리야 캬쿠히키니다케 키오 츠케레바 이―데스. 칸탄니 비―루야 쿠시야키가 타노시메마스.

| 나 | 그래요? |

そうですか。
소―데스까?

파칭코에서

나 실례합니다.

すみません。
스미마셍.

직원 네, 무엇을 도와 드릴까요?

はい、なにか お手伝い いたしましょうか。
하이, 나니카 오테츠다이 이타시마쇼―까?

나 게임 방법을 몰라서요. 설명 좀 해 주시겠어요?

ゲームの やり方が わかりません。説明して もらえませんか。
게―무노 야리카타가 와카리마셍. 세츠메―시테 모라에마셍까?

직원 우선, 저쪽 기계에서 현금을 구슬(칩)로 교환하시고요. 이것은 그림 맞추기 게임이에요. 타이밍에 맞춰 이 버튼을 눌러 주세요.

まず、あちらの 機械で 現金を 玉に 交換なさって ください。こちらは 絵を 合わせる ゲームです。タイミングに 合わせて この ボタンを 押して ください。
마즈, 아치라노 키카이데 겡킹오 타마니 코―칸나삿테 쿠다사이. 코치라와 에오 아와세루 게―무데스. 타이밍구니 아와세테 코노 보탕오 오시테 쿠다사이.

나 아, 간단하네요.

あ、簡単ですね。
아, 칸탄데스네.

직원 네, 어렵지 않습니다. 우선 1,000엔을 넣어 주세요.

はい、難しく ないです。まず 1,000円を 入れて ください。
하이, 무즈카시쿠 나이데스. 마즈 셍엥오 이레테 쿠다사이.

CHECK IT OUT | 가부키쵸와 이자카야

일본의 대표 환락가, 가부키쵸 (歌舞伎町)

앞서 잠깐 언급했던 '가부키쵸'에 대해 좀 더 알아볼까요. 일본을 넘어 아시아 최대 환락가라고 하는 '가부키쵸'는 맛집과 더불어 화려한 네온사인, 엄청난 인파, 호객꾼으로 매일 밤 활기가 넘치는 곳입니다. 도쿄 여행을 하면 한 번쯤은 가 볼 만하다, 혼자 가면 위험하다 등 의견은 분분하나 몇 가지만 주의하면 흥미로운 경험이 될 수 있습니다.

- 가능한 한 혼자서 어두운 뒷골목을 다니는 것을 피하고 붐비는 중심가(1, 3가) 위주로 구경하는 것을 권합니다. 한일 외교 문제와 혐한론으로 종종 불미스러운 사고 소식이 들리거든요. 늦은 밤이 될수록 취객이 늘어나니 현지인과 시비가 붙지 않도록 주의하고 너무 늦지 않게 귀가하세요.
- 소위 삐끼라고 하는 호객꾼에게 혹하지 마세요. 귀에 솔깃한 조건을 부르며 호객을 하더라도 그것은 바가지일 확률이 아주 높습니다. (이것은 한국과 비슷하죠) 피해를 입더라도 피해 금액을 돌려받기가 어렵습니다.

일본의 이자카야 (居酒屋)

이자카야는 주류와 간단한 요리(술안주)를 제공하는 음식점으로 한국의 선술집과 비슷한 형태입니다. 한국에도 일본식 이자카야가 많이 들어와서 인기를 끌고 있죠. 대개 낮에는 일반 식사를 판매하고 밤에는 술과 요리를 파는 곳이 많습니다. 메뉴판에 飲み放題(노미호-다이)라고 적힌 것은 제한된 시간에 무제한 술을 마실 수 있는 것을 뜻합니다. 술을 빨리, 잘 드시는 분들은 반가운 옵션이겠네요. 일본의 이자카야에는 일종의 자릿세 명목으로 기본 안줏값이 있습니다. 안주를 먹지 않아도 일단 입장하면 인당 기본 금액(약 300엔 이상)이 책정됩니다. 한국과 달리 반찬을 추가하는데 요금이 붙습니다.

KEY CHECK 6

1. 스포츠 관람

일본의 스포츠 관람

일본 하면 떠오르는 스포츠는 무엇인가요? 대표적으로 한국과 오랜 라이벌 관계에 있는 축구와 오랜 역사를 자랑하는 야구 그리고 전통 스포츠로는 스모와 유도 등이 있습니다. 일본 리그에서 활동하는 한국인 선수 경기를 일본 현지에서 보는 것도 의미 있겠죠.

1 경기가 있는 날, 이런저런 담화

필요한 문장에
표시해 보세요!

몇 시에 경기 시작이에요?
何時に ゲームが 始まりますか。
난지니 게-무가 하지마리마스까?

어느 팀의 경기예요?
どの チームの ゲームですか。
도노 치-무노 게-무데스까?

점수가 몇 점이에요?
スコアは いくつですか。
스코아와 이쿠츠데스까?

홈팀이 4점 차로 지고 있는 것 같아요.
ホームチームが 4点差で 負けているようです。
호-무치-무가 욘텐사데 마케테이루요-데스.

아직 점수가 안 났어요.
まだ 点数が 入っていません。
마다 텐스-가 하잇테이마셍.

CHAPTER 6 | たのしむ

누가 이기고[지고] 있어요?
誰が 勝って[負けて]いますか。
다레가 캇테[마케테]이마스까?

누가 이겼으면 좋겠어요?
誰に 勝って ほしいですか。
다레니 캇테 호시-데스까?

어느 팀 응원해요?
どの チームを 応援しますか。
도노 치-무오 오-엔시마스까?

좋아하는 운동선수가 누구예요?
好きな 運動選手は だれですか。
스키나 운도-센슈와 다레데스까?

좋아하는 팀이 있나요?
好きな チームが ありますか。
스키나 치-무가 아리마스까?

스포츠 좋아해요?
スポーツが 好きですか。
스포-츠가 스키데스까?

네, 아주 좋아해요.
はい、とても 好きです。
하이, 토테모 스키데스.

그다지 좋아하지 않아요.
あまり 好きじゃ ないです。
아마리 스키쟈 나이데스.

보는 것을 좋아해요.
見ることが好きです。
미루코토가 스키데스.

역시 그는 최고의 선수예요.
やっぱり彼は最高の選手ですね。
얍빠리 카레와 사이코-노 센슈데스네.

❷ 스포츠 티켓 구매

시즌 티켓은 얼마예요?
シーズン券はいくらですか。
시-즌켕와 이쿠라데스까?

축구 표를 사기에 너무 늦었나요?
サッカーのチケットを買うには遅すぎますか。
삭카-노 치켓토오 카우니와 오소스기마스까?

어디에 앉는 건가요?
どこに座りますか。
도코니 스와리마스까?

좀 더 앞쪽 좌석이 있나요?
もう少し前の席がありますか。
모-스코시 마에노 세키가 아리마스까?

2. 장비 대여하기

일본 스키장에서

스키 마니아라면 일본 스키의 유명세를 익히 아실 거예요. 동계 올림픽 개최지로도 잘 알려진 나가노(하쿠바) 지역은 실제로 한국인들이 스키 캠프로 많이 방문하는 곳이기도 합니다. 넓은 슬로프와 설질이 좋기로 유명하죠. 스키를 좋아하고 겨울에 일본을 여행한다면 스키장 경험도 놓치지 마세요.

① 장비 대여할 때 질문하기

필요한 문장에 표시해 보세요!

장비 대여료가 하루[한 주] 얼마예요?
装備のレンタル料は1日[1週間] いくらですか。
소-비노 렌타루료-와 이치니치[잇슈-캉] 이쿠라데스까?

대여료에 강사 레슨비가 포함되나요?
レンタル料にインストラクターによるレッスン料金が含まれていますか。
렌타루료-니 인스토락타-니 요루 렛슨료-킹가 후쿠마레테 이마스까?

이거 대여하는 데 추가 비용이 있어요?
これをレンタルするには追加料金がありますか。
고레오 렌타루스루니와 츠이카료-킹가 아리마스까?

주 단위로 렌트하면 더 싼가요?
週単位でレンタルするともっと安いですか。
슈-탕이데 렌타루수루토 못토 야스이데스까?

스키 신발이 좀 큰[작은] 것 같아요.
スキーブーツがちょっと大きい[小さい]ようです。
스키-부-츠가 춋토 오-키-[치-사이]요-데스.

몇 시까지 반납해야 하죠?
何時までに 返却すれば いいでしょうか。

난지마데니 헹캬쿠스레바 이-데쇼-까?

사고가 나면 어떻게 하죠?
事故が 起ったら どうすれば いいでしょうか。

지코가 오콧타라 도-스레바 이-데쇼-까?

한 시간 당 얼마죠?
1時間あたり いくらですか。

이치지캉아타리 이쿠라데스까?

3. 날씨

날씨 표현

일본 날씨는 한국과 비슷하면서도 지역마다 차이가 큰 편입니다. 섬나라 특성상 비가 자주 오고 태풍의 영향도 종종 받기도 하지요. 겨울은 한국보다 온화한 편입니다. 일본 최남단의 오키나와는 연중 평균 기온이 22도인 아열대 기후이고 최북단의 홋카이도는 춥고 긴 겨울이 특징입니다. 일본의 다양한 날씨 표현을 알아봅시다.

① 날씨 묻고 답하기

필요한 문장에 표시해 보세요!

오늘 날씨가 어떤가요?
今日の 天気は どうですか。
쿄-노 텡키와 도-데스까?

내일 더울까요?
明日、暑いでしょうか。
아시타, 아츠이데쇼-까?

눈이 와요.
雪が 降っています。
유키가 훗테 이마스.

비가 내려요.
雨が 降っています。
아메가 훗테 이마스.

흐리네요.
曇っています。
쿠못테 이마스.

바람이 불어요.
風が 吹いています。
카제가 후이테 이마스.

바람이 세네요.
風が 強いですね。
카제가 츠요이데스네.

맑네요.
晴れていますね。
하레테 이마스네.

해가 있네요.
晴れですね。
하레데스네.

추워요.
寒いです。
사무이데스.

시원(선선)하네요.
涼しいですね。
스즈시-데스네.

따뜻해요.
暖かいですね。
아타타카이데스네.

더워요.
暑いです。
아츠이데스.

CHAPTER 6 | たのしむ **329**

DIALOG 6

야구 경기장 투어

나 도쿄돔에서 야구 경기 보는 게 꿈이에요.

東京ドームで 野球の 試合を 見るのが 夢です。
토-쿄-도-무데 야큐-노 시아이오 미루노가 유메데스.

현지인 일본인들도 그래요. 그런데 비시즌이라 요즘 경기가 없네요.

日本人も そうです。でも オフシーズンだから 最近は 試合が ないですね。
니혼진모 소-데스. 데모 오후시-즌다카라 사이킹와 시아이가 나이데스네.

나 너무 아쉬워요. 경기 일정을 미리 살펴봐야 했는데.

とても 残念です。試合日程を あらかじめ 見て おけば よかったです。
토테모 잔넨데스. 시아이닛테-오 아라카지메 미테 오케바 요캇타데스.

현지인 그래도 경기장 투어는 상시 가능해요. 그거라도 참가해 보세요.

でも 野球場ツアーは 随時可能です。それだけでも 参加して みたら どうですか。
데모 야큐-죠-츠아-와 즈이지카노-데스. 소레다케데모 상카시테 미타라 도-데스까?

나 아, 그래야겠네요.

あ、そうですね。
아, 소-데스네.

현지인 투어 티켓을 사서 경기장 구경도 하고 기념관, 선수 라커룸도 볼 수 있어요.

ツアーチケットを 買って 野球場 見学も して、記念館、選手の ロッカールームも 見られますよ。
츠아-치켓토오 캇테 야큐-죠- 켕가쿠모 시테, 키넹칸, 센슈노 록카-루-무모 미라레마스요.

스키 장비 대여하기

직원 무엇을 도와 드릴까요?

ご用件は。
고요-켕와…

나 스키 장비를 대여하려고요.

スキー装備を レンタル したいんですが。
스키-소-비오 렌타루 시타인데스가.

직원 어떤 장비가 필요하시죠?

どんな 装備が 必要でしょうか。
돈나 소-비가 히츠요-데쇼-까?

나 스키와 폴대만요. 시간당 얼마죠?

スキー板と ストックだけです。1時間あたり いくらですか。
스키-이타토 스톡쿠다케데스. 이치지캉아타리 이쿠라데스까?

직원 요금은 시간 단위가 아니고요, 하루 이용료는 4,800엔, 반나절 이용료는 3,500엔을 받고 있습니다. 이쪽에 다양한 종류가 있으니 살펴보세요.

料金は 時間単位では なく、1日 利用料は 4,800円、半日 利用料は 3,500円で ございます。こちらに さまざまな 種類が ありますので、ご覧ください。
료-킹와 지캉탕이데와 나쿠, 이치니치 리요-료-와 욘센 합뺘쿠엔, 한니치 리요-료-와 산젱고햐쿠엔데 고자이마스. 코치라니 사마자마나 슈루이가 아리마스노데, 고랑쿠다사이.

CHECK IT OUT | 일본 추천 트레킹 코스

'일본' 하면 한국인이 가장 많이 가는 해외 여행지 중 한 곳입니다. 그중에서도 도쿄나 오사카, 교토 등 대도시 위주로 방문을 많이 하는데요, 일본에 자연 경관이 뛰어난 곳이 많다는 것도 아시죠? 이번 섹션에서는 일본에서 트레킹하기 좋은 곳을 소개합니다.

야쿠시마 (屋久島)
일본 유명 애니메이션 '원령공주'의 무대가 된 숲이자 섬 일부가 유네스코 세계자연유산으로 지정될 정도로 아름답고 자연 훼손이 거의 없는 청정 섬입니다. 엄청난 강수량으로 초록 이끼가 가득하여 자연의 신비로움을 느낄 수 있습니다.

다테야마 (알펜루트) (館山)
'눈의 대계곡'이라 불리는 알펜루트는 한겨울 동안 엄청나게 쌓인 눈을 4월에 특수 제설차로 길을 내 설벽을 만들어 놓은 명소입니다. 설벽의 높이는 7미터에서 높게는 20미터에 달합니다. 설벽에 남겨진 모양을 보고 지난겨울에 내린 눈의 기록을 살펴볼 수 있습니다. 4월이 루트 오픈 시즌이지만 옷을 따뜻하게 챙겨야 합니다.

규슈 올레 (九州)
한국에 제주 올레가 있다면 일본에는 규슈 올레가 있습니다. '제주 올레'가 코스 개발 자문과 코스 표식 디자인을 제공해서 더 친근하죠. 규슈 올레는 19개 코스로 구성된 힐링로드로 트레커들에게 큰 사랑을 받고 있습니다. 각 코스 하나하나가 매력 만점이라 코스 완주를 목표로 하는 여행자들도 많습니다. 규슈 올레의 가을 길은 특히 인기가 높고, 일본의 풍광과 문화를 즐기며 곳곳에 있는 온천에서 노곤한 몸을 풀 수 있습니다.

오키나와 (沖繩)

일본의 하와이라고 불리는 오키나와는 일본 유일의 아열대 지역으로 1년 내내 온화한 기후를 자랑합니다. 천혜의 자연과 기후 덕에 가족 단위의 여행지로 인기가 많고 트레킹, 자전거 라이드, 캠핑, 스킨스쿠버 등 다양한 활동을 즐길 수 있습니다.

여행 안심 패스
VOCA BOX 6

관광 · 날씨 관련 어휘

관광

한국어	일본어(히라가나)	일본어(한자)	발음
가이드 투어	ガイドツアー		가이도츠아―
가이드북	ガイドブック		가이도북쿠
공연	こうえん	公演	코―엔
공원	こうえん	公園	코―엔
관광객	かんこうきゃく	観光客	캉코―캬쿠
관광명소	かんこうめいしょ	観光名所	캉코―메―쇼
관광안내소	かんこうあんないしょ	観光案内所	캉코―안나이쇼
국립공원	こくりつこうえん	国立公園	코쿠리츠코―엔
기념품	きねんひん	記念品	키넹힝
동물원	どうぶつえん	動物園	도―브츠엔
미술관(갤러리)	びじゅつかん	美術館	비쥬츠캉
박물관	はくぶつかん	博物館	하쿠브츠캉
방향	ほうこう	方向	호―코―
시간표	スケジュール		스케쥬―르
여행일정표	りょこうにっていひょう	旅行日程表	료코―닛테―효―
안내(인포메이션)	あんない	案内	안나이
역사유적지	れきしいせきち	歴史遺跡地	레키시이세키치
유원지, 놀이공원	ゆうえんち	遊園地	유―엔치
입장료	にゅうじょうりょう	入場料	뉴―죠―료―
전시회	てんじかい	展示会	텐지카이
지도	ちず	地図	치즈
축제	おまつり	お祭り	오마츠리
카메라	カメラ		카메라
투어	ツアー		츠아―

공연

감독	かんとく	監督	칸토쿠
개방	かいほう	開放	카이호-
관객	かんきゃく	観客	캉캬쿠
극장	げきじょう	劇場	게키죠-
매진	うりきれ	売り切れ	우리키레
뮤지컬	ミュージカル		뮤-지카루
발레	バレエ		바레-
배우	はいゆう	俳優	하이유-
앵콜	アンコール		앙코-루
연극	えんげき	演劇	엥게키
오케스트라	オーケストラ		오-케스토라
오페라	オペラ		오페라
좌석	ざせき	座席	자세키
콘서트	コンサート		콘사-토
프로그램	プログラム		푸로구라무

스포츠

게임	ゲーム		게-무
경기	きょうぎ	競技	쿄-기
권투	ボクシング		복싱구
농구	バスケットボール		바스켓토보-루
마라톤	マラソン		마라손
배드민턴	バドミントン		바도민톤
볼링	ボーリング		보-링구
사이클	サイクリング		사이쿠링구
선수	せんしゅ	選手	센슈
수영	すいえい	水泳	스이에-
스케이팅	スケート		스케토
피겨스케이팅	フィギュアースケート		휘규아-스케-토
스키	スキー		스카-
승마	じょうば	乗馬	죠-바
야구	やきゅう	野球	야큐-
양궁	アーチェリー		아-체리-
운동선수	うんどうせんしゅ	運動選手	운도-센슈
이기다	かつ	勝つ	카츠
지다	まける	負ける	마케루
축구	サッカー		삭카-
탁구	たっきゅう	卓球	탁큐-
팀	チーム		치-무
펜싱	フェンシング		헨싱구
핸드볼	ハンドボール		한도보-루
훈련	くんれん	訓練	쿤렌

날씨

날씨	てんき	天気	텡키
일기예보	てんきよほう	天気予報	텡키요호-
맑다	はれる	晴れる	하레루
흐리다	くもる	曇る	쿠모루
비	あめ	雨	아메
비가 내리다	あめが ふる	雨が 降る	아메가 후루
비가 그치다	あめが やむ	雨が 止む	아메가 야무
눈	ゆき	雪	유키
구름	くも	雲	쿠모
장마	つゆ	梅雨	츠유
가랑비	こさめ	小雨	코사메
폭우	おおあめ	大雨	오-아메
태풍	たいふう	台風	타이후-
하늘	そら	空	소라
고기압	こうきあつ	高気圧	코-키아츠
저기압	ていきあつ	低気圧	테-키아츠
우산	かさ	傘	카사
양산	ひがさ	日傘	히가사
바람	かぜ	風	카제
바람이 불다	かぜが ふく	風が ふく	카제가 후쿠
파도	なみ	波	나미
온도	おんど	温度	온도
기온	きおん	気温	키온

7

색다른 즐거움
: 쇼핑하기

일본은 쇼핑의 천국이라고들 하죠. 딱히 특정 인기 아이템이 따로 있다기보다 식료품, 의류, 의료, 미용 제품에 이르기까지 일본 쇼핑 리스트는 버라이어티합니다. 한국에서도 대부분 살 수 있지만, 일본 현지에서는 더 싸게 구입할 수 있죠. 일본 여행에서 빠뜨릴 수 없는 즐거움, 쇼핑에 필요한 표현들을 알아 두세요.

かいもの

KEY CHECK 1

식품 구입하기

어딜 가나 중요한 먹거리 쇼핑

여행을 하다 보면 매번 식당에서 끼니를 해결할 수 없을 때가 있죠. 이때 가야 할 곳이 바로 마트나 시장입니다. 구경도 구경이지만 무엇보다 일본 현지인들이 자주 가는 마켓이나 시장을 둘러보고 그들의 식생활을 살펴보고 흔하게 접하지 못했던 먹거리에 도전해 보는 맛도 쏠쏠하답니다.

1 식료품점 찾기

필요한 문장에
표시해 보세요!

가장 가까운 식료품점이 어디 있어요?
一番近い食料品店は どこに ありますか。 ✓

이치방 치카이 쇼쿠료-힌텡와 도코니 아리마스까?

근처에 식료품점이 있어요?
この近くに 食料品店が ありますか。 ☐

코노 치카쿠니 쇼쿠료-힌텡가 아리마스까?

식료품점에 가는 길 좀 알려 주실래요?
食料品店に 行く 道を 教えて いただけませんか。 ☐

쇼쿠료-힌텐니 이쿠 미치오 오시에테 이타다케마셍까?

식료품점이 어디예요?
食料品店は どこですか。 ☐

쇼쿠료-힌텡와 도코데스까?

로비 맞은편에 안내소가 있습니다.
ロビーの 向こうに 案内所が ございます。 ☐

로비-노 무코-니 안나이쇼가 고자이마스.

에스컬레이터를 타고 2층으로 올라가면 오른쪽에 있습니다.
エスカレーターに乗って、2階に上がっていただくと右側にございます。

에스카레―타―니 놋테, 니카이니 아갓테 이타다쿠토 미기가와니 고자이마스.

엘리베이터 맞은편에 있습니다.
エレベーターの向こうにあります。

에레베―타―노 무코―니 아리마스.

그 가게는 2층에 있습니다.
あの店は2階にあります。

아노 미세와 니카이니 아리마스.

복도를 따라가세요.
通路に沿って行ってください。

츠―로니 솟테 잇테 쿠다사이.

에스컬레이터를 타고 한 층 올라가시면 왼쪽에 있어요.
エスカレーターに乗って1階上がっていただくと左側にございます。

에스카레―타―니 놋테 익카이 아갓테 이타다쿠토 히다리가와니 고자이마스.

---

2 식료품점 코너 문의

빵이 어디 있죠?
パンはどこにありますか。

팡와 도코니 아리마스까?

▶ 치즈 チーズ 치―즈 / 초콜릿 チョコレート 초코레―토 / 커피 コーヒー 코―히― /
잼 ジャム 자무 / 과일 果物 쿠다모노 / 우유 牛乳 규―뉴― /
물(생수) ミネラルウォーター 미네라루워―타―

유제품 코너는 어디 있죠?
乳製品コーナーはどちらですか。

뉴-세-힝 코-나-와 도치라데스까?

▶ 냉동식품 冷凍食品 레-토-쇼쿠힝 /
채소 野菜 야사이 / 과일류 果物類 쿠다모노루이 /
고기류 肉類 니쿠루이 / 감자(고구마)류 いも類 이모루이

냉동식품 코너가 몇 번 통로에 있죠?
冷凍食品コーナーは何番通路にありますか。

레-토-쇼쿠힝 코-나-와 남반츠-로니 아리마스까?

우유는 어디 있어요?
牛乳はどこにありますか。

규-뉴-와 도코니 아리마스까?

우메보시(매실 절임) 있어요?
梅干しありますか。

우메보시 아리마스까?

생선 요리에 어울리는 와인을 찾고 있습니다만…
魚料理に合う日本酒を探しているんですが。

사카나료-리니 아우 니혼슈오 사가시테 이룬데스가…

---

3 시식 및 식품 분량 말하기

조금만 맛볼 수 있어요?
少しだけ味見できますか。

스코시다케 아지미데키마스까?

그걸로 100그램 주세요.
これを 100グラム ください。

코레오 햐쿠구라무 쿠다사이.

조금 덜어 주세요[더 주세요].
少し 減らして ください[もっと ください]。

스코시 헤라시테 쿠다사이[못토 쿠다사이].

조금 넘었네요. 괜찮으세요?
少し オーバーして いますね。大丈夫ですか。

스코시 오-바-시테 이마스네. 다이죠-부데스까?

다 떨어졌네요.
売り切れて います。

우리키레테 이마스.

더 이상 그것이(그 제품이) 없어요.
それは もう 売り切れに なりました。

소레와 모- 우리키레니 나리마시타.

---

④ 포장하기

종이봉투에 담아 주세요.
紙袋に 入れて ください。

카미부쿠로니 이레테 쿠다사이.

비닐봉투에 담아 주세요.
ビニール袋に 入れて ください。

비니-루부쿠로니 이레테 쿠다사이.

비닐봉투에 담아 드릴까요?
ビニール袋にお入れしましょうか。
비니-루부쿠로니 오이레시마쇼-까?

종이봉투에 담아 드릴까요?
紙袋にお入れしましょうか。
카미부쿠로니 오이레시마쇼-까?

DIALOG 1

식료품점에서

❶

나 실례합니다. 빵 코너 어디 있죠?	すみません。パンコーナーはどこにありますか。 스미마셍. 팡코-나-와 도코니 아리마스까?
직원 5번 통로에 있어요. 우측으로 돌아서 가세요.	5番の 通路に あります。右に 曲がって 行って ください。 고반노 츠-로니 아리마스. 미기니 마갓테 잇테 쿠다사이.
나 감사합니다. (잠시 후)	ありがとうございます。 아리가토-고자이마스.
나 이 빵 달아요?	この パン 甘いですか。 코노 팡 아마이데스까?
직원 조금 달콤해요. 여기 시식용 빵 드셔 보세요.	少し、甘いです。こちらの 試食用の パンを 召し上がって みて ください。 스코시 아마이데스. 코치라노 시쇼쿠요-노 팡오 메시아갓테 미테 쿠다사이.
나 맛있네요.	おいしいですね。 오이시-데스네.

❷

나 이 사과 어떻게 하죠(얼마죠)?	この りんご いくらですか。 코노 링고 이쿠라데스까?
직원 3개에 500엔입니다. 달고 신선해요.	3つで 500円です。甘くて 新鮮ですよ。 밋츠데 고햐쿠엔데스. 아마쿠테 신센데스요.
나 네, 3개만 주세요.	はい、3つ ください 하이, 밋츠 쿠다사이.
직원 하나 덤으로 드릴게요.	おまけに 1つ 入れましょう。 오마케니 히토츠 이레마쇼-.
나 감사합니다.	ありがとうございます。 아리가토-고자이마스.

CHECK IT OUT | 없는 것 빼고 다 있는 일본의 편의점

일본 여행에서 빼놓을 수 없는 투어(?)가 바로 일본 편의점 쇼핑이죠. 요즘은 한국의 편의점 매장 수도 늘어나고 품종도 다양해졌지만, 일본의 편의점 수준은 한국보다 무려 20년 정도 앞서 있다고 합니다. 일본의 대표 편의점인 세븐일레븐, 로손, 패밀리마트 등은 2008년부터 매년 증가하고 있는 반면, 전통 유통업인 백화점과 대형마트는 상대적으로 부진을 면치 못하고 있답니다. 전반적인 소비 침체에도 편의점만 고속 성장을 하는 이유는 무엇일까요?

편의점의 성장의 이유는 1인 가구 증가에 따른 소량 구매, 저출산, 고령화 현상 그리고 근접 쇼핑(빠른 유통망)의 편의성 등에 있습니다. 한국도 매우 비슷한 양상을 보이죠. 초창기에 물이나 가벼운 간식을 사기 위해 어쩌다 들리는 편의점이었다면 현재의 편의점은 다양한 서비스를 제공합니다. 일본 편의점에서는 기본적인 식품 판매 외에도 생필품, 잡지(만화책), 콘서트 표 발매도 하고요, 사무실이 인접한 편의점에서는 복사기도 마련되어 있습니다. 그리고 'イートイン'이라는 점내 식사(eat in) 매장도 늘어나 카페와 식당 기능을 겸하기도 하고요. 세븐일레븐의 경우 인터넷 전문 은행인 세븐뱅크를 설립하고 전국 매장에 2만여 대의 ATM 설치, 계속 확장되고 있는 반면에 기존의 일본 은행 ATM은 축소되는 상황입니다. 해외카드로 엔화 인출 등 은행 업무를 볼 수 있고 한국어를 포함한 다양한 언어로 이용할 수 있어서 외국인들에게도 인기가 높습니다.

무엇보다 한국인 관광객들이 일본 편의점 쇼핑을 즐기는 이유는 각 편의점 고유의 자체 개발 상품(PB: Private Brand) 때문이죠. 예를 들면, 세븐일레븐의 타마고 샌드위치나 메론빵, 로손의 유제품 등 대표 메뉴가 많습니다. 한국도 요즘은 도시락이나 다양한 간식이 늘어나고 퀄리티도 높아졌지만, 일부 부실 메뉴로 편의점 음식 인식이 여전히 살짝 아쉬운 편인데요, 일본 편의점 PB 상품은 독자적인 개발로 양은 많고, 가격은 저렴, 메뉴는 다양하고 게다가 맛까지 있어서 편의점에서만 삼시 세끼를 해결해도 배부르다고 할 정도랍니다.

2016년 말부터 일부 편의점(로손 파나소닉 지점, 오사카)에서는 자동계산대 서비스로 상품을 바구니에 넣으면 자동 계산, 포장까지 되는 시스템이 시범 운영되고 있습니다. 무인 자판기 편의점도 늘어나고 있다니 일본 편의점의 성장, 한계는 어디까지 일지 궁금해집니다.

KEY CHECK 2

의류와 신발 쇼핑

여행이라 쓰고 쇼핑이라 읽는다

한국과 일본은 가까운 거리 특성상 패션 트렌드 전파가 매우 빠른 편입니다. 외형과 체격도 비슷해서 의류(신발) 스타일도 서로 영향을 많이 받죠. 국내에도 유명한 일본 패션 브랜드가 많이 들어 왔는데요, 일본 현지에서 쇼핑하면 가격도 더 저렴하고 종류도 다양한 장점이 있답니다.

1 옷 가게에서

필요한 문장에 표시해 보세요!

🗣 남성복 매장이 어디 있어요?
メンズ服の売り場はどこにありますか。
멘즈후쿠노 우리바와 도코니 아리마스까?

제 남동생에게 줄 선물을 사려고요.
弟にあげるプレゼントを買いたいです。
오토-토니 아게루 프레젠토오 카이타이데스.

이거 입어 봐도 돼요?
これ、着てみてもいいですか。
코레, 키테 미테모 이-데스까?

탈의실이 어디죠?
フィッティングルームはどこでしょうか。
핏팅구루-무와 도코데쇼-까?

사이즈가 맞지 않네요. 너무 조여요.
サイズが合わないですね。ちょっときついんです。
사이즈가 아와나이데스네. 촛토 키츠인데스.

이 속옷은 저한테 너무 작아요.
この 下着(したぎ)は 私(わたし)には とても 小(ちい)さいです。

코노 시타기와 와타시니와 토테모 치-사이데스.

▶ 작다 小(ちい)さい 치-사이 / 크다 大(おお)きい 오-키- /
  꼭 끼다 きつい 키츠이 / 헐렁하다 ゆるい 유루이

너무 마음에 들어요.
とても 気(き)に 入(い)りました。

토테모 키니 이리마시타.

그냥 둘러볼게요.
ちょっと 見(み)て 回(まわ)ります。

춋토 미테 마와리마스.

❷ 옷 가게에서 원하는 것 요청하기

이거 더 큰 사이즈 있어요?
これ、もっと 大(おお)きい サイズ あ(さ)(い)(ず)りますか。

코레, 못토 오-키- 사이즈 아리마스까?

이 바지, M 사이즈 있어요?
この ズボン(ずぼん)、Mサイズ(さいず) ありますか。

코노 즈봉, 에무사이즈 아리마스까?

이 옷으로 파란색 있어요?
この 服(ふく)、青(あお)い 色(いろ)が ありますか。

코노 후쿠, 아오이이로가 아리마스까?

▶ 파랑색 青(あお) 아오 / 녹색 緑(みどり) 미도리 / 분홍색 ピンク(ぴんく) 핑쿠 /
  빨강색 赤(あか) 아카 / 노랑색 黄色(きいろ) 키이로 / 갈색 茶色(ちゃいろ) 차이로 /
  보라색 紫(むらさき) 무라사키 / 베이지색 ベージュ(べーじゅ) 베-쥬

이것과 같은 디자인으로 다른 색깔 있어요?

これと 同(おな)じ デザイン(でざいん)で 他(ほか)の 色(いろ)が ありますか。

코레토 오나지 데자인데 호카노 이로가 아리마스까?

진열된 것보다 좀 더 큰 거 있어요?

陳列(ちんれつ)されているのより、もう少(すこ)し 大(おお)きいのが ありますか。

친레츠사레테 이루노요리, 모-스코시 오-키-노가 아리마스까?

이거 재고 있어요?

これ、在庫(ざいこ)が ありますか。

코레, 자이코가 아리마스까?

잠시만 따로 보관해 주실래요?

少(すこ)しの 間(あいだ) お取(と)り置(お)きしていただけますか。

스코시노아이다 오토리오키시테 이타다케마스까?

이거 가격 확인할 수 있어요?

これ、値段(ねだん)を 確認(かくにん)して もらえませんか。

코레, 네당오 카쿠닌시테 모라에마셍까?

확인하시는 동안 여기서 좀 둘러볼게요.

確認(かくにん)されている 間(あいだ)、この 辺(あた)りを 少(すこ)し 見(み)て 回(まわ)ります。

카쿠닌사레테 이루 아이다, 코노 아타리오 스코시 미테 마와리마스.

선물 포장해 주세요.

プレゼント(ぷれぜんと)用(よう)の ラッピング(らっぴんぐ)を お願(ねが)いします。

프레젠토요-노 랍핑구오 오네가이시마스.

③ 신발 가게에서

운동화를 찾고 있어요.
スニーカー[運動靴]を探しています。
스니-카-[운도-구츠]오 사가시테 이마스.

이 신발 22.5cm 있어요?
この靴、22.5センチはありますか。
코노 쿠츠, 니쥬-니텡고센치와 아리마스까?

신발 사이즈 뭐 신으세요?
靴のサイズは何ですか。
쿠츠노 사이즈와 난데스까?

잘 모르겠어요. 제 발 사이즈 좀 재어 주세요.
よくわかりません。私の足のサイズを測ってください。
요쿠 와카리마셍. 와타시노 아시노 사이즈오 하캇테 쿠다사이.

일본식으로 제 사이즈를 몰라서요.
日本式の私のサイズが分からないんです。
니혼시키노 와나시노 사이즈가 와카라나인데스.

굽이 저한테는 너무 높아요[낮아요].
ヒールの高さが私にはとても高いです[低いです]。
히-루노 타카사가 와타시니와 토테모 타카이데스[히쿠이데스].

(신발) 사이즈가 너무 커요.
サイズがとても大きいです。
사이즈가 토테모 오-키-데스.

신발 폭이 조금 넓어요.
幅が ちょっと 広いです。
하바가 촛토 히로이데스.

다른 색은 없나요?
他の 色は ありませんか。
호카노 이로와 아리마셍까?

TIP 도쿄 의류 쇼핑
- 의류 쇼핑을 목표로 일본 여행을 한다면 여름, 겨울 세일 기간에 맞춰 일정을 짤 수 있습니다.
- 신주쿠, 시부야, 하라주쿠에는 의류 브랜드 숍이 많습니다. 한국에도 많이 들어와 있는 일본의 대표 브랜드인 유니클로부터 갭, 캘빈클라인, 스포츠 의류점 등이 모두 모여 있습니다.
- SPA, 패스트 패션이 아닌 개성있고 독특한 의류 쇼핑을 원한다면 시모키타자와를 추천합니다. 아기자기한 편집숍과 빈티지 의류 및 소품이 가득합니다. 시부야 캣스트리트도 세련된 쇼핑 명소로 유명합니다.

DIALOG 2

옷 가게에서

①

직원	어서 오세요. 무엇을 찾으시나요?	いらっしゃいませ。何を お探しですか。 이랏샤이마세. 나니오 오사가시데스까?
나	네, 바지를 찾고 있어요.	はい、ズボンを 探して いますが。 하이, 즈봉오 사가시테 이마스가…
직원	어떤 종류요?	どのような 種類でしょうか。 도노요우나 슈르이데쇼―까?
나	청바지요.	ジーンズです。 쟌―즈데스.
직원	청바지는 이쪽에 있습니다.	ジーンズでしたら、こちらに ございます。 쟌―즈데시타라, 코치라니 고자이마스.
나	일본 사이즈를 잘 모르겠는데, 재어 주시겠어요? *(재고 나서)*	日本での サイズが 分からないので、測って いただけますか。 니혼데노 사이즈가 와카라나이노데, 핫캇테 이타다케마스까?
직원	네, 손님 허리 사이즈는 34인치예요.	はい、お客様の ウェストサイズは 34インチですね。 하이, 오캭사마노 웨스토사이즈와 산쥬―용인치데스네.
나	이거 입어 봐도 될까요?	これ 履いて みても いいですか。 코레 하이테 미테모 이―데스까?
직원	그럼요. 탈의실은 저기 있어요. *(잠시 후)*	もちろんです。フィッティングルームは あちらに ございます。 모치론데스. 휫팅구루―무와 아치라니 고자이마스.
나	좀 길어요. 더 짧은 건 없나요?	ちょっと 長いですね。もっと 短いのは ありませんか。 춋토 나가이데스네. 못토 미지카이노와 아리마셍까?
직원	이게 더 짧아요.	こちらの 物が もう少し 短いです。 코치라노 모노가 모―스코시 미지카이데스.
나	그럼, 이걸로 할게요.	じゃ、これに します。 쟈, 코레니 시마스.

❷

나	안녕하세요. 티셔츠를 찾고 있는데요.	こんにちは。テシャツを探しているんですが。 콘니치와. 타-샤츠오 사가시테 이룬데스가…
직원	어떤 색을 찾으세요?	どの色の物が よろしいでしょうか。 도노이로노 모노가 요로시-데쇼-까?
나	파란색이나 초록색으로 부탁해요.	青か 緑で お願いします。 아오카 미도리데 오네가이시마스.
직원	사이즈는 어떻게 되십니까?	サイズは おいくつですか。 사이즈와 오이쿠츠데스까?
나	한국에서는 55 스몰 사이즈인데, 일본에서는 몇 사이즈인지 모르겠어요.	韓国では 55の スモールサイズですが、日本では 何の サイズか わかりません。 캉코쿠데와 고쥬-고 스모-루사이즈데스가, 니혼데와 난노 사이즈카 와카리마셍.
직원	아, 그러시면, 46 사이즈가 맞을 것 같습니다. 입어 보시겠어요?	あ、それでしたら、46の サイズが いいと 思います。ご試着なさいますか。 아, 소레데시타라, 욘쥬-로쿠노 사이즈가 이-토 오모이마스. 고시챠쿠나사이마스까?
나	네. (잠시 후)	はい。 하이.
직원	잘 어울리네요!	お似合いですね。 오니아이데스네!
나	네, 사이즈도 딱 맞아요. 이걸로 할게요.	はい、サイズも ちょうど いいです。これにします。 하이, 사이즈모 쵸-도 이-데스. 코레니 시마스.

KEY **CHECK** 3

다양한 제품 쇼핑

잡화 천국, 일본

앞서 언급했지만, 오래전부터 최고 명성을 자랑했던 전자 제품부터 패션, 잡화에 이르기까지 일본 상품의 다양성은 상상을 초월합니다. 특히 유명 캐릭터 용품과 기발하고 세밀한 잡화 등은 많은 여행자를 일본으로 끌어들이고 있죠. 쇼핑만을 목표로 일본 여행을 계획하는 분들이 꽤 많으니까요. 다양한 물품을 찾아 쇼핑을 시작해 볼까요?

❶ 전자 제품 쇼핑하기

필요한 문장에
표시해 보세요!

이 카메라 세일 중인가요?
この カメラは セール中ですか。
코노 카메라와 세-루츄-데스까?

▶ 카메라 **カメラ** 카메라 / 전지 **電池** 덴치 /
라디오 **ラジオ** 라지오 / 시계 **時計** 토케- /
이어폰 **イヤホン** 이야혼 /
컴퓨터 **パソコン** 파소콘 (**コンピューター** 콤퓨-타-) /
노트북 **ノートパソコン** 노-토파소콘 /
충전기 **充電器** 쥬-뎅키 /
휴대전화 **携帯** 케-타이 / 스마트폰 **スマホ** 스마호

이게 가장 싼 디지털카메라예요?
これが 一番 安い デジカメですか。
코레가 이치방 야스이 데지카메데스까?

이거 어떻게 작동해요?
これは どうすれば 動きますか。
코레와 도-스레바 우고키마스까?

사용법 좀 알려 주세요.
使い方を 教えて ください。
츠카이카타오 오시에테 쿠다사이.

충전도 됩니까?
充電もできますか。
쥬-뎀모 데키마스까?

이 스테레오는 품질 보증되나요?
このステレオは品質保証が付いていますか。
코노 스테레오와 힌시츠호쇼-가 츠이테 이마스까?

그것이 가장 인기 있는 상표인가요?
これが一番人気のあるブランドですか。
코레와 이치방 닝키노 아루 브란도데스까?

시장에 방금 출시된 노트북을 찾고 있어요.
新発売のノートパソコンを探しています。
신하츠바이노 노-토파소콩오 사가시테 이마스.

와, 이거 최신형 카메라네요.
わぁ、これ最新型のカメラですね。
와, 코레 사이싱가타노 카메라데스네.

64GB짜리 메모리카드 하나 주세요.
64GBのメモリカード1つください。
로쿠쥬-용기가노 메모리카-도 히토츠 쿠다사이.

이것도 일본 제품인가요?
これも日本製ですか。
코레모 니혼세-데스까?

CHAPTER 7 | かいもの　359

② 액세서리와 화장품

샤넬 향수를 보여 주시겠어요?
シャネルの香水を見せていただけますか。
샤네루노 코-스이오 미세테 이타다케마스까?

▶ 화장품 化粧品 케쇼-힝 / 스킨로션 スキンローション 스킨로-숀 /
로션 ローション 로-숀 / 보습로션 保湿ローション 호시츠로-숀 /
자외선 차단 크림 日焼け止めクリーム 히야케도메쿠리-무 /
아이섀도 アイシャドウ 아이샤도- / 마스카라 マスカラ 마스카라 /
매니큐어 マニキュア 마니큐아 / 트윈케이크 ツインケーキ 츠인케-키 /
파운데이션 ファンデーション 환데-숀 / 향수 香水 코-스이 /
기름종이 油とり紙 아부라토리카미

립스틱을 사고 싶은데요.
ルージュを買いたいです。
루-쥬오 카이타이데스.

좀 더 밝은 색은 없습니까?
もっと明るい色はありませんか。
못토 아카루이 이로와 아리마셍까?

가장 인기가 있는 것은 무엇입니까?
一番人気があるのは何ですか。
이치방 닝키가 아루노와 난데스까?

이 색깔과 비슷한 립스틱 있나요?
この色と似ているルージュがありますか。
코노 이로토 니테이루 루-쥬가 아리마스까?

색상은 이것 뿐인가요?
色はこれだけですか。
이로와 코레다케데스까?

아이섀도 보여 주세요.
アイシャドウを見せてください。

아이샤도-오 미세테 쿠다사이.

건성 피부용인가요?
乾燥肌用ですか。

칸소-하다요-데스까?

여성용 스킨을 좀 사고 싶은데요.
女性用の化粧品を買いたいんですが。

죠세요-노 케쇼-힝오 카이타인데스가.

좋은 제품 있으면 추천해 주시겠어요?
いいものをお勧めしていただけますか。

이-모노오 오스스메시테 이타다케마스까?

제 피부에 어느 색이 어울리나요?
私の肌にどの色がもっと似合いますか。

와타시노 하다니 도노 이로가 못토 니아이마스까?

이거 해 봐도 되나요?
これ、試してみてもいいですか。

코레, 타메시테 미테모 이-데스까?

크림 보여 주세요.
クリーム見せてください。

쿠리-무 미세테 쿠다사이.

이 목걸이 해 봐도 되나요?
このネックレスをしてみてもいいですか。

코노 넥쿠레스오 시테 미테모 이-데스까?

▶ 액세서리 アクセサリー 악세사리- / 팔찌 腕輪 우데와 (ブレスレット 브레스렛토) /
반지 指輪 유비와 (リング 링구) / 목걸이 ネックレス 넥쿠레스 /
선글라스 サングラス 상구라스 / 스카프 スカーフ 스카-후 / 브로치 ブローチ 브로-치

찾으시는 색깔이 있나요?
お探しの色はありますか。

오사가시노 이로와 아리마스까?

선호하시는 브랜드는 있으십니까?
お好きなブランドはありますか。

오스키나 브란도와 아리마스까?

이것이 지금 유행하고 있는 색입니다만, 어떠십니까?
これが今、流行っている色ですが、いかがですか。

코레가 이마, 하얏테이루 이로데스가, 이카가데스까?

잘 어울리네요.
お似合いです。

오니아이데스.

이건 인기가 있어서 다른 것보다 조금 비싸요.
これは人気があるので他の物より少し高いです。

코레와 닝키가 아루노데 호카노 모노요리 스코시 타카이데스.

---

❸ 안경, 콘택트렌즈

안경이 고장 났어요. 고칠 수 있을까요?
眼鏡が壊れてしまいました。直せますか。

메가네가 코와레테 시마이마시타. 나오세마스까?

안경에서 렌즈(알)가 빠졌어요. 렌즈 여기 있어요.
眼鏡のレンズが取れてしまいました。レンズはここにあります。

메가네노 렌즈가 토레테 시마이마시타. 렌즈와 코코니 아리마스.

원데이 렌즈 사려고요.
1日使い捨てのコンタクトを買いたいんですが。

이치니치 츠카이스테노 콘타쿠토오 카이타인데스가.

선글라스를 사려는데요.
サングラスを買いたいんですが。

상구라스오 카이타인데스가.

하드[소프트] 콘택트렌즈 세척액이 필요해요.
ハード[ソフト]のコンタクトの洗浄液が必要です。

하-도[소후토]노 콘타쿠토노 센죠-에키가 히츠요-데스.

안경 닦는 천이 필요해요.
眼鏡拭きが必要です。

메가네후키가 히츠요-데스.

DIALOG 3

안경점에서

나	여행 중인데 안경을 잃어버렸어요.	旅行中なんですが、眼鏡を なくして しまいました。 료코-츄-난데스가, 메가네오 나쿠시테 시마이마시타.
안경사	여행 중이시면 안경을 맞추는 것보다 원데이 렌즈를 사시는 쪽이 좋지 않을까요?	旅行中でしたら、眼鏡を 作るより、使い捨てのコンタクトを 買った方が いいのではないでしょうか。 료코-츄-데시타라, 메가네오 츠쿠루요리, 츠카이스테노 콘타쿠토오 캇타호-가 이-노데와 나이데쇼-까?
나	네, 그렇게 할게요.	はい、そうします。 하이, 소-시마스.
안경사	일반용과 서클렌즈 중 어느 걸로 하시겠어요?	一般的な ものと サークルレンズと どちらに なさいますか。 입빤테키나 모노토 사-쿠루렌즈토 도치라니 나사이마스까?
나	일반으로요. 눈이 좀 건조한 편이에요.	一般的な ものに して ください。目が 少し 乾燥している 方です。 입빤테키나모노니 시테 쿠다사이. 메가 스코시 칸소-시테 이루 호-데스.
안경사	그럼 이것을 권해 드릴게요! 최신 출시 상품으로 자외선 차단의 기능도 있습니다.	それなら こちらを お勧めしますよ！新発売の 製品でUVカットの 機能も あります。 소레나라 코치라오 오스스메시마스요. 신하츠바이노 세-힌데 유-브이캇토노 키노-모 아리마스.
나	네. 여기서 끼고 갈게요.	はい。ここで 付けて いきます。 하이, 코코데 츠케테 이키마스.

CHECK IT OUT | 일본의 드럭스토어

일본 여행을 한다면 여러분이 꼭 하고 싶은 것은 무엇인가요? 혹은 일본 여행했을 때 경험했던 가장 즐거웠던 것은 무엇인가요? 사람마다 약간씩 차이는 있겠지만 쇼핑은 많은 여행자의 관심사가 아닐까 싶습니다. 앞서 소개한 일본 편의점 정보와 더불어 일본 드럭스토어 정보는 인터넷에 넘쳐납니다. 꼭 사야 할 식품, 뷰티 제품, 의료 제품 등의 추천 리스트도 많아서 한국인들이 많이 사는 상품에는 친절하게 한글 안내가 되어 있기도 합니다. 물론 대부분의 제품이 국내에도 수입돼서 (가격은 더 비싸지만) 편하게 구입도 가능하고 구매 대행(직구) 또한 활발히 이루어지고 있습니다.

한국인에게 인기 있는 상품 정보는 쉽게 접할 수 있으니 여기서는 반대로 일본 현지인들에게 인기 있는 히트 상품 몇 개를 소개해 드릴게요.
- 감기 예방에 효과 있다는 쉴드 유산균 태블릿(食べるマスク), 키와다치 카레(きわだちカレー), Hadakara 바디워시, 탈취 숯 냄새 제거 종이(脱臭炭 ニオイとり紙), 휴대용 아로마 흡입기(AROMASTIC), 분실물 방지 전자태그(Mamorio), 유니 나노다이야컬러(ユニ ナノダイヤカラー; 컬러 샤프심)

(출처: 2017년 상반기, 일본 히트상품, KOTRA & KOTRA 해외시장뉴스)

일본 드럭스토어(디스카운트스토어)에서 똑똑하게 소비할 수 있는 팁도 알려 드릴게요.
- 세금 포함 구매 금액이 5,400엔 이상일 때 8% 면세(2017년 기준)를 받을 수 있습니다. '택스리펀 카운터'에 가서 계산할 때는 여권을 꼭 제시해야 합니다. 면세에 포함되지 않는 일부 상품(청소 용품 등)도 있습니다.
- 택스리펀으로 계산 후 구입 물품은 원칙적으로 출국 전까지 뜯지 못하게 밀봉 포장합니다. 여행 마무리 짐을 싸며 필자는 피치 못하게 포장을 뜯어 재정리했는데요, 귀국 시 공항에서 문제가 되지는 않았지만 규정은 규정이니 지키는 게 좋겠죠. 혹은 여행 중 먹을 간식 등은 따로 포장하거나 수하물 무게를 고려하여 분리 포장하는 것도 방법입니다. 쇼핑 중이나 계산할 때 의사소통에 문제가 발생하면 한국인 직원이나 한국어를 할 줄 아는 일본인 직원을 불러달라고 요청하세요.
- 8% 면세 외에도 일정 금액 이상 구입하면 추가 할인 혜택이나 기념품을 받을 수도 있습니다. '돈키호테' 등의 업체 어플을 다운 받으면 다양한 할인 정보와 할인 쿠폰을 얻을 수 있으니 미리 다운 받아 두세요. '비쿠카메라(BIC CAMERA)'에서는 전자 제품을 싸게 살 수 있는데 인터넷에서 상품을 예약하고 매장에서 결제, 수령할 수 있고, 공항(호텔) 배송 서비스도 있습니다.
- 어느 매장을 가든 엄청난 종류의 잡화에 자칫 충동구매를 하게 될 가능성이 높으니 무엇보다 필요한 상품, 반드시 사야 할 상품 리스트를 체크해서 현명한 소비를 하면 좋겠습니다.

KEY **CHECK** 4

기념품 쇼핑

여행의 완성은 기념품

한국의 자수, 나전칠기, 한지처럼 일본에도 오랜 전통을 자랑하는 아름답고 아기자기한 전통 기념품이 많습니다. 고즈넉한 일본 옛 골목을 거닐며 전통 기념품 구경도 하고 다음 표현을 익혀 자신 있게 구입도 해 볼까요?

❶ 기념품 가게 문의

필요한 문장에 표시해 보세요!

기념품을 어디서 사죠?
お土産はどこで買えるでしょうか。
오미야게와 도코데 카에루데쇼-까?

아직 기념품을 하나도 사지 않았어요.
まだお土産を1つも買っていません。
마다 오미야게오 히토츠모 캇테 이마셍.

바도 호텔도, 그리고 기념품점도 문을 닫았어요.
バーもホテルも、それからお土産屋さんも閉まっていました。
바-모 호테루모, 소레카라 오미야게야상모 시맛테 이마시타.

기념품 가게에서는 티셔츠를 팔지 않아요.
お土産屋さんではテシャツを売っていません。
오미야게야상데와 티-샤츠오 웃테 이마셍.

❷ 특산품 문의 & 기념품 추천

이 지역의 특산품을 판매하나요?
この地域の特産品を販売していますか。
코노 치이키노 톡산힝오 함바이시테 이마스까?

뭔가 대표적인 지역 특산품을 찾고 있어요.
何か 代表的な 地域の 特産品を 探しています。

나니카 다이효-테키나 치이키노 톡산힝오 사가시테 이마스.

어디 가면 그걸 구할 수 있죠?
どこに 行けば それが 買えるでしょうか。

도코니 이케바 소레가 카에루데쇼-까?

이 근처에 기념품 살 수 있는 곳이 있나요?
この 近くに お土産が 買える ところが ありますか。

코노 치카쿠니 오미야게가 카에루 토코로가 아리마스까?

특별한 것으로 추천해 주실래요?
特別な ものを お勧めして いただけますか。

토쿠베츠나 모노오 오스스메시테 아타다케마스까?

이거 수작업으로 만든 제품이에요?
これは 手作りの 製品ですか。

코레와 테즈쿠리노 세-힌데스까?

이걸로 다른 색깔도 있어요?
これで 他の 色も ありますか。

코레데 호카노 이로모 아리마스까?

이거 선물용으로 포장해 주세요.
これは プレゼント用に 包装して ください。

코레와 프레젠토요-니 호-소-시테 쿠다사이.

DIALOG 4

기념품 구입하기

나 친구들에게 줄 '마네키네코' 장식이 있는 기념품을 찾고 있어요.

友達にあげる「招き猫」のお土産を探しています。
토모다치니 아게루 '마네키네코'노 오미야게오 사가시테 이마스.

직원 열쇠고리는 어떠세요? 여러 가지 귀여운 디자인이 있어요. 한국인들이 많이 찾더라고요.

キーホルダーはいかがですか。かわいいデザインが色々あります。多くの韓国人が買い求めていますよ。
키-호루다-와 이카가데스까? 카와이- 데자잉가 이로이로 아리마스. 오-쿠노 캉코쿠징가 카이모토메테 이마스요.

나 맞아요. '복을 부른다'라는 좋은 의미가 있어서 선물하기도 좋아요. 이것 얼마죠?

そうですね。「福を呼ぶ」といういい意味があってプレゼントにもいいですね。これはいくらですか。
소-데스네. '후쿠오 요부'토 이우 이-이미가 앗테 프레젠토니모 이이데스네. 코레와 이쿠라데스까?

직원 300엔이에요.

300円です。
삼뱌쿠엔데스.

나 아, 비싸네요.

あ、高いですね。
아, 타카이데스네.

직원 10개를 사면 덤으로 하나를 더 드릴게요!

10個買えばおまけで1つ差し上げますよ。
쥬코 카에바 오마케데 히토츠 사시아게마스요!

나 음, 좋아요! 그럼 10개 주세요. 죄송하지만 각자 포장해 줄 수 있나요?

うん。いいですね。それなら10個ください。すみませんが別々に包んでいただけますか。
음. 이-데스네! 소레나라 쥬코 쿠다사이. 스미마셍가 베츠베츠니 츠츤데 이타다케마스까?

직원 그럼요! 좋은 선물 되세요.

もちろんです。よいプレゼントにしてください。
모치론데스! 요이 프레젠토니 시테 쿠다사이.

CHECK IT OUT | 일본의 전통 기념품

일본에서 선물을 살 때 여러분은 어떤 것을 주로 구입하시나요? 대부분의 여행자는 간식이나 드럭스토어 미용 제품 등을 구입하는데요, 예스러움이 살아 있는 교토나 가나자와 같은 도시 거리를 걸으면 일본 특유의 전통 색이 물씬 묻어나는 기념품을 많이 볼 수 있습니다. 일본 전통 기념품을 몇 가지 소개합니다. (아래 공예품 일부는 키트로 구입해서 직접 만들어 볼 수 있습니다.)

마네키네코 (招き猫)

한국 내 일본 식당의 계산대에서 한 번쯤은 봤을, 한국인에게도 매우 친숙한 고양이 인형입니다. 왼쪽 손을 들고 있는 고양이는 손님을, 오른쪽 손을 들고 있으면 돈을 부른다고 해서 '복을 부르는 인형'이라고 합니다. 양손(앞발) 모두 들고 있는 고양이도 있답니다. 가게를 운영하는 분들에게 선물로 주면 좋아하겠죠.

노렌 (暖簾)

한국 내 일식집에서 자주 보셨을 텐데요, 노렌은 일본 식당(가게) 입구에 걸어 놓는 천으로 간판 혹은 요즘의 open/close 사인과 같은 역할을 합니다. 즉, 가게에 노렌이 걸려 있으면 '영업 중'이라는 표시고 문을 닫을 때는 걷어 놓습니다. 이러한 기능 외에도 유럽 옛 도시의 다양한 간판처럼 '노렌'도 아름다운 문양과 색상을 자랑합니다. 신주쿠에는 '천연염색 축제'가 매년 열리는데 이때 예쁜 노렌 전시도 함께 볼 수 있습니다. 가림막 용도뿐만 아니라 벽걸이 장식용으로도 활용도가 높습니다.

치리멘 공예품 (縮緬)

'치리멘'은 세밀한 주름의 직물(비단)로 에도 시대부터 기모노 원단으로 사용됐습니다. 치리멘 원단으로 만드는 제품은 무궁무진한데요, 인형, 가방, 액세서리, 수건, 장식품 등 다양한 수공예품이 있습니다.

카가테마리 (加賀手鞠)

카가(가나자와 지역의) 테마리(공)라는 뜻으로 안에 방울을 넣은 작은 공 모양의 공예품입니다. 작은 공에 실을 감고 다양한 색의 자수 실로 꽃과 화려한 문양을 만들어 냅니다.

KEY CHECK 5

물건값 계산하기

계산은 꼼꼼하게

한국은 신용카드 활용이 일상화됐지만, 일본은 의외로 현금 이용률이 매우 높습니다. 즉, 쇼핑, 식사 후에 카드보다 현금 결제를 많이 하는 편이죠. 작은 식당에서는 현금만 받는 데도 있으니 아래 표현들 잘 익혀 두고 필요할 때 사용하세요.

① 가격 확인 및 계산

필요한 문장에
표시해 보세요!

계산은 어디서 하나요?
会計はどこですか。
카이케-와 도코데스까?

전부 얼마예요?
全部でいくらですか。
젬부데 이쿠라데스까?

세금이 포함된 가격이에요?
税込ですか。
제-코미데스까?

신용카드 받으세요?
クレジットカードが使えますか。
쿠레짓토카-도가 츠가에마스까?

현금으로 계산할게요.
現金で払います。
겡킨데 하라이마스.

비자카드로 계산할게요.
VISAカードで払います。

비자카―도데 하라이마스.

상품권으로 계산하려고요.
商品券で払いたいです。

쇼―힝켄데 하라이타이데스.

저쪽 카운터를 이용해 주시기 바랍니다.
あちらのカウンターをご利用ください。

아치라노 카운타―오 고리요―쿠다사이.

2,000엔 받았습니다.
2,000円お預かりします。

니셍엔 오아즈카리시마스.

150엔 거스름돈입니다.
150円のおかえしです。

햐쿠고쥬―엔노 오카에시데스.

늘 감사드립니다.
毎度、ありがとうございます。

마이도, 아리가토―고자이마스.

현금으로 하실 건가요, 카드로 하실 건가요?
現金になさいますか、カードになさいますか。

겡킨니 나사이마스까, 카―도니 나사이마스까?

다른 것은요? (더 필요한 것 없으세요?)
他に必要なものはありませんか。

호카니 히츠요―나 모노와 아리마셍까?

② 흥정하기

너무 비싸요.
高すぎますよ。
타카스기마스요.

더 싼 거 없나요?
もっと 安いのは ありませんか。
못토 야스이노와 아리마셍까?

조금 깎아 주실 수 없나요?
すこし まけて もらえませんか。
스코시 마케테 모라에마셍까?

20% 깎아 드리죠.
20% 割引いたします。
니쥬―파―센토 와리비키이타시마스.

그 가격으로 맞춰 드릴게요.
その価格にいたします。
소노 카카쿠니 이타시마스.

그건 좀 곤란합니다.
それは ちょっと 困りますね。
소레와 춋토 코마리마스네.

밑지고 파는 거예요.
出血大サービスです。
슉케츠다이사―비스데스.

▶ 출혈 대서비스: 과장해서 피를 철철 흘릴 정도로 엄청난 서비스를 한다는 의미

다른 데 비해 싼 편이에요.
他（ほか）に 比（くら）べて 安（やす）いほうですよ。

호카니 쿠라베테 야스이호-데스요.

③ 카드에 문제 발생

이 신용카드가 승인이 거절됐어요.
この クレ（く）ジ（れ）ッ（じっ）ト（と）カ（か）ー（）ド（ど）は ご利用（りよう）に なれません。

코노 쿠레짓토카-도와 고리요-니 나레마셍.

유효한 카드가 아닌 것 같아요. 다른 것 있으세요?
カ（か）ー（）ド（ど）が 無効（むこう）の ようです。他（ほか）の カ（か）ー（）ド（ど）を お持（も）ちですか。

카-도가 무코-노 요-데스. 호카노 카-도오 오모치데스까?

기계에 다시 그어 주시겠어요?
もう一度（いちど）カ（か）ー（）ド（ど）を 機械（きかい）に 通（とお）して いただけますか。

모-이치도 카-도오 키카이니 토오시테 이타다케마스까?

④ 제품 포장

종이봉투[비닐봉투]에 담아주세요.
紙袋（かみぶくろ）［ビ（び）ニ（に）ー（）ル（る）袋（ぶくろ）］に 入（い）れて ください。

카미부쿠로[비니-루부쿠로]니 이레테 쿠다사이.

하나씩 포장해 주세요.
1（ひと）つずつ 包（つつ）んで ください。

히토츠즈츠 츠츤데 쿠다사이.

종이봉투 한 장 더 받을 수 없나요?
紙袋（かみぶくろ）もう1枚（まい）もらえませんか。

카미부쿠로 모-이치마이 모라에마셍까?

포장하지 않아도 상관없어요.
包装しなくても かまいません。
ほうそう

호-소-시나쿠테모 카마이마셍.

리본을 달아주세요.
リボンを つけて ください。
り　ぼん

리봉오 츠케테 쿠다사이.

이것을 호텔로 보내 주세요.
これを ホテルまで お願いします。
　　　ほ　て　る　　　ねが

코레오 호테루마데 오네가이시마스.

이것을 한국에 보내 주실 수 있나요?
これを 韓国に 送って もらえますか。
　　　かんこく　おく

코레오 캉코쿠니 오쿳테 모라에마스까?

언제 도착합니까?
いつ 届きますか。
　　とど

이츠 토도키마스까?

374

DIALOG 5

물건 고르기부터 계산까지

나 이 셔츠 라지 사이즈 있나요? 아, 그리고 다른 색깔로도 있나요? 검정이나 남색이요.

このシャツ、ラージサイズありますか。あ、それから他の色もあるでしょうか。黒か紺色でお願いします。

코노 샤츠, 라-지사이즈 아리마스까? 아, 소레카라 호카노 이로모 아루데쇼-까? 쿠로카 콩이로데 오네가이시마스.

직원 네, 확인하고 올게요. 잠시만 기다리세요. *(잠시 후)*

はい、ご確認いたしますので、少々お待ちください。

하이, 고카쿠닝이타시마스노데, 쇼-쇼- 오마치쿠다사이.

직원 딱 하나 남았네요. 검은색 라지 사이즈는 있는데, 남색은 없네요.

ちょうど1枚残っております。黒のラージサイズはございますが、紺色はございません。

쵸-도 이치마이 노콧테 오리마스. 쿠로노 라-지사이즈와 고자이마스가, 콩이로와 고자이마셍.

나 다행이네요. 입어 봐도 되나요?

よかったです。試着してもいいですか。

요캇타데스. 시챠쿠시테모 이-데스까?

직원 물론이죠. 우측에 탈의실이 있어요. *(잠시 후)*

もちろんです。右側にフィッティングルームがございます。

모치론데스. 미기가와니 힛팅구루-무가 고자이마스.

나 어때요? 잘 어울리나요?

どうですか。よく似合っていますか。

도-데스까? 요쿠 니앗테 이마스까?

직원 네, 잘 어울리네요. 지금 입고 있는 바지와도 잘 어울립니다.

はい、お似合いですね。いま、はいているズボンともよく合います。

하이, 오니아이데스네. 이마 하이테 이루 즈본토모 요쿠 아이마스.

나 감사합니다. 그럼 이걸로 할게요.

ありがとうございます。では、これにします。

아리가토-고자이마스. 데와, 코레니 시마스.

직원 할인 기간이라 20% 할인해서 2,700엔입니다.

セール中なので、20% 割引で2,700円でございます。

세-루츄-나노데, 니쥬빠-센토 와리비키데 니센나나햐쿠엔데 고자이마스.

나 신용카드로 계산할게요.

クレジットカードで払います。

쿠레짓토카-도데 하라이마스.

CHAPTER 7 | かいもの 375

KEY CHECK 6

쇼핑할 때 필수 표현

마음에 안 들어요, 바꿔 주세요

해외에서 물건을 산 경우 가장 신경 쓰이는 것이 교환, 환불입니다. 제품에 문제가 있어서 교환할 경우에는 문제점을 제대로 설명할 수 있는 것도 중요하지만, 먼저 교환/환불 정책이 어떤지를 사전에 알고 있어야 해요. 그런 다음 아래 표현들을 응용해 당당하게 말하세요.

① 환불[교환]의 이유 말하기

필요한 문장에 표시해 보세요!

🗣 사이즈가 안 맞아요.
サイズが合いません。
사이즈가 아이마셍.

금이 가 있어요.
ひびが入っています。
히비가 하잇테 이마스.

단추가 떨어져 있어요.
ボタンが取れています。
보탕가 토레테 이마스.

깨져 있어요. (고장 나 있어요.)
こわれています。
코와레테 이마스.

여기에 얼룩이 묻어 있어요.
ここにしみがついています。
코코니 시미가 츠이테 이마스.

지퍼가 망가져 있어요.
チャックがこわれています。

쟈쿠가 코와레테 이마스.

구멍이 뚫려 있어요.
穴があいています。

아나가 아이테 이마스.

방금 전에 샀어요.
さっき買ったばかりです。

삭키 캇타바카리데스.

전혀 사용하지 않았어요.
ぜんぜん使っていません。

젠젠 츠캇테 이마셍.

조금 더러워져 있어요.
ちょっと汚れています。

춋토 요고레테 이마스.

환불하고 싶어요.
払い戻ししたいです。／
返金したいです。

하라이모도시 시타이데스. / 헹킨 시타이데스.

반품하려고요.
返品したいです。

헴삔 시타이데스.

현금으로 바꿀 수 있어요?
現金に かえることが できますか。
겡킨니 카에루코토가 데키마스까?

환불해 주시겠어요?
返金して いただけますか。
헹킨시테 이타다케마스까?

다른 것으로 바꾸고 싶어요.
他の物に 取り替えたいです。/他の物に 交換したいです。
호카노 모노니 토리카에타이데스. / 호카노 모노니 코-칸시타이데스.

이 이어폰을 다른 것으로 교환할 수 있을까요?
このイヤホン、他の 物と 交換 できますか。
코노 이야홍, 호카노 모노토 코-칸 데키마스까?

환불 가능한 상품이에요?
返金が 可能な 商品ですか。
헹킹가 카노-나 쇼-힌데스까?

새것으로 바꾸고 싶어요.
新しいものに 交換したいです。
아타라시- 모노니 코-칸시타이데스.

큰 것으로 바꾸고 싶어요.
大きいのに かえたいです。
오-키-노니 카에타이데스.

이 바지를 작은 사이즈로 바꿔 주시겠어요?
このズボンを 小さいサイズに 交換して いただけますか。
코노 즈봉오 치-사이사이즈니 코-칸시테 이타다케마스까?

여기 영수증이요.
こちらが 領[りょうしゅうしょ]収書です。

코치라가 료-슈-쇼데스.

언제 구매하셨습니까?
いつ お買[か]いに なりましたか。

이츠 오카이니 나리마시타까?

영수증은 가지고 계신가요?
領[りょうしゅうしょ]収書[レシ[れ]ート[と]]は お持[も]ちですか。

료-슈-쇼[레시-토]와 오모치데스까?

영수증이 없으면 불가능합니다.
領[りょうしゅうしょ]収書が ないと できません。

료-슈-쇼가 나이토 데키마셍.

무슨 일이시죠?
どうかされましたか。

도-카사레마시타까?

어떤 이유로 환불하십니까?
どのような 理[り ゆう]由で 返[へんきん]金なさいますか。

도노요-나 리유-데 헹킨나사이마스까?

지불하셨던 카드는 가지고 계십니까?
お支[し はら]払いいただいた カ[か]ード[ど]は お持[も]ちでしょうか。

오시하라이이타다이타 카-도와 오모치데쇼-까?

곧 교환해 드리겠습니다.
すぐ 交[こうかん]換させて いただきます。

스구 코-칸사세테 이타다키마스.

좀 더 자세히 말씀해 주세요.
もう少し詳しくお聞かせください。

모-스코시 쿠와시쿠 오키카세 쿠다사이.

문제점이 무엇인가요?
問題点は何ですか。

몬다이텡와 난데스까?

저희 정책상 물건을 교환해 드릴 수 없어요.
私どもの規約上、商品のお取替えはできかねます。

와타시도모노 키약쿠죠-, 쇼-힌노 오토리카에와 데키카네마스.

해 드릴 게 없어서 죄송해요.
ご希望に沿えず、申し訳ございません。

고키보-니 소에즈, 모-시와케고자이마셍.

그럼요, 환불하실 수 있어요.
はい、返金可能です。

하이, 헹킹 카노-데스.

교환만 해 드려요.
お取替え[交換]だけ可能です。

오토리카에[코-캉]다케 카노-데스.

네, 바로 살펴볼게요.
はい、すぐにお調べします。

하이, 스구니 오시라베시마스.

DIALOG 6

환불 요청하기

직원 어서 오세요.

いらっしゃいませ。
이랏샤이마세.

나 네, 어제 여기서 구두를 샀는데요. 살 때는 몰랐는데 호텔에서 신어 보니 앞부분에 스크래치가 있어요.

昨日、ここで靴を買いましたが。買うときは気付かなかったんですが、ホテルで履いてみたら、前の部分に傷がついていて。
키노-, 코코데 쿠츠오 카이마시타가. 카우토키와 키즈카 나캇탄데스가, 호테루데 하이테 미타라, 마에노 부분니 키즈가 츠이테이테…

직원 제가 살펴볼게요. 정말 자국이 있네요. 죄송합니다.

ちょっと確認いたします。本当についていますね。申し訳ございません。
춋토 카쿠닝이타시마스. 혼토-니 츠이테 이마스네. 모-시와케고자이마셍.

나 환불 가능한가요?

返金してもらえますか。
헹킨시테 모라에마스까?

직원 죄송하지만, 세일 상품의 환불은 불가능합니다. 다른 제품으로 교환만 가능합니다.

申し訳ございませんが、セール商品の返金はいたしかねます。他の製品に交換だけ可能です。
모-시와케고자이마셍가, 세-루쇼-힌노 헹킹와 이타시카네마스. 호카노 세-힌니 코-칸다케 카노-데스.

나 네, 그럼 다른 것 좀 보여 주세요.

はい、では他の物を見せてください。
하이, 데와 호카노 모노오 미세테 쿠다사이.

CHAPTER 7 | かいもの **381**

CHECK IT OUT | 상점에서 볼 수 있는 표시

상점을 지나가다 의미를 몰라 '대박 할인' 기회를 놓친다면 너무 아쉽겠죠. 그리고 급한 용무가 있을 때 표시를 못 읽어서 낭패를 본다면 생각만 해도 아찔합니다. 대부분의 표지는 이미지가 함께 표시되어 대충 알아차릴 수 있지만, 기본적인 필수 표시는 익혀 두고 여행을 떠나 볼까요?

당기세요	引く	히쿠
미세요	押す	오스
영업 중	営業中	에-교-츄-
24시간 영업	24時間営業	니쥬-요지캉 에-교-
휴업	休業	큐-교-
외출 중 (점심 식사 중)	昼食休憩中	츄-쇼쿠 큐-케-츄-
15분 후에 다시 열어요.	15分後に戻ります。	쥬-고훈고니 모도리마스
오후 2시에 다시 열어요.	午後 2時に戻ります。	고고 니지니 모도리마스
고품질 제품	高品質製品	코-힌시츠세-힌
품질이 좋아요!	品質がいいです。	힌시츠가 이-데스!
물건을 훔치면 기소됨	万引きは起訴します	만비키와 키소시마스
CCTV 작동 중	防犯カメラ作動中	보-항카메라 사도-츄-
하나 사면 하나는 무료	1つ買えば もう1つ サービス	히토츠카에바 모-히토츠 사-비스
하나를 사면 하나는 반값	1つ買えば もう1つは 半額	히토츠카에바 모-히토츠와 항가쿠
창고 정리 판매	在庫一掃セール	자이코잇소-세-루
점포 정리 세일	店舗整理セール	템포세-리세-루
폐점 대방출	閉店セール	헤-텐세-루
모두 처분합니다!	在庫一掃します。	자이코잇소-시마스!
세일	セール	세-루
특가 판매	特価販売	톡카함바이
반값 세일	半額セール	항가쿠세-루
전 품목 50% 세일	全ての商品 50%セール	스베테노 쇼-힝 고쥬-파-센토 세-루
출혈대서비스	出血大サービス	슉케츠다이사-비스

여행 안심 패스
VOCA BOX 7

쇼핑·의류 관련 어휘

쇼핑

한국어	요미가나	일본어	발음
가게	みせ	店	미세
매장	うりば	売り場	우리바
식료품	しょくりょうひん	食料品	쇼쿠료—힝
쇼핑	かいもの	買い物	카이모노
판매	はんばい	販売	함바이
시장	いちば	市場	이치바
백화점	デパート		데파-토
점원	てんいん	店員	텡잉
손님	おきゃくさん	お客さん	오캭상
화장품	けしょうひん	化粧品	케쇼-힝
장난감	おもちゃ		오모챠
액세서리	アクセサリー		악세사리-
용품	~ようひん	~用品	~요-힝
가방	かばん		카방
지갑	さいふ	財布	사이후
보석	ほうせき	宝石	호-세키
영수증	りょうしゅうしょ / レシート	領収書	료-슈-쇼 / 레시-토
진품	ほんもの	本物	혼모노
가품	にせもの	偽物	니세모노
견본	みほん	見本	미홍
할인	わりびき	割引	와리비키
세일	セール		세-루
흥정	ねびき	値引き	네비키
현금	げんきん	現金	겡킹

포장지	つつみがみ	包み紙	츠츠미가미
거스름돈	おつり		오츠리
지불하다	はらう	払う	하라우
추천하다	すすめる	勧める	스스메루
포함하다	ふくめる	含める	후쿠메루
종이쇼핑백	かみぶくろ	紙袋	카미부쿠로
비닐봉지	ビニールぶくろ	ビニール袋	비니-루부쿠로
카탈로그	カタログ		카타로구
선물	おくりもの/プレゼント	贈り物	오쿠리모노 / 프레젠토
기념품	おみやげ	お土産	오미야게
방문선물	てみやげ	手土産	테미야게
연말선물	おせいぼ	お歳暮	오세-보
축하선물	おいわい	お祝い	오이와이

의복

벨트	ベルト		베루토
비키니	ビキニ		비키니
블라우스	ブラウス		부라우스
브래지어	ブラジャー		부라쟈-
단추	ボタン		보탕
카디건	カーディガン		카-디간
코트	コート		코-토
원피스	ワンピース		왐피-스
장갑	てぶくろ	手袋	테부쿠로
모자	ぼうし	帽子	보-시
청바지	ジーンズ		진-즈
상의	うわぎ	上着	우와기
재킷	ジャケット		쟈켓토
스웨터	セーター		세-타-
우비	雨ガパ		아마가빠
스카프	スカーフ		스카-후
목도리	マフラー		마후라
셔츠	シャツ		샤츠
반바지	はんズボン	半ズボン	한즈봉
스커트, 치마	スカート		스카-토
양말	くつした	靴下	쿠츠시타
스타킹	ストッキング		스톡킹구
정장	スーツ		스-츠
수영복	みずぎ	水着	미즈기

민소매	そでなし	袖無し	소데나시
반소매	はんそで	半袖	한소데
긴소매	ながそで	長袖	나가소데
넥타이	ネクタイ		네쿠타이
운동복	うんどうぎ	運動着	운도-기
바지	ズボン		즈봉
티셔츠	ティシャツ		티-샤츠
팬티	パンツ		판츠
속옷	したぎ	下着	시타기
조끼	ベスト		베스토
지퍼	チャック		챡쿠

피부

여드름	にきび		니키비
주근깨	そばかす		소바카스
기미, 검버섯	しみ		시미
주름	しわ		시와
멍	あざ		아자
상처	きず	傷	키즈
피부	はだ	肌	하다
건조	かんそう	乾燥	칸소ー
매끈거리다	なめらかだ		나메라카다
촉촉함	うるおい	潤い	우르오이
붓다	はれる		하레루
거칠어지다	あれる	荒れる	아레루

8

유용한 정보
: 은행, 병원, 경찰서, 사건 사고

해외여행을 하다 보면 갑자기 변한 환경과 음식 때문에 아플 수도 있고, 물건을 도난당할 수도 있고 예상치 못 한 일들이 많이 발생할 수 있습니다. 당황해서 아는 단어와 표현도 생각이 안 나고 막막한 경우가 많지요. 여행 중에 발생할 수 있는 난감한 상황에 대처하는 표현들을 알아 두세요.

じょうほう

KEY CHECK 1

은행 · 환전

현금이 떨어졌어요

일본은 단기 여행 비중이 높아서 한국에서 엔화로 충분히 환전하여 일본 현지 은행이나 환전소에 갈 일이 많지 않을 수도 있지만 여행은 늘 예상치 않은 일의 연속이죠. 엔화가 떨어져서 환전소를 가야 하거나 또 장기 여행객, 유학생, 일본 거주하시는 분들도 많으니 아래 표현을 잘 익혀 두세요.

1 환전, 현금 인출하기

필요한 문장에 표시해 보세요!

가장 가까운 은행이 어디에 있는지 아세요?
一番 近い 銀行が どこに あるか ご存じですか。
이치방 치카이 긴코-가 도코니 아루카 고존지데스까? ✓

은행은 몇 시부터 몇 시까지입니까?
銀行は 何時から 何時までですか。
긴코-와 난지카라 난지마데데스까?

돈을 어떻게 인출하죠?
お金を どうやって 引き出しますか。
오카네오 도-얏테 히키다시마스까?

여기서 환전 가능해요?
ここで 両替 できますか。
코코데 료-가에 데키마스까?

환전 창구는 어디인가요?
両替の 窓口は どこですか。
료-가에노 마도구치와 도코데스까?

이걸 잔돈으로 바꿔 주실래요?
これを 小銭に 両替して いただけますか。
코레오 코제니니 료-가에시테 이타다케마스까?

엔으로 바꿔 주세요.
円に替えてください。

엔니 카에테 쿠다사이.

한국의 원화를 엔화로 바꿔 주세요.
韓国のウォンを円に替えてください。

캉코쿠노 원오 엔니 카에테 쿠다사이.

10,000엔 환전해 주세요.
10,000円両替してください。

이치망엔 료-가에시테 쿠다사이.

한국 돈을 엔으로 교환하고 싶어요.
韓国のウォンを円に両替したいです。

캉코쿠노 원오 엔니 료-가에시타이데스.

10만 원이면 몇 엔이나 되죠?
10万ウォンなら何円になりますか。

쥬망원나라 낭엔니 나리마스까?

2,000엔짜리 3장, 1,000엔짜리 4장으로 주세요.
2,000円札を3枚、1,000円札を4枚にしてください。

니셍엔사츠오 삼마이, 셍엔사츠오 욤마이니 시테 쿠다사이.

소액권으로 주세요.
少額のお札にしてください。

쇼-가쿠노 오사츠니 시테 쿠다사이.

최대한 소액권으로 주세요.
できるだけ少額のお札にしてください。

데키루다케 쇼-가쿠노 오사츠니 시테 쿠다사이.

환율이 어떻게 되죠?
レートはどのぐらいですか。
레-토와 도노구라이데스까?

수수료가 얼마죠?
手数料はいくらですか。
테수-료-와 이쿠라데스까?

❷ 은행에서 듣는 말

여권을 가지고 계십니까?
パスポートをお持ちですか。
파스포-토오 오모치데스까?

여권을 보여 주십시오.
パスポートをお見せください。
파스포-토오 오미세쿠다사이.

여기에 서명 부탁드립니다.
ここにサインをお願いします。
코코니 사잉오 오네가이시마스.

그 서비스는 제공하지 않습니다.
そのサービスは提供しておりません。
소노 사-비스와 테-쿄-시테 오리마셍.

TIP 일본의 환전소

자판기의 천국이라는 명성답게 일본은 환전소도 무인 자판기 형태로 되어 있는 곳이 많습니다. 친절하게도 한국어 선택이 가능하고 수수료도 저렴하답니다.

DIALOG 1

환전하기

직원 안녕하세요. 도와 드릴까요?

こんにちは。どのような ご用件でしょうか。
콘니치와. 도노요ー나 고요ー켄데쇼ー까?

나 한국 돈 50만 원을 엔화로 바꾸고 싶어요.

韓国の 50万ウォンを 円に 替えたいです。
캉코쿠노 고쥬ー망원오 엔니 카에타이데스.

직원 네, 알겠습니다.

はい、かしこまりました。
하이, 카시코마리마시타.

나 소액권으로 주시겠어요?

少額の お札に して ください。
쇼ー가쿠노 오사츠니 시테 쿠다사이.

직원 네, 최대한 소액권으로 드리겠습니다.

はい、できるだけ、少額の お札に いたします。
하이, 데키루다케, 쇼ー가쿠노 오사츠니 이타시마스.

나 감사합니다.

ありがとうございます。
아리가토ー고자이마스.

직원 여기 서명해 주세요.

ここに サインを お願いします。
코코니 사잉오 오네가이시마스.

나 네, 영수증 주세요.

はい、領収書 いただけますか。
하이, 료ー슈ー쇼 이타다케마스까?

직원 네, 여기 있습니다. 좋은 하루 보내세요.

はい、どうぞ。良い 1日を。
하이, 도ー조. 요이 이치니치오.

KEY CHECK 2

신용카드 관련 문제

카드를 분실했어요

일본에서 거주하시거나 유학하시는 분들은 일본 발행 신용카드를 사용하실 수도 있을 거예요. 카드를 분실하면 우선 카드사에 바로 신고를 해야 합니다. 혹시 모를 불상사에 대비해 다음의 기본적인 표현도 챙겨두세요.

① 분실 신고하기

필요한 문장에 표시해 보세요!

카드를 분실했어요.
カードを なくしました。
카-도오 나쿠시마시타.

어디였는지 기억나질 않아요.
どこだったか 覚えていません。
도코닷타카 오보에테 이마셍.

제 카드를 바로 정지시켜 주실래요?
私の カードを 停止して いただけますか。
와타시노 카-도오 테-시시테 이타다케마스까?

현금 자동인출기에서 카드가 안 나와요.
ATMから カードが 出て きません。
에-티-에무카라 카-도가 데테 키마셍.

어제 저녁 7시경에 주차 요금을 카드로 결제한 걸 기억해요.
昨日の 夜 7時頃に 駐車料金を カードで 決済したのを 覚えています。
키노-노 요루 시치지고로니 츄-샤료-킹오 카-도데 켓사이시타노오 오보에테 이마스.

❷ 카드사에서 듣는 말

어디에서 분실하셨나요?
どこでなくしましたか。
도코데 나쿠시마시타까?

분실신고서를 써 주세요.
紛失届書を書いてください。
훈시츠토도케쇼오 카이테 쿠다사이.

언제 마지막으로 사용하셨나요?
最後にご利用になったのはいつですか。
사이고니 고리요-니 낫타노와 이츠데스까?

다른 부정 사용 내역은 없습니다.
他の不正使用履歴はありません。
호카노 후세-시요-리레키와 아리마셍.

바로 처리해 드리겠습니다.
すぐに処理いたします。
스구니 쇼리이타시마스.

이제 귀하의 이전 카드로는 계좌 인출이 더 이상 허용되지 않습니다.
お客様の以前のカードではこれ以上お引き出しができません。
오캬쿠사마노 이젠노 카-도데와 코레이죠- 오히키다시가 데키마셍.

DIALOG 2

대체카드 발급하기

나 실례합니다. 카드 분실을 했는데 재발급 가능한가요?

失礼します。カードを紛失したんですけど、再発給できますか。
시츠레-시마스. 카-도오 훈시츠시탄데스케도, 사이학큐- 데키마스까?

은행원 카드 발급은 어디서 하셨죠?

カード発給はどちらでなさいましたか。
카-도핫큐-와 도치라데 나사이마시타까?

나 한국 씨티은행에서 했어요.

韓国のシティー銀行でしました。
캉코쿠노 시티-깅코-데 시마시타.

은행원 그러면 여기서는 재발급이 불가능합니다.

それでしたらここでは再発給いたしかねます。
소레데시타라 코코데와 사이학큐- 이타시카네마스.

나 어, 같은 씨티은행인데 안 되나요?

あ、同じシティー銀行ですけど、だめなんですか。
아, 오나지 시티-깅코-데스케도, 다메난데스까?

은행원 네, 재발급은 한국에서 하셔야 해요.

はい、再発給は韓国でしなければなりません。
하이, 사이학큐-와 캉코쿠데 시나케레바 나리마셍.

나 큰일 났네요. 이제 여행 시작인데 카드를 잃어버려서…

ああ、大変だ。今から旅行するのに、カードをなくしてしまって。
아아, 타이헨다! 이마카라 료코-스루노니, 카-도오 나쿠시테 시맛테…

은행원 아, 방법이 있어요. 긴급 대체카드 서비스를 신청하세요. 3일 이내에 대체카드를 받아 보실 수 있어요.

あ、方法がありますよ。緊急再発行カードサービスを申請してください。3日以内に代わりのカードを受け取ることができます。
아, 호-호-가 아리마스요. 킹큐-사이학코- 카-도사-비스오 신세-시테 쿠다사이. 믹카 이나이니 카와리노 카-도오 우케토루코토가 데키마스.

나 아, 그런 게 있나요? 다행이네요!

あ、そんなものがありますか。よかった。
아, 손나 모노가 아리마스까? 요캇타!

은행원 이 은행으로 카드 수령하러 오셔도 되고요. 숙소로 우편 발송도 가능합니다. 대신 한국에 돌아가시면 정식으로 재발급받으셔야 해요. 이 카드는 임시카드입니다.

こちらに銀行にカードを受け取りにいらっしゃってもいいです。宿泊先に郵送も可能です。代わりに韓国に戻られたら正式に再発給を受けなければなりません。このカードは臨時カードです。
코치라니 깅코-니 카-도오 우케토리니 이랏샷테모 이-데스. 슈쿠하쿠사키니 유-소-모 카노-데스. 카와리니 캉코쿠니 모도라레타라 세-시키니 사이학큐-오 우케나케레바 나리마셍. 코노 카-도와 린지카-도데스.

나 네, 알겠습니다. 좋은 정보 감사합니다.

はい、わかりました。いい情報ありがとうございます。
하이, 와카리마시타. 이- 죠-호- 아리가토-고자이마스.

CHECK IT OUT | 일본에서 여행 경비 관리하기

앞서 잠깐 언급했지만, 일본에서는 카드보다 현금 활용도가 높은 편입니다. 소액도 카드 결제하는 한국인들이 일본에서 계산할 때 종종 당황하는 경우가 많은데요. 일본에서 여행 경비 및 비용 관련해서 유의해야 할 사항 몇 가지 소개합니다.

- 일본에서 가장 많이 쓰이는 화폐는 1,000엔입니다. 환전할 때 염두에 두세요.
- 일본의 현금 의존율은 20%에 가깝습니다(일본은행, BIS 보고서, 2015년 기준). 상점, 숙소, 음식점에서 현금만 받는 곳도 많으니 엔화를 충분히 챙겨 두세요.
- 편의점, 우체국, 은행 등에 설치된 ATM에서 현금 인출이 가능하지만, 일본에서 발급된 카드만 사용 가능한 기기도 있으니 그 부분 유의하세요. 일본뿐 아니라 다른 나라도 마찬가지인데, ATM에서 현금 인출할 때마다 수수료가 발생하니 가능한 한 한 번에 여유 있게 뽑아 두세요.
- 단기 여행이 아닌 유학이나 워킹홀리데이로 일본에 오래 머무르시는 분들은 일본 은행에 통장을 개설할 일이 생길 거예요. 본인이 거주하고 있는 지역 내 은행에서만 통장 개설이 가능합니다. (한국보다 개설이 불편한 편입니다.)
- 한국은 은행이나 주요 서류 작성에 서명(사인)을 많이 하는 편이지만, 일본은 아직까지 인감이 필수입니다. 사소한 서류에서도 인감이 필요한 경우가 있으니 일본 장기 거주자들은 필수로 인감을 챙겨야 합니다.

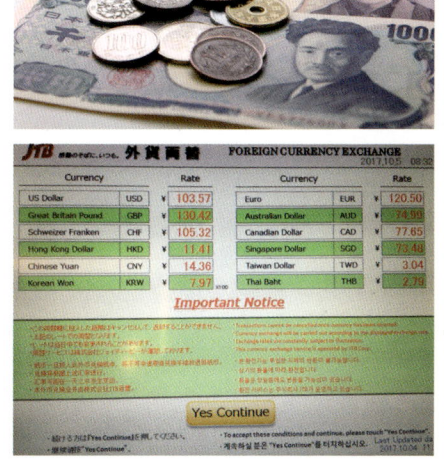

KEY CHECK 3

병원 가기

아프면 병원에 가야죠

여행 가기 전에 비상약은 잘 챙기셨나요? 진통제, 해열제, 반창고, 상처에 바르는 연고, 소화제, 설사약…. 하지만 증상이 심상치 않거나 불의의 사고로 부상을 당했을 때는 병원에 가서 증상을 말할 수 있어야 해요. 이럴 때 활용할 수 있는 표현을 잘 챙겨 두세요.

① 증상을 설명할 때

필요한 문장에 표시해 보세요!

통역하시는 분 안 계세요? 한국어로요.
通訳の 方は いらっしゃいませんか。韓国語です。
츠-야쿠노 카타와 이랏샤이마셍까? 캉코쿠고데스.

내용을 글로 적어 주실래요?
内容を 書いて いただけませんか。
나이요-오 카이테 이타다케마셍까?

감기에 걸렸어요
風邪を ひきました。
카제오 히키마시타.

기침이 나옵니다.
咳が 出ます。
세키가 데마스.

목이 부었어요.
喉が はれて います。
노도가 하레테 이마스.

402

잠을 못 자요.
眠れません。
ねむ
네무레마셍.

현기증이 나요. (어지러워요.)
目まいが します。
め
메마이가 시마스.

상처(부상)를 입었어요.
怪我を しました。
け が
케가오 시마시타.

코피가 나요.
鼻血が 出ます。
はなぢ　で
하나지가 데마스.

열이 있어요.
熱が あります。
ねつ
네츠가 아리마스.

발목을 삐었어요.
足首を くじきました。
あしくび
아시쿠비오 쿠지키마시타.

배탈이 났어요.
お腹を 壊しました。
なか　こわ
오나카오 코와시마시타.

토할 것 같아요.
吐きそうです。
は
하키소-데스.

오한이 들어요.
寒気（さむけ）が します。

사무케가 시마스.

설사를 해요.
下痢（げり）を します。

게리오 시마스.

팔이 아파요.
うでが 痛（いた）いです。

우데가 이타이데스.

▶ 등 背中（せなか） 세나카 / 가슴 胸（むね） 무네 / 눈 目（め） 메 / 귀 耳（みみ） 미미 / 목 喉（のど） 노도 / 어깨 肩（かた） 카타 / 다리(발) 足（あし） 아시

(바로) 여기가 아파요.
ここが 痛（いた）いです。

코코가 이타이데스.

이틀 동안 계속 아팠어요.
2日間（ふつかかん） ずっと 痛（いた）かったです。

후츠카캉 줏토 이타캇타데스.

이런 적은 처음이에요.
こんな 事（こと）は 初（はじ）めてです。

콘나 코토와 하지메테데스.

피부에 발진도 생겼어요.
皮膚（ひふ）に 発疹（はっしん）も 出（で）ています。

히후니 핫신모 데테 이마스.

거기를 누르면 아파요.
そこを 押（お）すと 痛（いた）いです。

소코오 오스토 이타이데스.

404

넘어졌는데, 발목이 너무 아파요.
転んだんですが、足首がとても痛いです。

코론단데스가, 아시쿠비가 토테모 이타이데스.

배의 한 부위가 너무 아파서 칼로 찌르는 듯한 느낌이에요.
お腹の1部分がとても痛くて、ナイフで切られるような感じです。

오나카노 이치부분가 토테모 이타쿠테, 나이후데 키라레루요-나 칸지데스.

발에 깊은 상처가 났어요.
足に深い切り傷を負いました。

아시니 후카이 키리키즈오 오이마시타.

무엇을 먹어도 토해요.
何を食べても吐いてしまいます。

나니오 타베테모 하이테 시마이마스.

흉부 쪽이 아파요.
胸が痛いです。

무네가 이타이데스.

가슴에 압박감이 느껴져요.
胸に圧迫感を感じます。

무네니 압빠쿠캉오 칸지마스.

이가 아파요.
歯が痛いです。

하가 이타이데스.

머리가 깨지는 듯이 아파요.
頭が割れるように痛いです。

아타마가 와레루요-니 이타이데스.

엑스레이를 찍어야 하나요?
レントゲンを撮らなければ なりませんか。
렌토겡오 토라나케레바 나리마셍까?

변비가 심해요.
便秘がひどいです。
벰삐가 히도이데스.

어제 먹은 회 탓인지, 설사가 멈추질 않아요.
昨日食べた刺し身のせいか、下痢が止まらないです。
키노- 타베타 사시미노 세-카, 게리가 토마라나이데스.

❷ 병원에서 듣는 말

어떻게 된 거죠?
どうかされましたか。
도-카사레마시타카?

어디가 아프세요?
どこが痛いですか。/ どこが悪いですか。
도코가 이타이데스까? / 도코가 와루이데스까?

어디 한 번 봅시다.
一度見てみましょう。
이치도 미테미마쇼-.

여기가 아파요?
ここが痛いですか。
코코가 이타이데스까?

언제부터 아팠습니까?
いつから いたみましたか。
이츠카라 이타미마시타카?

체온[혈압]을 재겠습니다.
体温[血圧]を 計ります。
타이옹오[케츠아츠] 하카리마스.

초진자 카드를 작성해 주십시오.
初診者カードを お書きください。
쇼신샤카-도오 오카키쿠다사이.

평소에 복용하는 약이 있나요?
普段 服用している 薬が ありますか。
후단 후쿠요-시테 이루 쿠스리가 아리마스까?

평소 앓고 있는 병이 있나요?
持病が ありますか。
지뵤-가 아리마스까?

이 처방전을 가지고 약국에서 약을 사세요.
この 処方箋を 持って、薬局で 薬を 買って ください。
코노 쇼호-셍오 못테, 약쿄쿠데 쿠스리오 캇테 쿠다사이.

전에도 이런 적이 있었나요?
前も こんな ことが ありましたか。
마에모 콘나 코토가 아리마시타까?

누워 보세요.
横に なって ください。
요코니 낫테 쿠다사이.

엑스레이를 찍어 봅시다.
レントゲンを撮ってみましょう。

렌토겡오 톳테 미마쇼-.

처방전을 드리겠습니다.
処方箋を出します。

쇼호-셍오 다시마스.

입원해야 합니다.
入院しなければなりません。

뉴-인 시나케레바 나리마셍.

여행은 무리입니다.
旅行は無理です。

료코-와 무리데스.

푹 쉬세요.
ゆっくり休んでください。

육쿠리 야슨데 쿠다사이.

혈액형은 무슨 형입니까?
血液型は何型ですか。

케츠에키가타와 나니가타데스까?
▶ A형 A型です 에-가타데스 / B형 B型です 비가타데스 /
  AB형 AB型です 에-비가타데스 / O형 O型です 오-가타데스

알레르기가 있나요?
アレルギーがありますか。

아레르기-가 아리마스까?

3 평소의 몸 상태를 설명할 때

저혈압[고혈압]이에요.
低血圧[高血圧]です。
테-케츠아츠[코-케츠아츠]데스.

심장병이 있어요.
心臓病が あります。
신조-뵤-가 아리마스.

저는 알레르기 체질이에요.
私は アレルギー 体質です。
와타시와 아레르기- 타이시츠데스.

빈혈이 있어요.
貧血が あります。
힝케츠가 아리마스.

아스피린에 알레르기가 있어요.
アスピリンに アレルギーが あります。
아스피린니 아레르기-가 아리마스.

▶ 항생제 抗生剤 코-세-자이 /
페니실린 ペニシリン 페니시린 / 벌 蜂 하치 /
꽃가루 花粉 카훈 / 견과류(땅콩) ナッツ類 낫츠루이

임신했어요.
妊娠して います。
닌신시테 이마스.

생리통이 있어요.
生理痛です。
세-리츠-데스.

DIALOG 3

MP3.105

병원 접수하기

간호사 무엇을 도와 드릴까요?

どうされましたか。
도-사레마시타까?

나 진찰을 받으러 왔어요. 몸이 안 좋아요.

診察を受けに来ました。体の具合が悪いです。
신사츠오 우케니 키마시타. 카라다노 구아이가 와루이데스.

간호사 성함과 증상을 말씀해 주시겠어요?

お名前と症状をお話しいただけますか。
오나마에토 쇼-죠-오 오하나시이타다케마스까?

나 제 이름은 신민우예요. 열이 나고 머리가 아파요.

名前はシンミンウです。熱があって頭が痛いです。
나마에와 신민우데스. 네츠가 앗테 아타마가 이타이데스.

간호사 그렇군요. 이 양식을 작성해서 주세요.

そうですか。この用紙を作成してください。
소-데스까. 코노 요-시오 삭세-시테 쿠다사이.

나 다 썼습니다.

書きました。
카키마시타.

간호사 네, 진찰 준비가 되면 불러 드릴게요.

はい。診察準備ができましたらお呼びします。
하이. 신사츠쥼비가 데키마시타라 오요비시마스.

병원 진료받기

의사 어디가 안 좋으신가요?

どうされましたか。
도-사레마시타까?

나 머리가 아프고, 속이 메슥거려요.

頭が 痛くて、気分が 悪いです。
아타마가 이타쿠테, 키붕가 와루이데스.

의사 무언가 기름진 걸 드신 거 아닌가요?

何か 脂っこいものを 食べて いませんか。
나니카 아부락코이 모노오 타베테 이마셍까?

나 네, 여행 중에 긴자의 유명한 튀김 전문점에서 여러 가지 튀김과 맥주를 마셨어요.

はい、旅行中、銀座の 有名な 天ぷら専門店で いろんな 揚げ物を 食べて ビールを 飲みました。
하이, 료코-츄-, 긴자노 유-메-나 템뿌라 셈몬텐데 이론나 아게모노오 타베테 비-루오 노미마시타.

의사 소화 불량인 것 같습니다. 처방전 갖고 약국에 가서 약을 지으세요. 오늘은 죽을 드시는 것이 좋습니다. 계속 안 좋아지면 병원에 다시 오세요.

消化不良の ようです。処方箋を もって 薬局に 行って 薬を 買って ください。今日は おかゆを 食べたほうが いいです。ずっと 悪かったら また 病院に 来て ください。
쇼-카후료-노 요-데스. 쇼호-셍오 못테 약쿄쿠니 잇테 쿠스리오 캇테 쿠다사이. 쿄-와 오카유오 타베타호-가 이-데스. 즛토, 와루캇타라 마타 뵤-인니 키테 쿠다사이.

나 감사합니다.

ありがとうございます。
아리가토-고자이마스.

KEY **CHECK 4**

약국에서

안 파는 게 없는 일본의 약국

일본의 약국은 작은 공간에서 약 조제와 의료용 약 판매가 이루어지는 일반 형태의 약국외에 약뿐만 아니라 화장품, 식품 등 다양한 잡화를 파는 큰 규모의 드럭스토어가 있습니다. 약 종류가 많은 만큼 증상을 잘 설명하고 약을 구입하시길 바랍니다.

① 약국에서 증상 설명하기

필요한 문장에 표시해 보세요!

이 근처에 약국이 있나요?
この近くに薬局がありますか。
코노 치카쿠니 약쿄쿠가 아리마스까?

열이 좀 있고 콧물이 나요.
少し熱があって、鼻水が出ます。
스코시 네츠가 앗테, 하나미즈가 데마스.

콧물이 멈추질 않아요.
鼻水が止まりません。
하나미즈가 토마리마셍.

기침과 가래가 계속됩니다.
咳と痰が止まりません。
세키토 탄가 토마리마셍.

온몸이 쑤셔요.
全身が痛いです。
젠신가 이타이데스.

상처가 곪았습니다.
傷が 膿んで しまいました。

키즈가 운데 시마이마시타.

두통에 먹는 약 있어요?
頭痛の 時に 飲む 薬が ありますか。

즈츠-노 토키니 노무 쿠스리가 아리마스까?

▶ 벌레 물림 虫刺され 무시사사레 / 화상 焼けど 야케도 / 설사 下痢 게리 /
변비 便秘 벰삐 / 삔 데(염좌) 捻挫 넨자

편두통에 잘 듣는 진통제가 있나요?
偏頭痛に よく効く 鎮痛剤が ありますか。

헨즈츠-니 요쿠키쿠 친츠-자이가 아리마스까?

소화제 있습니까?
消化剤が ありますか。

쇼-카자이가 아리마스까?

아스피린 주세요.
アスピリン ください。

아스피린 쿠다사이.

▶ 소독제 消毒剤 쇼-도쿠자이 / 반창고 絆創膏 반소-코- /
목캔디 のど飴 노도아메 / 바셀린 ワセリン 와세린 /
립밤 リップクリーム(リップバーム) 립뿌쿠리-무(립뿌바-무)

② 처방전 관련해서

처방전이 여기 있어요.
処方箋です。

쇼호-센데스.

처방전 약 좀 지어 주세요.
処方箋の薬を調剤してください。

쇼호-센노 쿠스리오 쵸-자이시테 쿠다사이.

처방전 없이 살 수 있는 진통제가 있나요?
処方箋なしで買える鎮痛剤がありますか。

쇼호-센나시데 카에루 친츠-자이가 아리마스까?

처방전이 있으세요?
処方箋はありますか。

쇼호-셍와 아리마스까?

이 약은 처방전이 필요합니다.
この薬は処方箋が必要です。

코노 쿠스리와 쇼호-셍가 히츠요-데스.

죄송하지만, 그 약이 지금 없습니다.
すみませんが、その薬は今ありません。

스미마셍가, 소노 쿠스리와 이마 아리마셍.

③ 부작용/복용 방법

아스피린에 알레르기 반응 있으세요?
アスピリンのアレルギーがありますか。

아스피린노 아레르기-가 아리마스까?

이 약에 부작용이 있나요?
この薬は副作用がありますか。

코노 쿠스리와 후쿠사요-가 아리마스까?

약을 드시면 약간 졸릴 지도 몰라요.
薬を飲んだら少し眠くなるかもしれません。

쿠스리오 논다라 스코시 네무쿠 나루카모 시레마셍.

이 약은 하루 몇 회 복용해야 하죠?
この薬は1日何回飲み[服用し]ますか。

코노 쿠스리와 이치니치 낭카이 노미[후쿠요-시]마스까?

▶ 약은 먹는「食べる 타베루」것이 아니라 넘기는 것이죠. 그래서 마시다「飲む 노무」라는 동사로 표현한다는 점 주의하세요.

식후 3회 드세요.

食後 3回 飲んで ください。

쇼쿠고 상카이 논데 쿠다사이.

매일[하루] 3회 드세요.
毎日[1日]、3回飲んでください。

마이니치[이치니치], 상카이 논데 쿠다사이.

식사하기 전에[공복에] 이 약을 드세요.
食前に[空腹で]この薬を飲んでください。

쇼쿠젠니[쿠-후쿠데] 코노 쿠스리오 논데 쿠다사이.

이 약은 찻숟가락으로 두 스푼 드십시오.
この薬はティースプーン2杯飲んでください。

코노 쿠스리와 티-스푸운 니하이 논데 쿠다사이.

한 알씩 물하고 드십시오.
1粒ずつ水で飲んでください。

히토츠부 즈츠 미즈데 논데 쿠다사이.

④ 약사의 지시사항, 잘 들으세요!

식후[식전]에 드세요.
食後[食前]に 飲んで ください。
쇼쿠고[쇼쿠젠]니 논데 쿠다사이.

물로 한 알씩 복용하세요.
お水で 1粒 ずつ 飲んで ください。
오미즈데 히토츠부 즈츠 논데 쿠다사이.

약을 드신 후에 운전하지 마세요.
薬を 飲んだ後、運転 しないで ください。
쿠스리오 논다아토, 운텐 시나이데 쿠다사이.

두통은 완화될 거예요.
頭痛は 緩和される でしょう。
즈츠-와 캉와사레루데쇼-.

이 알약이 안 들으면 병원에 가셔야 해요.
この 錠剤が 効かなければ 病院へ いらっしゃらなければ なりません。
코노 죠-자이가 키카나케레바 뵤-잉에 이랏샤라나케레바 나리마셍.

의사한테 진찰받으시는 게 좋겠어요.
医者に みて もらった ほうが いいです。
이샤니 미테모랏타 호-가 이-데스.

TIP 일본에서 약 구입하기

- 일본 여행 중 비상약이 없거나 떨어졌을 때는 편의점이나 드럭스토어(잡화점)에서 처방전이 필요 없는 대부분 약을 구입할 수 있어요. 마트처럼 직접 돌아보고 다양한 종류의 약을 고를 수도 있으니 아프면 바로 대처하세요.
- 한국에서는 처방전을 갖고 약국에서 약을 탈 때 기본 복용법과 부작용 등에 대해 아주 간단하게만 설명 듣는 경우가 많은데, 일본은 처방 약 정보(약의 효과, 복용법, 부작용 등)를 매우 상세히 안내합니다. 약국에서 처방(복용) 수첩도 받는데, 복용과 알레르기 정보 등을 기록해서 추후 처방에 참고할 수 있답니다. 위와 같은 꼼꼼한 기록 과정을 거치다 보니 일본 약국에서 약을 받으려면 꽤 오래 기다려야 한다는 점, 알아 두세요.

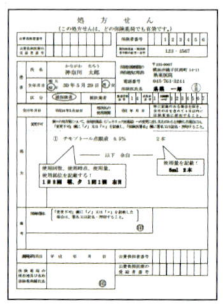

DIALOG 4

처방전 약 주문하기

나 이 처방전 약을 지으려고요.	この 処方箋の 薬を お願いします. 코노 쇼호-센노 쿠스리오 오네가이시마스.
약사 네, 잠시만 기다리세요.	はい、少々 お待ちください. 하이, 쇼-쇼- 오마치쿠다사이.
나 두통약도 좀 샀으면 좋겠어요. 어디에 있나요?	頭痛薬も 買いたいんですが、どこに ありますか. 즈츠-약쿠모 카이타인데스가, 도코니 아리마스까?
약사 우측 세 번째 칸에 보세요. (잠시 후)	右側の 3つ目の 棚を ご覧ください. 미기가와노 밋츠메노 타나오 고랑쿠다사이.
약사 매 식후, 물과 함께 드세요. 따뜻한 물을 충분히 드시는 것이 좋습니다.	毎食後、お水で 飲んで ください. お湯を 十分 飲んだ ほうが いいです. 마이쇼쿠고, 오미즈데 논데 쿠다사이. 오유오 쥬-분 논다 호-가 이-데스.
나 네, 알겠습니다. 처방약하고 이 두통약 주세요.	はい、わかりました. 処方薬と この 頭痛薬 ください. 하이, 와카리마시타. 쇼호-야쿠토 코노 즈츠-야쿠 쿠다사이.
약사 네, 모두 해서 720엔입니다.	はい、全部で 720円です. 하이, 젬부데 나나햐쿠니쥬-엔데스.
나 감사합니다.	ありがとうございます. 아리가토-고자이마스.
약사 몸조리 잘하세요.	お大事に. 오다이지니.

KEY **CHECK** 5

1. 위급 상황

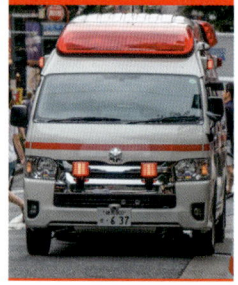

위급 상황을 접했을 때

여행 중에는 예상하지 못했던 가지각색의 변수들이 많이 생길 수 있죠. 이런 점이 여행의 묘미이기도 하지만 실제 응급상황에 직면하면 당황해서 말문이 막히기 쉽습니다. 특히 일본은 지리적 특성상 지진이 자주 일어나서 여행 중에 겪을 수도 있으니 관련 응급 표현도 함께 익혀 보겠습니다.

❶ 사고 났을 때

필요한 문장에 표시해 보세요!

강도예요.
泥棒です。
도로보-데스.

불이 났어요.
火事です。
카지데스.

방금 사고를 당했어요.
今、事故に あいました。
이마, 지코니 아이마시타.

방금 자동차 사고를 당했어요.
今、自動車事故に あいました。
이마, 지도-샤 지코니 아이마시타.

도와주세요.
助けて ください。
타스케테 쿠다사이.

통역할 사람이 필요해요.
通訳の 人が 必要です。
츠-야쿠노 히토가 히츠요-데스.

조심해요!
気を つけて。 / 気を つけて ください。
키오츠케테! / 키오츠케테 쿠다사이!

서둘러 주세요.
急いで ください。
이소이데 쿠다사이.

경찰을 불러 주세요.
警察を 読んで ください。
케-사츠오 욘데쿠다사이.
▶ 의사 医者 이샤 / 구급차 救急車 큐-큐-샤

한국 대사관에 전화해 주세요.
韓国大使館に 電話してください。
캉코쿠타이시칸니 뎅와시테 쿠다사이.

이 근처에 파출소가 있나요?
この 近くに 交番が ありますか。
코노 치카쿠니 코-방가 아리마스까?

2. 사람이 다쳤어요!

도와주세요. 구급차가 필요해요!
助けて ください。救急車を お願いします。
타스케테 쿠다사이. 큐-큐-샤오 오네가이시마스!

사고가 났어요!
事故が 起きました。
지코가 오키마시타!

2명이 다쳤어요.
2人が けがを しています。
후타리가 케가오 시테이마스.

제 친구가 숨을 안 쉬어요.
友達が 息を していません。
토모다치가 이키오 시테 이마셍.

다쳤어요.
ケガを しました。
케가오 시마시타.

기절했어요.
気絶しています。
키세츠 시테 이마스.

피를 흘려요.
血が 出ています。
치가 데테 이마스.

물에 빠졌어요.
溺れています。
오보레테 이마스.

동생이 맞아서 피를 많이 흘리고 있어요.
弟が 殴られて 血を たくさん 流しています。
오토-토가 나구라레테 치오 탁상 나가시테 이마스.

응급실이 어디 있죠?
救急室は どこに ありますか。

큐-큐-시츠와 도코니 아리마스까?

구급차에 같이 타고 가겠습니다.
救急車に 一緒に 乗って 行きたいです。

큐-큐-샤니 잇쇼니 놋테 이키타이데스.

③ 지진이 발생했을 때

비상구가 어디죠? (어디로 나가야 하죠?)
非常口は どこですか。

히죠-구치와 도코데스까?

좀 흔들리지 않나요?
ちょっと 揺れて いるんじゃ ないですか。

춋토 유레테 이룬쟈 나이데스까?

진동이 좀 심해졌어요.
揺れが 激しく なりました。

유레가 하게시쿠 나리마시타.

서 있을 수 없는 정도예요.
立って いられない ほどです。

탓테 이라레나이 호도데스.

모두 건물 밖으로 나가 주시길 바랍니다.
みんな 建物の 外に 出て ください。

민나 타테모노노 소토니 데테 쿠다사이.

모두 당황하지 말고 안내방송에 따라 피난해 주십시오.
みんなあわてずに案内放送にしたがって避難してください。

민나 아와테즈니 안나이호−소−니 시타갓테 히난시테 쿠다사이.

TV에서 긴급지진속보가 방송되고 있어요.
テレビで緊急地震速報をしています。

테레비데 킹큐−지신소쿠호−오 시테 이마스.

곧 진동이 시작되니까 조심하세요.
すぐ揺れが始まるから気をつけてください。

스구 유레가 하지마루카라 키오 츠케테 쿠다사이.

모두 테이블 밑으로 피하세요.
みんなテーブルの下にもぐってください。

민나 테−부루노 시타니 모굿테 쿠다사이.

TIP 응급 상황

의사를 부르거나 응급조치가 필요할 때 숙소 프런트나 주변 사람들에게 도움을 청하세요. 사고가 생겨서 공중전화로 연락해야 할 때는 동전을 넣지 않고 빨간 버튼을 누르면 긴급 연락처로 연결됩니다. 일본어가 능숙하지 않을 경우 경찰 통역 센터 담당자나 한국어가 가능한 경찰관에게 연결해 주니 걱정하지 마시고 연락하세요. (경찰(긴급): 110 / 화재(구급차): 119)

2. 도난·분실 신고

도난·분실 신고하기

일본은 여행하기 꽤 안전한 나라입니다. 일본 여행을 자주 다녀 본 필자는 소매치기나 도난 같은 불미스러운 사고 경험은 없었지만, 그렇다고 방심은 금물입니다. 예상치 못한 일은 늘 생길 수 있는 법이죠. 특히 물건 잘 잃어버리시는 분들, 다음 표현 잘 익혀 두세요.

❶ 도난 신고

필요한 문장에
표시해 보세요!

도난 피해 신고를 하려고요.
盗難の被害届を したいんですが。
토-난노 히가이토도케오 시타인데스가…

핸드백을 도난당했어요.
ハンドバッグを 盗まれました。
한도박구오 누수마레마시타.

오늘 아침 버스에서 도난당했어요.
今朝、バスで 盗難に あいました。
케사, 바스데 토-난니 아이마시타.

❷ 분실 신고

카메라를 분실했어요.
カメラを 失くしました。
카메라오 나쿠시마시타.

제 가방이 없어졌어요.
私の かばんが なくなりました。
와타시노 카방가 나쿠나리마시타.

제 가방 하나가 안 보여요.
私のかばんが1つ、見当たりません。

와타시노 카방가 히토츠, 미아타리마셍.

❸ 여권을 잃어버렸을 때

여권을 분실했어요.
パスポートを失くしました。

파스포-토오 나쿠시마시타.

한국 대사관은 어떻게 가요?
韓国 大使館は どうやって 行きますか。

캉코쿠 타이시캉와 도-얏테 이키마스까?
▶ 분실물 센터 遺失物センター 이시츠브츠센타-

여권을 재발급 받으러 왔어요.
パスポートを 再発給しに 来ました。

파스포-토오 사이학큐-시니 키마시타.

❹ 분실물을 찾을 때

분실물 취급소가 어디 있어요?
遺失物センターはどこですか。

이시츠브츠 센타-와 도코데스까?

가장 가까운 경찰서가 어디예요?
一番 近い 警察署は どこですか。

이치방 치카이 케-사츠쇼와 도코데스까?

424

언제쯤 찾을 수 있을까요?
いつ頃見つかるでしょうか。
이츠고로 미츠카루데쇼-까?

택시에 지갑을 두고 내렸어요.
タクシーに財布を置きわすれて降りました。
탁시-니 사이후오 오키와스레테 오리마시타.

전차에 지갑을 두고 내린 것 같아요.
電車に財布を置きわすれて降りてしまったようです。
덴샤니 사이후오 오키와스레테 오리테 시맛타요-데스.

전차에 가방을 두고 내렸어요.
電車にかばんを置きわすれて降りました。
덴샤니 카방오 오키와스레테 오리마시타.

어디에 두었는지 모르겠어요.
どこに置いたかわかりません。
도코니 오이타카 와카리마셍.

소매치기가 가방을 칼로 찢었어요.
スリがかばんをナイフで切りました。
스리가 카방오 나이후데 키리마시타.

지갑과 여권이 들어 있어요.
財布とパスポートが入っていました。
사이후토 파스포-토가 하잇테 이마시타.

현금 2만 엔과 신용카드 두 장이요.
現金2万円とクレジットカード2枚です。
겡킨 니망엔토 쿠레짓토카-도 니마이데스.

언제 어디서 분실했나요?
いつ どこで 失くしましたか。
이츠 도코데 나쿠시마시타까?

그 안에 뭐가 들어 있나요?
その 中に 何が 入って いましたか。
소노 나카니 나니가 하잇테 이마시타까?

돈은 얼마나 들어 있나요?
お金は いくら 入って いましたか。
오카네와 이쿠라 하잇테 이마시타까?

❺ 이런 말을 들어요!

사건 경위를 말씀해 주시겠어요?
事件の 経緯を お話し いただけますか。
지켄노 케-이오 오하나시 이타다케마스까?

언제 어디서 발생했나요?
いつ どこで 発生しましたか。
이츠 도코데 핫세-시마시타까?

서류를 작성해 주세요.
書類を 作成して ください。
쇼루이오 삭세-시테 쿠다사이.

신분증 좀 보여 주시겠어요?
身分証を 見せて いただけますか。
미분쇼-오 미세테 이타다케마스까?

6 적극적으로 도움 요청하기

한국어 하시는 분과 얘기 나눌 수 있어요?
韓国語ができる方と話ができますか。
캉코쿠고가 데키루 카타토 하나시가 데키마스까?

영사관[대사관]에 연락을 취해 주실래요?
領事館[大使館]に 連絡を 取って いただけませんか。
료-지캉[타이시캉]니 렌라쿠오 톳테 이타다케마셍까?

경찰서에 전화해 주세요.
警察に 電話して ください。
케-사츠니 뎅와시테 쿠다사이.

도난에 대한 손해 배상 청구를 하고 싶어요.
盗難に 対して 損害賠償 請求が したいです。
토-난니 타이시테 손가이바이쇼- 세-큐-가 시타이데스.

분실 증명서를 만들어 주세요.
紛失 証明書を 作成して ください。
훈시츠 쇼-메-쇼오 삭세-시테 쿠다사이.

보험회사에 제출할 확인서가 필요해요.
保険会社に 提出する 確認書が 必要です。
호켕가이샤니 테-슈츠스루 카쿠닌쇼가 히츠요-데스.

TIP 일본에서 짐을 분실했을 때
기차역이나 공공장소에서 짐을 분실했을 경우, 역무실이나 근처 경찰서를 찾아가세요. 택시에 짐을 두고 내렸을 경우에는 출발지 숙소(호텔) 프런트에 확인해 보세요.

DIALOG 5

교통사고 신고

나   여보세요, 경찰서죠?

もしもし、警察ですか。
모시모시, 케ー사츠데스까?

경찰관   네, 무엇을 도와 드릴까요?

はい、どうしたんですか。
하이, 도ー시탄데스까?

나   자동차 사고 신고하려고요.

交通事故です。
코ー츠ー지코데스.

경찰관   다친 사람 있습니까?

怪我人がいますか。
케가닝가 이마스까?

나   네, 구급차 좀 바로 보내 주세요.

はい、救急車をよんでください。
하이, 큐ー큐ー샤오 욘데 쿠다사이.

CHECK IT OUT | 일본에서 지진이 났을 때

한국도 지진 안전지대는 아닙니다. 요 몇 년 사이 크고 작은 지진이 감지되어 직간접적으로 피해를 겪으신 분들도 있을 거예요. 일본은 지리적 특성으로 지진 발생률이 매우 높은 편입니다. 그에 따라 지진 대비 시스템도 아주 잘 갖춰져 있습니다. 그런 일이 없길 바라지만 일본 여행 (혹은 거주) 중에 예상치 않게 지진을 접했을 때 어떻게 대비해야 하는지 몇 가지 안내해 드립니다.

실내에 있을 때
- 물건이 떨어질 때 머리 보호를 위해 방석이나 베개 등을 머리 위로 올려 주세요. 보호할 물건이 없을 때는 손이나 가방을 사용하고 식탁이나 책상 아래쪽으로 몸을 피하세요.
- 대피를 쉽게 할 수 있도록 집 안의 문을 열어 두는 게 좋습니다. 지진으로 건물이 뒤틀릴 경우 문이 안 열릴 수도 있습니다.
- 지진이 감지되면 가스 불을 반드시 끄고 전열 기구 콘센트도 뽑아 두세요.
- 집(아파트/건물) 밖으로 나올 때 엘리베이터는 절대로 타지 말고 계단을 이용하세요.
- 일본 유학/근무 등으로 일본에 거주하시는 분이라면 지진 예방 용품들을 갖춰 놓으세요. 머리 보호 모자나 가구(전자 제품) 고정 기구, 생필품 키트 등 매우 다양합니다.
- 전철이나 기차에 있을 때는 손잡이를 꼭 잡고 몸을 최대한 낮추세요. 승무원의 지시에 따라 움직입니다.

실외에 있을 때
- 대부분의 일본 건물들은 내진 설계가 되어 있어요. 지진이 발생하면 당황하지 말고 집 밖으로 나와 공터로 대피하세요. 유리창이나 간판이 떨어지면 매우 위험할 수 있으니 건물 주변이나 담벼락, 나무 주변은 피하세요.
- 운전 중이면 차를 도로 우측에 정차하고 기다려야 합니다. 자동차에서 나와야 하는 경우 키를 그대로 두고 나오는 게 원칙입니다.

- 바닷가에 있으면 쓰나미 위험이 높기 때문에 최대한 높은 곳으로 대피해야 합니다.

일본의 방재 훈련

일본에서는 지역별로 매월(혹은 연중 몇 회) '방재 훈련'을 실시합니다. 한국에서도 민방위 훈련이 정기적으로 실시되지만, 시민들의 적극적인 참여가 부족한 게 사실이죠. 하지만 일본은 이 방재 훈련이 매우 체계적이고 반복적으로 시행되며 유아부터 직장인들까지 적극적으로 참여해 실제 지진 등 자연재해에 잘 대비할 수 있도록 준비합니다. 일본 여행이나 거주 시 아래 방송을 들으면 현지인들의 움직임을 따라 잘 이동할 수 있도록 합니다. (일본의 지진 방재 체험 교육을 원하거나 자녀와 함께 여행할 경우 일본 지역마다 방재(防災) 공원이 잘 조성되어 있으니 꼭 방문, 체험해 보시길 바랍니다.)

지진 안내방송

여러분, 오늘은 방재 훈련의 날입니다.
지금부터 피난 방법을 설명해 드리겠으니 우선 복도에 일렬로 서 주십시오.
다음으로, 손수건을 코와 입에 대고, 낮은 자세로 밖으로 이동해 주시기 바랍니다.
위험하므로 이동 시에는 달리지 마시고, 앞사람을 밀지 않도록 해 주십시오.

「案内放送」
みなさま、今日は 防災訓練の 日です。
これから 避難方法を 説明しますので、まず、ろうかに 並んで ください。
次に ハンカチを 鼻と 口に 当てて 低い 姿勢で 外へ 移動して ください。
危ないですので、移動する 時は はしらないで、前の 人を 押さないように して ください。

안나이호-소-
미나사마, 쿄-와 보-사이쿤렌노 히데스.
코레카라 히난호-호-오 세츠메-시마스노데, 마즈, 로-카니 나란데 쿠다사이.
츠기니 항카치오 하나토 쿠치니 아테테 히쿠이 시세-데 소토에 이도-시테 쿠다사이.
아부나이데스노데, 이도-스루 토키와 하시라나이데, 마에노 히토오 오사나이요-니 시테 쿠다사이.

해외여행 시 크고 작은 사고 대처 법
일본이 비교적 치안이 안전한 나라로 평가받고 있기는 하지만 사고는 예상치 않게 겪을 수 있습니다. 여권이나 지갑을 잃어버릴 수 있고 기분 좋게 떠난 일본 여행에서 작은 지진을 경험할 수도 있습니다. 다음은 일본뿐 아니라 해외에서 사고를 겪었을 때 대처할 방법에 대해 소개합니다.

여권 분실/도난
여권을 분실하면 경찰서에 가서 분실 신고서를 작성하고 대한민국 영사관을 찾아가서 재발급을 받을 수 있습니다. 여권 사본을 여러 장 준비해 두고 분실 증명서, 여권 사진(2매), 여권 정보(번호, 발급/만기일)를 기록해 두시길 바랍니다. 일본에서 물건을 분실하면 반드시 경찰에 신고하세요. 경찰서 홈페이지에는 각 지역 경찰서에 신고된 습득물이 안내되어 있습니다.

여행 경비 분실/도난
외교통상부의 '신속 해외 송금제도'를 이용하세요. 국내 가족이 송금하면 현지 대사관과 영사관에서 경비를 받을 수 있습니다. 영사콜센터(+82-2-3210-0404)는 24시간 운영됩니다.

항공권 분실/도난
귀국 항공권 사본을 갖고 있거나 항공권 번호를 반드시 기록해 둡니다. 항공사에 연락하고 항공권 번호를 알려 주면 됩니다.

지진 등 재난 및 사고
영사콜센터에 연락해서 사고 수습에 대한 안내를 받습니다. 통역 서비스 지원을 받을 수 있습니다. 목격자를 확보하거나 사고 사진을 찍어둘 필요가 있습니다. 자연재해를 겪었을 경우 현지 공관에 개인 정보를 남기고 귀국을 서둘러야 합니다.
* 영사콜센터: +82-02-3210-0404(로밍 휴대폰; 유료) / +800-2100-0404(현지 전화/휴대폰; 무료)
* 외교부 '해외안전여행' 어플 다운로드

여행 안심 패스
VOCA BOX 8

병원·의료 관련 어휘

병원

접수	うけつけ	受付	우케츠케
의료보험	いりょうほけん	医療保険	이료-호켄
내과	ないか	内科	나이카
외과	げか	外科	게카
정신과	せいしんか	精神科	세-신카
치과	しか	歯科	시카
정신외과	しんけいげか	神経外科	신케-게카
산부인과	さんふじんか	産婦人科	산후징카
정형외과	せいけいげか	整形外科	세-케-게카
안과	がんか	眼科	강카
피부과	ひふか	皮膚科	히후카
비뇨기과	ひにょうきか	泌尿器科	히뇨-키카
소아과	しょうにか	小児科	쇼-니카
의사	いしゃ	医者	이샤
간호사	かんごし	看護師	캉고시
환자	かんじゃ	患者	칸쟈
진찰	しんさつ	診察	신사츠
체온	たいおん	体温	타이온
혈액형	けつえきがた	血液型	케츠에키가타
혈압	けつあつ	血圧	케츠아츠
주사	ちゅうしゃ	注射	츄-샤
입원	にゅういん	入院	뉴-잉
퇴원	たいいん	退院	타이잉
수술	しゅじゅつ	手術	슈쥬츠
엑스레이	レントゲン(れんとげん)		렌토겐
휠체어	くるまいす	車いす	쿠루마이스
구급차	きゅうきゅうしゃ	救急車	큐-큐-샤

증상

감기 걸리다	かぜを ひく	風邪を ひく	카제오 히쿠
당뇨병	とうにょうびょう	糖尿病	토−뇨−뵤−
저혈압	ていけつあつ	低血圧	테−케츠아츠
고혈압	こうけつあつ	高血圧	코−케츠아츠
염좌	ねんざ	捻挫	넨자
치질	じ	痔	지
설사	げり	下痢	게리
구토 증상	はきけ	吐き気	하키케
전염병	でんせんびょう	伝染病	덴센뵤−
폐렴	はいえん	肺炎	하이엔
간염	かんえん	肝炎	캉엔
위염	いえん	胃炎	이엔
상처, 부상	けが	怪我	케가
충치	むしば	虫歯	무시바
어지럼증	めまい	目まい	메마이
기침	せき	咳	세키

약

정제약, 알약	じょうざい	錠剤	죠−자이
소화제	しょうかざい	消火剤	쇼−카자이
해열제	げねつざい	解熱剤	게네츠자이
위장약	いぐすり	胃薬	이구스리
물약	のみぐすり	飲み薬	노미구스리
진통제	いたみどめ	痛み止め	이타미도메

신체

머리	あたま	頭	아타마
머리카락	かみ	髪	카미
얼굴	かお	顔	카오
귀	みみ	耳	미미
눈	め	目	메
코	はな	鼻	하나
이마	ひたい	額	히타이
볼	ほお	ほお	호-
입	くち	口	쿠치
입술	くちびる	唇	쿠치비루
턱	あご		아고
치아	は	歯	하
등	せなか	背中	세나카
다리, 발	あし	足	아시
손	て	手	테
손가락(발가락)	ゆび	指	유비
팔	うで	腕	우데
무릎	ひざ		히자
발목	あしくび	足首	아시쿠비
뒤꿈치	かかと		카카토
엉덩이	おしり	お尻	오시리
손톱(발톱)	つめ	爪	츠메
어깨	かた	肩	카타
목	くび	首	쿠비
목구멍	のど	喉	노도